慧启未来

成都市武侯区智慧教育建设优秀成果集

成都市武侯区教育局 编

西南财经大学出版社

中国·成都

图书在版编目(CIP)数据

慧启未来:成都市武侯区智慧教育建设优秀成果集/成都市武侯区教育局编.—成都:西南财经大学出版社,2023.11
ISBN 978-7-5504-5942-7

Ⅰ.①慧…　Ⅱ.①成…　Ⅲ.①中小学教育—成果—汇编—武侯区　Ⅳ.①G632.0

中国国家版本馆CIP数据核字(2023)第181058号

慧启未来:成都市武侯区智慧教育建设优秀成果集

HUIQI WEILAI:CHENGDU SHI WUHOU QU ZHIHUI JIAOYU JIANSHE YOUXIU CHENGGUO JI

成都市武侯区教育局　编

责任编辑:李思嘉
特约编辑:姚　华
责任校对:李　琼
封面设计:吴庆强
责任印制:朱曼丽

出版发行	西南财经大学出版社(四川省成都市光华村街55号)
网　　址	http://cbs.swufe.edu.cn
电子邮件	bookcj@swufe.edu.cn
邮政编码	610074
电　　话	028-87353785
照　　排	四川胜翔数码印务设计有限公司
印　　刷	四川五洲彩印有限责任公司
成品尺寸	170mm×240mm
印　　张	17.25
字　　数	267千字
版　　次	2023年11月第1版
印　　次	2023年11月第1次印刷
书　　号	ISBN 978-7-5504-5942-7
定　　价	68.00元

编委会

主　编：蒋晓梅

副主编：朱世军

编　委：林　迪　胡　平　敖　静

　　　　刘一锦　向红瑜　王　言

前言

随着科学技术的不断进步，新的科学发现和技术应用不断涌现，推动着社会的发展。人工智能、5G 技术、虚拟现实和增强现实、无人驾驶技术以及区块链技术的发展极大地提高了人们的生活质量和生产效率，同时对人类生活、学习、社会关系等方方面面产生了深远影响。各行各业的人们也越来越感觉到，科技进步的巨手，正牵引着人们进入新的生活！

在这样的大背景下，随着科技的不断进步，不远的将来，科技还会如何发展？对于教育领域而言，信息科技对教育的冲击甚至颠覆，已实实在在发生，发展教育观念改变、教学内容和手段丰富、教育方式创新已不是新鲜事，ChatGPT 震撼了世人，该技术在考试、测试、写作等方面的表现甚至已经优异于普通人类测试者。"科技+教育"这列通向未来的列车将开往何方，我们不得而知，但它一定会给教学带来翻来覆去的变化！

在这样令人眼花缭乱的科技变局中，我们不由感叹，成都市武侯区（以下简称"武侯"）教育人对智慧教育早早布局与探索的背后，那未雨绸缪的洞悉智慧，那先行、先试的智者远谋。

自 2019 年武侯入选全国"智慧教育示范区"创建区域、全区正式进入智慧教育探索的宏大实践以来，数年中，从教学一线老师，到教育支持辅助部门，从专业的信息技术专家，到普通的教职人员，从各级教育管理部门，到基层各个学校学科，置身于教育系统的各个部门、各个岗位的人们，都在积极思考，努力行动，学习如何熟练掌握驾驭各类信息工具，思考如何把信息科技融入自己的日常教学与工作，利用科技带来的强大功能与便利，突破教育传统痼疾，提升教学效率，优化教育品质。

在数年苦苦求索中，对于武侯教育人，阻碍与困惑难免，坎坷和曲折尽尝，但是，武侯智慧教育探索的进程，在艰难中稳步推进，教学新生态、治理新形态、服务新样态三项具体目标任务，在空白中渐次成形。

在智慧教学新生态方面，武侯依托智慧教育试点学校，开展了具有校本特色的课堂变革，形成了多种类型的"新型教与学"模型课和上百节典型课例。课堂教学变革模式不断改良进化，已经经历了"资源包+直播网络课堂""双师交互课堂""混合分层课堂"三次迭代升级。

在智能治理新形态方面，武侯推进应用中台和数据枢纽建设，完成了 15个智能治理应用场景创建、43 个教育应用系统集成、5 个应用系统统一认证、单点登录。

在教育服务新样态方面，武侯自主研发"武侯乐学通"平台，融通了学校场景资源，实现了学生跨校走班，为"双减"政策背景下的周末课后服务提供了新的解决方案。新的区域教育云平台，仍然在不断升级中。

在信息环境方面，武侯实现了"三全三建成"。学校"双网"全覆盖、多媒体系统到班全覆盖、数字化实验室全覆盖；建成"智汇云"教育综合服务平台，建成领先全省的图形计算器实验室和脑科学实验室。

在信息成果应用上，武侯建设了一个"互联网+教育"大平台，将教学、资源、管理等服务融为一体，全方位支撑在线教学、网络教研、家校互动、智能治理。通过"政—校—企"合作，武侯在全区所有学校面向全体学生推广人工智能教育，出版了《K12 人工智能教育》系列丛书，取得了教育大数据与人工智能项目的阶段性成果。

在学校探索方面，武侯各中小学均取得了相应的成果：机投小学远程听评课系统，可以实现教学行为精准画像；武侯高级中学"武高云"大数据平台，可以实现前置式教学管理；"双楠云校"已经有来自民族地区、边远山区的 76 所学校加盟；武侯实验中学"双线融合"教学模式，为混合式教学提供了创新范例。

三年探索期间，武侯教育局先后获评教育部、省教育厅、市教育局三级"教育数据中心试点单位"；武侯入选教育部第二批"人工智能助推教师队伍建设改革试点区"；人工智能教学与应用案例入选中央网信办、发改委、教育部等六部委"全国人工智能社会实验地区典型案例"。这些，充分代表了武侯教育人在智慧教育领域勇于探索勤于实践的可喜成果。

在上下协力的教育智慧化探索实践中，武侯教育人付出了辛劳，奉献了智慧，在智慧教育这块崭新而陌生的领域，留下来了可供参照借鉴的坚实脚印。几年间，已经取得了众多可喜可观的成果与收获。仅仅 2022 年"武侯区智慧教育建设优秀成果"获奖的项目，就高达 172 个，其他有价值的亮点，有深度的思考、有创意的探索，更是不胜枚举。

武侯教育人在智慧教育领域探索的丰硕成果，亮点纷呈，争奇斗艳，所憾在于，篇幅有限，容量不允，无法尽揽、集优秀之全于书中。本书整理编辑所选成果案例内容具代表性，尽力兼顾；所列内容也是尽量精化删减，以期增加针对性与适切性，能够给教育行业更多的阅读者，提供更切合自身岗位科目需求的参考借鉴。不少成果案例，因此珠隐璧藏，无奈之中，殊为可惜不舍！

所幸，未来，还有更多机会更多可能！智慧教育领域，武侯教育人建功立业，宏图正展，创业正炽中。成绩，已属过往；奋进，没有止境；探索，尚在进行。在智慧教育领域不断完善与提升，是武侯教育人不懈的追求。

未来，武侯智慧教育体系教与学创新的协同机制还将继续完善，"构建智慧教学新生态"将继续凝聚共识，形成共同价值愿景。从区域教育主管部门的行政意识，到教研员的方向引领，再到一线学校干部教师纵向的执行力和横向的协调配合，都将进一步统筹、整合、完善、优化，形成持续生发新动能的高效教育运转机制。

智慧教育的资源服务新样态建设，将继续配置完善信息新技术装备，在完善信息基础设施的同时，继续提高教职员工教育资源变革的观念认识，紧密结合智慧教育思想与办学理念，整合优化教育服务资源，助力学校办学效益持续提升，促成广大教师普遍形成具有学科特点、教学方式与信息技术深度融合的教学方式方法进化。

武侯教育应用治理平台的建设机制，未来将得到进一步完善。将进一步建设武侯教育数据中心，使其成为服务区域教育效益提升的"数据集约、应用集中、管理集成、服务精准"教育大数据中心，并通过研制相应保障政策，在数据安全、数据运维、数据融合、数据挖掘等方面，提升机制保障力度。同时，扩大资源数字化，促进教与学过程进一步数字化，强化教育治理数字化。用户体系建设，将成为应用构建的核心工作，依托用户和实际需求，打造强针对性强适用性的数字化应用。

通过打造数字化基座，拓宽新时代武侯基础教育数字化转型之路。以教育数字化转型为主要方向，立足信息技术手段与教学实际的深度融合，聚焦学生发展，持续推进智能教育环境下的教与学模式变革、教育资源服务供给和区校教育智能治理等多个维度下的区域智慧教育实践，力争形成武侯智慧教育文化特质。

初心不改，探索不止。武侯的智慧教育事业，尚处前期探索阶段，未来教育事业的智慧化发展，依然任重道远，武侯教育人，抱负创新意识、拓进精神，一直不懈探行前路。在波涛澎湃的信息革命大潮中，武侯教育人追随科技进步的步伐，不愿停下，致力教育现代化的奋斗，不敢懈怠，武侯智慧教育的发展与进步，始终在日新月异的探索进程中。

我们相信，敢为人先、勇于创新的武侯教育人，正在或即将创造出更多的智慧教育成果，为中国的教育现代化，不断贡献更多的革新灵感和创新元素；为教育改革，贡献武侯智慧；为教育创新，提供武侯方案！让我们共励：前路会更好，未来定可期！

编者

2023 年 8 月

目录

第一章

引言

第一节　信息新时代：数字化革命的浪潮澎湃

1969 年，随着阿帕网诞生，人类探索前行的脚步，跨过一道新门槛，进入崭新而莫测的互联网世界。其后，信息科技进步的速度，不仅未稍停顿，进而不断迭代加速，日新月异；持续数百年的人类工业化时代，一步步渐行渐远，面目变幻，渐渐落于身后。

大数据、区块链、云计算、物联网、人工智能、虚拟现实、机器学习……新的科技突破，不断刷新人们对未知世界的认知高度。智能、创新、融合、转化等，成为文化与社会发展的关键词，在并不久远的过去，曾经只存在于人类科幻梦想的信息时代，在于无声处，不知不觉中，已然不期而至！

在人类的文明进化历史上，信息革命，正以前所未有的规模、日新月异的速度、无所不在的冲击，超越了文明曙光初照以来、以往任何一次技术革命，席卷世界。

在全球诸多挑战中，如何顺应科技趋势，塑造信息时代的新世界，成为人类面临的最迫切挑战。

未来，已来！信息时代的大门，已然开启！

第二节　信息革命：冲击人类教育的既有格局

全球既有的教育模式，植根于工业革命时代的经济与科技土壤，对应机器大生产的社会格局，适应于工业化的时代需要，形成以班级授课为主要形式的标准化教育。肩负的社会使命，是服务工业大生产，培养输出符合标准的产业人才。

进入互联网时代以来，信息科技的每一次进步、每一项大规模的社会应用，在改观人类文明进程、触动社会生活的同时，也在不断冲击传统教育格局，不断改变既有教育的面貌。

时至今日，蓦然回首，我们已经不得不面对，一个大不一样的教育环境。教育的主阵地课堂：传统教学秩序，正在一步步受到挑战！

一、课堂：被新设备、新技术改变

课堂，是既有教育的主阵地。在传统课堂上，老师、学生、黑板、笔记等构成了课堂通常的要素。老师在黑板上板书，在讲坛上口传面授；学生在班级中认真听讲，将知识要点记录在自己的笔记本上，形成标准样式。而随着信息科技的不断进步，电脑、网络、多媒体设备等科技手段不断渗入，那些组成传统课堂学习的要素，逐渐拥有了更好的替代，在更便利更生动的同时，让课堂的教学活动形式更加丰富、过程更有效率。

黑板，是教室最明显的象征，是老师传送知识与思想的主要媒介。黑板这种用粉笔书写的媒介，先是被电子终端的屏幕取代了部分功能，近年更是被新型智能板全面超越！智能板不仅规避了粉笔书写的种种不利，还拥有直接播放视频、直接与学生互动等便捷功能。它运用视听结合的方式，将制作生动、形象的动画图片或微课展现在学习者面前。它用形象的表达方式，内化抽象概念，将抽象的逻辑思维，转变为具体的形象概念，大幅增进学生理解容易度的同时，大大提升了课堂教学质量。

传统教学，储存知识依靠纸质课本，在课堂教学、讲授学习时，教材是近乎唯一的媒介。而新型的电子教科书，以更全面、强大的功能，便于携带的特点，让纸质课本黯然失色。它具有视频播放、搜索、学习互动、语言转换等个性化的功能。即使传统教科书能够提供的阅读习惯上的便利，如阅读时在文字间划重点、在空隙处写下心得体会、想休息时折一下书角等，现在的电子书，通过技术手段，也已经全部可以轻松实现。

甚至，连广受争议的游戏，也突破娱乐功能，发展演变出具备诸多教育功能的课堂游戏。加入了教育元素的游戏，提升学习娱乐性的同时，可以让老师获得学生进展的实时消息，能够给学生的学习提出建设性意见，提供学习技巧与方法，帮助学生充分融入课堂教学，调动他们的学习积极性。

这样的变化，是中国教育史上又一次突破。历史上，造纸术的发明，才让文字拥有了可以传承的载体，知识从此不用通过口耳相传，通过纸张，信息能够得以保存与广泛地传播；而印刷术的发明，极大提高了书面信息的复制效率，降低了复制成本，知识信息交流传递的容量和范围，因此被大大拓宽，人类知识的广泛传播成为可能。而信息科技的进步，让知识与信息的承载与传播，在规模与范围上，得到了更高层级的突破，有了更丰富的表达。

二、教师：知识载体悄然转换，传统地位一步步受到挑战

在世界范围内的传统教学方式中，教师都是知识的主体和承载者，也是学生和学习的中心所在。唯有通过教师，知识才能传递给学生。课堂上所呈现的场景，就是老师辛辛苦苦讲授、学生认认真真用心听，然后，用笔记把这些知识再转化为个人的记忆与储备。

信息科技悄然打破了这一传统的教学格局。一张小小的硬盘，就能包含千万本书籍的知识储存量；电子设备的知识储藏功能，轻松就能超越教材和老师；通过网络与电子设备，学生可以便捷地获取到相关知识，容量与准确度，甚至超越老师的知识量与认知度。教师与学生之间的知识存量关系，不再是"一桶水"与"一杯水"了。即使在相同的课题下，弟子也不必不如师，而是拥有更多的可能。这样的背景下，教师作为知识承载者的角色，被彻底改观；教师在教育中的传统定位，不得不发生变化。

通过电脑及信息终端，学生就可以直接了解、理解和掌握相关知识，无论身处何方，都可以直接接受名校名师的顶级授课，学校教育中教师的中心地位，面临被挑战的尴尬。既然学生已经没有必要就基础知识去求教老师，那教师的作用何在？在技术水平越来越高的课堂中，教师应该如何合理转变？转换后的新角色，又该是什么？

"教什么"和"如何教"，成为信息时代教师必须要面对与思考的问题。

在这样的格局下，教师过往的教学方法和教育技能，迎来挑战；教师不再只是知识传递的输出中心，那该如何设置全新的教学目标、选择合适的教学工具、设计有效的教学活动？该如何开发符合学生认知特点的教学内容、营造有利于学习的教学情境、组织学生间的双向互动、引导学生主动学习？

如何启迪帮助学生创造性学习思考，成为一名老师适应信息时代需要的迫切新课题。

时代正在变迁的趋势已经确定无疑。科技的冲击下，教师角色由传统的课堂管理者、教学主导者，转变为新型的学习组织者、帮助者、引导者、促进者。如何完成转变，成为教育工作者不得不面对的时代思考。

三、数字化时代的学生已经不一样

信息时代的学生，借助科技工具，如轻点鼠标，就可以在顷刻之间，获得基础知识或者历史事实，得到比老师能给予的更全面、更准确的答案；师生之间，原有单向输出的知识信息格局，越来越趋于对称，甚至有可能学生在某些方面比教师所知还多，完全可能成为某一方面超越老师的技术行家。身为教师，专业、见识和知识面通常比学生要广、更深的优势，逐渐失去。

同时，越来越快的社会节奏，越来越便捷的信息获取，也对学生个性行为产生了潜移默化的影响，学生一步步脱离过往沉默被动的学习状态，在课堂上保持注意力的时间，越来越短，对那些以基础知识为主的课程，很难再有足够耐性耐心。在寻求知识的过程中，学生们会忽然之间感觉：教师，已经变得不那么重要了……

数字化时代的学生，各种学习资源的获取便利化。可以通过各种各样的数字化形式，轻而易举地进入各种知识和资料库，由此，他们不再满足于死记硬背基础知识，所思所求，一步步超越了传统的学校架构与学习实践活动。

这样伴随技术进步与数字化资源普及化而出现的新型学生特征，给学校教育资源、教育环境、教学方法带来了必须回答的挑战；如何面对信息时代的新型学生，成为教育的新难题。

四、课堂已被技术颠覆

以慕课为代表的交互式远程学习方式的诞生，甚至让学校和课堂的传统功能，都被彻底颠覆。

慕课，完全不同于传统课堂，甚至不同于通过邮电、广播电视、互联网等形式展开的函授教育、远程教育和网络教育，以及不同于教学视频和网络共享公开课。它将分布于世界各地的授课者和成千上万的学习者联系起来，组成大规模线上虚拟教室。慕课的学生数量规模，动辄上万人，甚至十几万人，让顶级优质教育的受益范围无限扩大，与传统课堂只有一二十个或一二百个学生的规模不可同日而语，差距巨大；通过强大的教学互动功能，线上"你提问、我回答"，形成功能强大的线上学习社区，极大促进了教师与学生之间的互动教学和学生之间的协同学习，更好地发挥学生的能动性。

时至今日，世界一流大学如普林斯顿大学、斯坦福大学等一众名校，已经提供了众多的优质慕课，让全球数百上千万的各国学生得益于此，接受到过去遥不可及的优质教育。

即使普通运用的交互式远程学习，也已经拥有成熟的技术环境，学生可以通过视频参加课堂学习、组织小组讨论，即使空间阻隔，各在一方，也可以借助智能远程控制，与课堂及同学融为一体，实现网上新课堂。

随着信息技术与教育教学的不断深度融合，教育教学流程被重组再造。老师由知识传授者，变为教学活动组织者；学生从教学资源和知识的消费者，变为消费者、创造者双重身份；企业从工具提供者，变为资源提供者和学习活动参与者，实现了教育角色重组；在互联网助力下，推动在线教学与课堂教学的有机融合，最大限度满足不同学生的学习需求，减轻教师教学压力，实现了教学结构重组；翻转课堂的出现，打破了固定化、流程化的课程学习模式，学习由"先教后学"转变为"先学后教"，学生的自主学习和协作学习能力，得到极大锻炼，让课程模式得以重组。

虽然，信息科技赋予的教育工具和手段，尚非成熟到万能，运用也并非无懈可击。但科技进步带来的挑战与机遇，已经触手可及；适应时代需求的教育变革步伐，已经势在必行！智慧教育，开始赫然出现在教育前方的地平线上。

第三节　智慧教育：信息时代的新教育

人类文明史上，教育变革与信息传播技术的进步，直接关联。

教育的革命性变迁，已经多次发生：文字和学校的出现、造纸术和印刷术的发明、班级授课制的出现，都颠覆了过往文化传承方式，引发教育大变革。教育的变革进步，与社会形态变迁和信息媒介技术的发展，两相促进，相辅相成，由此，推动了人类教育的不断进化与提升。

以互联网为代表的信息技术，已经和正在推动社会历史变迁，把人类从工业文明推进到了信息时代，由此激荡起社会各领域的深刻变革。教育是社会的基础，大数据、互联网等技术对社会体系的变革冲击，必然带来教育体系的变革。科技，改变了教育教学所处的外部环境生态，带动教育教学系统与整个社会大系统之间的相互关系，不断动态演化。一方面，社会历史变迁对教育教学提出了变革的新要求；另一方面，科技进步为教育教学的变革，提供了新手段。叠加的力量，构成推动教育教学变革的外部动力；而信息技术从最初的教育辅助工具，扩散渗入到整个教学系统，以其强大的科技能力能量，成为系统变革的内生动力，带来了教育现代化的新期待。

这一次，以计算机和互联网为代表的信息科技突破，影响力度和触及深度，更是超越历史。人工智能、数字化资源、多媒体教学、计算机辅助教学等进入教育领域，给教育变革打下了深刻的信息时代烙印。在知识获取方式，教学互动关系，家校共育、过程创新，结果追踪优化等方面，都已经正在发生深刻变革，未来教育多元化、个性化、智能化的轮廓，已然渐现，智慧教育，进入了前瞻者们的眼帘。

由此，智慧教育，开始成为引领全球教育信息化的发展方向。

其实，智慧教育的思想早在 50 多年前即被智者洞悉。1970 年，著名的社会思想家托夫勒，在《未来的冲击》一书中提出：世界未来教育，会是一种在线和多媒体的教育。其对未来教育的模式，进行了最早的概略初描。

随着 20 世纪 90 年代末全球数字化浪潮的兴起，信息技术在教育教学中的应用不断深入，从计算机、互联网、多媒体等数字化技术逐步走入校园，到交互式电子白板、虚拟仿真实验室等技术在"班班通"、数字化校园建设中的不断运用，数字化教育蓬勃发展，极大地丰富了教与学的过程。在世界范围内，把教育信息化建设推进到数字化时代。

进入 21 世纪，科技的快速发展，特别是移动终端、物联网、云计算、大数据、三网融合等新一代信息技术的兴起和快速发展，为教育信息化和教育现代化注入了新的推动力，激发了学习概念拓展、学习环境设计的新努力，推动着学习环境的探索实践从数字化走向智能化。

在这样的科技背景下，2009 年，IBM 公司提出了"智慧教育"（*Smart Education*）概念；相关的教育变革理念，也被各国关注重视。英国高校联合信息系统委员会（JISC）于 2009 年发布了《JISC 2010—2012 战略》；2010 年美国发布了《国家教育技术计划》（NETP 2010）；日本发布了《教育信息化指南》；2020 年 9 月，联合国教科文组织、国际电信联盟和联合国儿童基金会联合发布《教育数字化转型：学校联通学生赋能》，对教育的数字化连通，投以空前的关注。

这些高级别的教育信息化发展规划及战略文件的发布，清晰透露出世界教育信息化变革的方向，揭开了全球智慧教育探索的序幕。教育进入了智能化时代，即智慧教育阶段。

尽管，作为新生事物，智慧教育还尚未形成全球统一的概念，但是，学术界总体上也达成了内涵的共识。普遍理解的智慧教育，是以物联网、云计算、无线通信等新一代信息技术为技术依托，以智慧教学、智慧管理和智慧学习方法为理论支撑而发展起来的新型教育体系，其宗旨是帮助人们在对学习环境、生活环境和工作环境灵活机动地适应、塑造和选择的过程中，不断发现智慧、发展智慧、应用智慧、创造智慧。

作为经济全球化、技术变革和知识爆炸的产物，智慧教育成为教育信息化现代化发展的必然方向。

一些全球智慧教育探索有代表性的案例如下所示。

美国——个性化云：美国北卡罗来纳州格雷汉姆小学开展的教育云计算项目，通过云计算技术，在多所学校间实现了互联互通，学生可以根据自身实际基础与兴趣的不同情况，为自己设定不同的学习路径，既可以选择本校的课程，也可以选择其他学校的课程。在这种操作模式下，学校不需要管理云端复杂的技术架构，只需要根据开放的标准，使教学资源、方法、工具在网络上能够被支付购买、共享使用。

新加坡——强调学习经历与过程评价的智慧教育：新加坡在 iN2015 计划中，以培养满足社会多样化需求的学生为目标，提出实施智慧教育计划。该计划主要通过 EdVantage 项目的实施来落实，项目目标是提供延伸至课堂以外的、以学习者为中心的交互式学习环境，包括三部分：I access，为学习者提供随时随地的学习机会；I learn，为学习者提供交互式数字学习资源，激发学生进行独立的、个性化学习；I experince，通过整合各类应用程序和信息技术，为学习者提供交互式智能学习，促进师生合作学习，提高学生的学习效果。在项目规划中，特别强调的是学习者的学习经历和过程评价。

韩国——数码教科书为核心带动教育升级：韩国智慧教育战略体系的核心，是数码教科书的普及推广，期望通过教材的彻底革新，来带动整个教育体系的升级改造。根据韩国《智能教育推进战略》，自 2015 年起，韩国开始在所有学校建设以云技术为基础的教育环境，在一线学校正式实施"量体裁衣"式的智能教育，逐步在学校淘汰纸张制作的传统教科书，取而代之的是数码教科书，学生们可以通过计算机、智能平板、智能电视等各种数码终端灵活使用。在内容设计上，特别强调电子课本与学生智慧学习之间的关系。

第四节　国家视野下的智慧教育：
政府持续重视，积极行棋布局

无疑，在科技革命的背景下，智慧教育，关系到国家未来、民族命运。中国自然不能置之度外，国家的关切与重视前所未有；运筹与行动只争朝夕。

2012 年，教育部发布全国首个中长期教育信息化发展规划，实施"中国数字教育 2020"行动计划。自此，"智慧教育"的概念，开始在中国教育领域崭露头角，成为教育持续关切与思索的主题词。

在此之前，中国的教育信息化紧随科技进步步伐，勤耕不辍。最初的信息化，以电化教育的形式参与教育教学变革，在改革开放初启的年代，即获得国家的空前重视。1985年，教育信息化被纳入国家教育发展规划；20世纪90年代中期以来，中国先后启动了"校校通"工程、中国教育和科研计算机网、中国教育卫星宽带传输网、现代远程教育高校试点、农村中小学现代远程教育工程等一系列信息化项目。

2005年，教育信息化首次被纳入国家信息化中长期发展战略规划，实施"国民信息技能教育培训计划"。

2012年，《教育信息化十年发展规划（2011—2020年）》发布，国家明确提出，"以教育信息化带动教育现代化，破解制约我国教育发展的难题，促进教育的创新与变革"。以教育信息化带动教育现代化，成为国家战略决策。

从2017年开始，政府先后颁布《新一代人工智能发展规划》《高等学校人工智能创新行动计划》《教育信息化2.0行动计划》《中国教育现代化2035》等一系列文件，确定从科学研究、人才培养和转化应用三个层面，推动智能教育发展；指出加快人工智能在教育领域的创新应用，将信息技术和智能技术深度融入教育全过程，开发基于大数据智能的在线学习教育平台，建成"互联网+教育"大平台；推进智能校园与智能教学、管理、服务平台建设，开发智能教育助理等，构建智能化、网络化、个性化、终身化的教育体系。由此，教育信息化升级为2.0，进入智慧教育阶段。

2019年年初，国务院印发《中国教育现代化2035》，这是我国第一个以"教育现代化"为主题的中长期战略规划。提出2035年总体实现教育现代化、迈入教育强国行列的目标，强调要重视重大科技创新对社会变革的影响，重视互联网、人工智能等新技术的发展对教学、教务、师训、教管等教育形态的重塑，重视人民群众对更高质量、更加公平、更具个性教育的迫切需求，给予我国发展以科技为支撑的公平、高质量的教育提出了指引。

2020年3月23日，《教育部关于加强"三个课堂"应用的指导意见》提出促进信息技术与教育教学实践深度融合，探索信息化背景下育人方式和教研模式等重要任务。针对基础教育阶段促进教育公平、提升教育质量、创新教育教学模式，促进育人方式转变，支撑构建"互联网+教育"新生态，力求通过发展更加公平更有质量的教育，加快推进教育现代化。

2020 年 3 月 16 日，《国家发展改革委办公厅 工业和信息化部办公厅关于组织实施 2020 年新型基础设施建设工程（宽带网络和 5G 领域）的通知》明确将"5G+智慧教育"作为七大 5G 创新应用工程之一。5 月 22 日，时任总理李克强在政府工作报告中提出"加强新型基础设施建设，发展新一代信息网络"，这是新基建首次写入政府工作报告。

2023 年 2 月，中国教育科学研究院向全球发布了《中国智慧教育蓝皮书（2022）》。该蓝皮书指出，2022 年，中国启动国家教育数字化战略行动，建成国家智慧教育公共服务平台，建成世界第一大教育教学资源库，用户覆盖200 多个国家和地区，率先开启了迈向智慧教育之路。

该蓝皮书立足"智慧教育发展处于起步阶段"的客观实际，探索建立了由 4 个一级维度、12 个二级维度构成的评价指标体系，尝试对中国智慧教育发展水平进行量化评估，并分领域形成了基础教育、职业教育、高等教育三份报告，为有效推进智慧教育提供参考。

对于智慧教育的新形态，蓝皮书在五个维度明确加以定义：

在核心理念维度，智慧教育既是关乎民生的具体行动，也是关乎国计的重大战略，通过科技赋能和数据驱动，将全方位赋能教育变革，系统性建构教育与社会关系新生态，为每个学习者提供适合的教育，让因材施教的千年梦想变成现实，将首次历史性地实现微观层面的个人发展与宏观层面的社会发展全面高度统一。

在体系结构维度，智慧教育将突破学校教育的边界，推动各种教育类型、资源、要素等的多元结合，推进学校家庭社会协同育人，构建人人皆学、处处能学、时时可学的高质量、个性化终身学习体系。

在教学范式维度，智慧教育将融合物理空间、社会空间和数字空间，创新教育教学场景，促进人技融合，培育跨年级、跨班级、跨学科、跨时空的学习共同体，实现规模化教育与个性化培养的有机结合。

在教育内容维度，智慧教育将聚焦发展素质教育，基于系统化的知识点逻辑关系建立数字化知识图谱，创新内容呈现方式，让学习成为美好体验，培养学习者高阶思维能力、综合创新能力、终身学习能力。

在教育治理维度，智慧教育将以数据治理为核心、数智技术为驱动，整体推进教育管理与业务流程再造，提升教育治理体系和治理能力现代化水平。

中国教育向智慧教育的转变，不仅象征着教育信息化中技术数字化转为智能化走向而促发的"形变"，更蕴含着信息技术促进教育变革所追求的"质变"，尤其是教育文化的创新。以智慧教育引领的教育信息化创新发展，带动了教育教学创新发展，最终指向创新型人才的培养，已成为教育信息化发展的必然趋势。

第五节　攸关未来，决胜明天：智慧教育的深远影响

一、破解我国教育既有发展难题，推动教育全域变革

改革开放以来，我国教育成就斐然，信息化革命的步伐也不落人后。然而，毋庸讳言的是，国家经济社会发展和人民群众接受良好教育期盼的要求之间，还存在一系列发展难题。例如：区域之间、城乡之间教育发展不均衡；教育理念相对滞后，教学内容、方法比较陈旧；学生创新能力有待提升等。

客观而言，其中许多问题，不是哪国独有，而是在工业文明发展形态下，人类社会难以得到有效解决的全球性教育问题。智慧教育通过人工智能、大数据、区块链等智能信息技术，为破解种种传统教育难题、推动未来教育的进步，提供了极具说服力的解决方案。

智慧教育通过创新应用信息科技，提升教育系统运行的智慧化水平，不仅有助于破解这些传统的教育发展难题，形成有效突破点，而且，在更高的技术层级上，带动整个教育系统的全面优化。比如，智慧教育的不断深入推进，势必倒逼传统滞后教育理念的不断更新提升。先进的教育理念，是智慧教育必不可少的重要成分。传统封闭式教育格局正在被全方位的开放教育模式所取代，促成教育理念从封闭走向开放；技术的应用下，学生之间的差异扩大，多元化教育理念随之不断深入人心，教育变得越来越具柔性，相关过程也变得弹性化和活力化，由此，促成教育理念从单一走向多元；而信息社会鼓励学生张扬个性，勇于质疑，因此创造出更多条件，来激发学生思维的

创造性。由此，智慧教育为个性化教育提供了资源和环境，促成教育理念从一刀切标准化，走向针对性个性化。

智慧教育的新形态，可以让学生突破空间地理限制，通过一网一终端，就能便利地网罗到最优质的教育资源。通过互联网为偏远地区输送优质教育资源，学生足不出户，就可接受名师讲课。这种教育资源的空间重组，通过科技缓解了传统教育发展不均衡的问题，缩小了地区间城乡间教育发展的差距。

二、服务终身学习，提升全民素质

科技的日新月异，将人类社会推入终身学习时代，终身学习的能力，决定国民素质、牵引民族未来。

智慧教育在物联网、云计算、普适计算、虚拟现实等技术的支撑下，物理空间和网络空间趋于融合，云端一体化教育环境的建设营造，让教育变得更加开放、智慧、多元，线上线下相结合的教学方式，日渐成为主流，教育服务呈现更强的适应性，能够以不同的方式形态展现给不同的学习者，以适应不同类型的学习需求，正规的学校教育和社区教育、自主学习等的界限，逐渐被打破，终身学习，具备了从未有过的环境可能性和教育条件可能性。

智慧教育，将学习常态化和动态化，突破传统思维，树立终身教育的理念与体系，驱动学习型社会的建立与发展。通过面向全体公民，将学习整合嵌入到学习者的日常生活，既可以为正常人提供优质个性化的教育服务，又能够满足各类特殊人群的教育需求，人人皆学、处处能学、时时可学，实现学有所教，有教无类的泛在教育；而智慧教育构建的支持终身学习的新型教育评估管理机制，将普遍提高个人入职后继续学习的积极性，有效促进学习型社会的形成。在广泛提升国民素质的同时，为国家未来发展，培养出大批符合时代需要的创新型人才。

三、培养信息新型人才，实现科技赶超突破

在工业革命时期，受制于种种因素，作为后来者，我国一直没有机会在

科技领域与先进者并驾齐驱。改革开放以来，随着教育事业不断培养出大量人才，科技事业发展突飞猛进，我国与世界先进国家的距离，逐渐被拉短弥补，在诸多领域，甚至崭露头角。在这样的趋势下，发展先进信息技术支持下的智慧教育，将进一步优化我国人才的培养，为国家输送更多数量、更高质量的创新型人才，为科技事业全面赶超与引领世界先进水平，实现更多的前沿开创性突破，成为人类科技进步的主要贡献力量。

四、抢占国际教育未来先机，引领世界教育现代化创新

未来的国家能力竞争，根植于教育能力的塑造。我国的教育现代化建设，紧跟信息科技的发展步伐，经过多年的重点投入和努力建设，许多方面已经领跑在了国际前列。智慧教育的建设，为我国抢占未来国际教育的制高点、重塑中国在全球教育领域的影响力和地位，提供了新的历史契机。通过智慧教育的发展和创新的建设，我们将在新的教育赛道，引领全球教育信息化的新方向，推动人类教育产业进入信息新时代，为人类的教育现代化，展现中国能力，贡献中国智慧！

第二章

筹谋篇：
智慧教育的武侯解读与谋局

第一节 智慧教育的顶层思考：武侯的认知与解读

一、更优教育：武侯捕捉到未来可能

在教育质量上，不断自我超越，优化提升，持续推进教育的优质化与现代化，是武侯教育几十年孜孜以求的目标、坚持不懈的努力。

早在 20 世纪 90 年代初，武侯在率先完成"普九"任务后，就明确把提供高质量教育，作为下一步的追求。1993 年，武侯提出，在教育实践活动中把转变旧教育思想放在首位，坚持整体发展观念，全面提高学生素质的教育思想，并随后展开以教学质量提升为目标的教育研究探索。以龙江路小学为龙头的愉快教育研究，劳动路小学整体育人的教改实验；永丰中心校"培养良好习惯，打下乐学基础"的教改实验；金陵路小学"创设良好的课堂气氛，促进学生生动、活泼、主动地学习"的教改实验；九眼桥小学"创设愉快的课堂学习情境，让学生享受成功的快乐"的教改实验；太平南街小学"实施信任教育，变学业不良学生厌学为乐学"的教改实验等，都取得了可观的成效，得到广泛的好评。尤其是"愉快教育"的实践，得到国家、省市教育部门的肯定及全国教育界的好评。

1996 年，武侯系统提出"四个一流""四个特色"的办学方向。特别强调打造一流教育质量及特色教育，深入以课堂教学活动化研究为特征的区域性"乐学教育"实验，推动素质教育发展，提升教育品质。龙江路小学、四大附小、棕北小学、玉林小学、机投小学五所小学，因教学质量优异被评为成都市义务教育示范校；龙江路小学的"愉快教育"特色、东桂街小学计算机教育特色、磨子桥小学的外语教学和"阳光教育"特色、凉水井街小学的外语教育特色、玉林小学的科技教育和美术教育特色等，闻名全市乃至全国。

进入 21 世纪，武侯提出区域教育质量提升新目标，即"教育高位均衡化、高端优质化、全面现代化、全域国际化"及"学习终身化"，引领武侯教育品质更上层楼。2010 年制订的《2010—2012 年"乐学教育优学武侯"素质教育实施方案》启动了素质教育三年质量提升行动，通过完善中小学教育教学质量评估细则，推进个性化发展的素质教育。

2013年，武侯在全国范围内率先制定了《创建全国区域教育科学发展领先区方案》，确立未来武侯教育发展的指导思想、目标、定位、取向，三个阶段、六项任务、四项引领、六项发展计划和二十五项工程，形成了武侯教育"全国区域教育科学发展领先区"系列布局。其以"西部领先、全国一流"作为教育质量提升发展标准，建设"百花绽放、百舸争流"的武侯教育生态，并为之推出产生全国影响的"两自一包"改革。

有耕耘，就有收获。武侯为追求更优质教育不懈努力，取得了一系列可喜的成绩。2014年，武侯被评为全市教育现代化先进区县；2018年，武侯教育现代化发展水平总达成度为90.85%，连续多年位列成都全市第一。中考"一次合格率"为93.3%，连续四年全成都市第一。"全科合格率"为74.23%，连续两年全市第二。高考"本科率"为94.75%，增幅同比不断攀升。

然而，尽管数十年求索不已、攀登不懈，也成绩斐然，但是，在传统教育模式下，对教育质量提升的上限与速度效率，武侯教育人依然保持着清醒的认知：传统模式下，学生学习主要还停留在对知识的记忆、分析、理解层面，高阶思维能力始终比较欠缺；学生学习压力大、学业负担重、学习效率低的现象普遍存在；既有教育中，唯分数论的桎梏、应试教育的局限，更需要全新的、根本性的教育方式突破。

在忧心纠结、思屡萦怀中，武侯教育人不断在考量：如何破壁既往，更上层楼？而智慧教育的轮廓初现，让教育品质不懈求索中的武侯教育人，捕捉到新机！

智慧教育的适时出现，让武侯教育人看到了人才培养的全新可能，教育品质革命性升级的最大契机。智慧教育利用5G、云计算、人工智能等新一代的信息技术，打造的物联化、智能化、感知化、泛在化的新型教育环境，在人机协同的教育智能下，形成全新格局的教育形态模式，促动教育系统理论体系、教学空间系统、教学模式等的全面变革，构建出现代教育的全新轮廓，为培养智能时代创新人才，提升信息时代教育内涵，洞开了广袤空间。

二、破解均衡难题：问题牵引下的武侯新路径

教育均衡化，是武侯教育一个数十年孜孜不倦的追求。教育资源差距及教育品质差距，传统以来一直存在于城乡之间、区域之间乃至校际之间，作为全球性的教育难题，始终是困扰世界各国的教育痼疾。

面对优质教育资源总量不足、分布不均，地域差异的问题，长期以来，武侯教育聚焦于此，积极探索可行路径，不断优化缓解这一难题。针对城乡差异的老问题，展开解决新思路，早在 20 世纪 90 年代，武侯就走在全国全省前列，开始大胆探索，着手创造性设计推行城乡学校的"捆绑发展"战略。对辖区内教育资源悬殊的学校，按照城乡搭配，实行"捆绑发展"。城乡教育一体化的探索措施，对于教育资源均衡改善，取得了立竿见影的良好效果。

在其后数年内，武侯教育进一步完善"农村教育城市化、城市教育现代化、城乡教育均衡化"发展思路，武侯印发《关于完善农村义务教育管理体制的决定》，在四川省率先进行农村义务教育管理体制改革，将原属乡镇管理的 18 所中小学，全部划归区教育局直管，消除学校身份差别，成为四川省第一个从体制上告别农村教育的区县。武侯从管理体制保证上，深入地推进了城乡教育一体化。同时，在教育资源的配置上，武侯制定《提高城郊小学办学水平的实施办法》，实行政策和资金向弱势城郊小学明确地倾斜，保障和引导教育资源流向更薄弱的城郊乡镇学校，以求缩小强弱之间的资源差距与发展鸿沟。

2000 年以来，武侯区以服务城乡学校发展为指向，开始构建新的教育督导评估体系。通过教育评估体制的改革，促成教育均衡；通过发起校际联盟号召，补齐"校本研修"短板。到 2006 年，在多管齐下的多年努力下，"农村教育城市化、城市教育现代化、城乡教育一体化"的建设目标得以达成，初步实现城乡教育一体化。武侯一体化推进城乡小学、初中、高中捆绑式发展的教育创新实践，受到国务院关注。

武侯教育均衡化的努力，并没有停留在某一目标点就止步不前。2012 年，武侯出台了《成立武侯区学区联盟促进基础教育优质提升的实施意见》，并继续动作，对公办、民办学校实施一体化管理，23 所民办学校，与区内优质公

办学校结对，建立资源共享、联体考评、干部互派等联合发展机制。同时，武侯将全区学校划分成三大学区，实现管理职能下沉，教育资源共享，学术研讨和生源互动。

除本区域之外，武侯对经济落后、教育资源缺乏地区的教育帮扶，也是促成教育均衡发展的另一种努力。长期以来，武侯尽力协助省内藏族聚居区、彝族聚居区等对口教育帮扶地区发展，针对其办学条件落后、师资严重匮乏的困难状态，武侯坚持硬件与软件结合，输血与造血并重，当前和长远共量，全面调动人、物、财、智等多种力量，助力贫困滞后地区的教育发展。特别是对藏族聚居区白玉县的教育对口帮扶，时间跨度长达20多年，前后付出大量资源和心血，帮助白玉县教育紧跟时代步伐。

在援藏、援彝之外，武侯还与新津、简阳、安岳等地深入实施区域教育联盟。通过学校结对、干部互派、教学研讨、职教协议、幼教合作、远程授课、集团式发展等方式，构建"教育联盟共同体"，促进教育资源的互补流动，促成区域外教育的共同化与均衡化发展。

2014年，武侯通过教育部"全国义务教育发展基本均衡县"督导评估，不仅综合评分位列成都全市第一，还被评为全国首个"城乡教育一体化实验区"，城乡教育均衡"武侯样本"成为全国范例。城乡一体、义务教育均衡发展，成为全国经验。武侯经验文章《义务教育高位均衡的武侯模式》入选《2010—2012年度全国教育均衡发展》丛书。

即便成为全国范例后，武侯也未停下教育均衡化的努力步伐，2016年，又突破教育体制的传统桎梏，开始大胆推行"两自一包"改革，继续为教育均衡化，探索新的可能与路径。

可以说，取得了全国性影响的教育均衡化，是武侯教育的一张响亮名片。但是，尽管教育均衡化一直在不断进步，但在长期的教育实践和改革探索中，武侯教育人清醒意识到：从更大的范围、更高的维度来看，人民对更优质教育的需求是日益增长的，而社会对更高水平、更高质量的教育需求与教育发展不平衡、不充分之间的矛盾，始终是教育发展面临的主要矛盾。要根本解决这种矛盾，在智能信息技术日益成熟的背景下，信息化手段下的智慧教育，提供了新时代教育均衡的全新视野。

第二节　智慧教育的武侯历史积淀：信息化之路的探索脉络

全国"智慧教育示范区"建设，是教育部实施《教育信息化 2.0 行动计划》、开展智慧教育创新发展行动的具体举措。力求以"智慧教育示范区"建设实践的探索，推动教育信息化融合创新发展，积累可推广的先进经验与优秀案例，探出新途径、形成新模式，支撑和引领信息时代中国的教育现代化。

2019 年 5 月，教育部公布首次遴选的全国"智慧教育示范区"创建区域名单，武侯荣列入选！成为全国仅有的 8 个地市和区县之一，是中国广袤西部的唯一入选者，也是入选名单中，唯一的县区级创建单位。

由此，武侯被赋予先行先试、为中国智慧教育发展提供探索方案的使命。而武侯之所以能代表成都，荣列西部唯一，绝非偶然，也非幸运；这是源于它对教育科技化长期的关注与热情，在于它在教育信息化探索中，所积累的历史基础积淀、所形成的智慧教育实践能力。

武侯教育的前瞻惯性与信息创新基因，融汇于数十年来的工作实践，贯穿于新世纪信息技术革命的全程。多年来，武侯背负"全国信息技术教育实验区"的重任，密切跟踪信息技术的进化步伐，将信息技术不断运用服务于教学实践。

在 20 世纪 90 年代，电脑还是社会大众心目中的高科技，远未走进普通人的工作和生活，那时，武侯教育人即以超前的敏锐，洞悉到信息时代初现的曙光，积极拥抱这一科技新事物，早早引入与计算机的相关基础教育。

1994 年，武侯即建立了计算机教育中心，并确立了"利用计算机辅助教学构造乐学环境"的教改课题。该年，全区中小学就已拥有计算机 821 台，在力促计算机教育教师队伍建设的同时，开展计算机教育和辅助教学的研究，设计的语文教学 CAI 课件，有 15 个在全区推广，武侯计算机实验小学撰写的论文，在全国小学计算机教育实验研讨会上，受到原国家教委和与会代表的好评。同年，武侯计算机实验小学成为全国首批被原国家教委正式命名的全国中小学计算机教育研究中心、计算机教育实验学校，是西南地区唯一一所获此殊荣的学校。

1998年，武侯提出了教育现代化的先进教育理念，并制订了《武侯区教育现代化第一个五年计划》，同年，被教育部批准为"全国中小学计算机教育实验区"。

随着电脑的不断普及及互联网逐渐渗入社会，武侯不断加大信息科技与教学教育的融合力度，在教育信息装备领域投入的规模逐年大幅增加，在教育行业中，成为早期的教育网络化先行者：较早建成了武侯教育城域网，即使在成都市，也是领先实现了所有中小学电脑互联互通；校园网建设覆盖达到100%，互联网100%"班班通"；基于教育城域网的电子政务系统、学生综合素质评价系统、互动教学系统等资源共享平台，也广泛运用于日常教育教学活动中，基本实现义务教育阶段学校信息技术装备标准化配置的全覆盖。

在倾力建设信息软硬件的基础上，运用信息化手段、推进区域教育优化提升的武侯探索与努力，一直持续不懈。

2006年，武侯利用网络技术带来的多主体、全覆盖、跨时空、低成本、高效率，率先开始实施城乡学校间的网络互动教学、网络教研，到后来的教师群体以论坛交流、主题研修、主题资源征集、网上自学与诊断、网络与校本结合等方式，构建本区域教师网络学习共同体的组织机制和有效模式，形成了平等、对话、协商、民主、共建的网络教研文化，促成区域教育向信息化、现代化的蜕变。

武侯在信息化的成功尝试，大胆求索，相关进展与成果得到了上级主管部门的肯定。2013年，武侯成功创建"全国数字化学习先行区"，成为四川省获此殊荣的唯一区县。同时，武侯着力构筑信息化基础上的教育终身化平台，建成"全国社区教育示范区"。

信息科技的发展在人工智能领域不断取得突破。随云计算时代的来临，大数据及分析应运而生，开启了社会生活各个领域的量化进程。以大数据为基础，通过感应器的发展和数据采集技术的多样化，进而训练模拟出某种人造的智能，大数据和人工智能的结合，开始改变人类生活。随着人工智能的不断成熟，武侯积极谋求其在区域教育领域的落地运用。武侯努力推动全民智能教育项目，让中小学生开始接触人工智能，了解人工智能，甚至掌握人工智能，让他们能够及时跟随时代脉搏，立眼科技前沿。

为此，2018年，武侯区教育局与电子科技大学大数据研究中心、成都市教育科学研究院等签订协议，在教育大数据与人工智能项目展开三方战略合作，构建基础教育阶段"人工智能+教育"模式。

其合作的内容：

一是设计大数据与人工智能的普及课程。结合武侯中小学在创客教育方面的发展情况，充分考虑各学校的优势及资源，设计开发适合武侯基础教育阶段的大数据与人工智能普及课程，为武侯基础教育在大数据与人工智能普适教育的发展和推进，提供助力，力求在成都市及全国基础教育阶段的大数据与人工智能普及教育中，形成示范作用。

二是本土化教材撰写。针对基础教育不同学段的课程，合作撰写对应的系列课程教材。在保证专业度的基础上，做到教材内容丰富、生动形象，将大数据与人工智能的知识深入浅出地体现在教材中。

三是培训师资专业技能。加强对大数据与人工智能课程师资的培训，一方面对现有相关学科的老师进行培训，另一方面通过多种方式，进行师资储备及长期培养，尽快帮助学校搭建自己的师资队伍，并定期进行多种形式的师资技能提升培训。

四是升级区域教育大数据分析应用能力。利用武侯区现有的信息化服务平台，丰富数据采集渠道，逐步积累教育教学和教育管理数据，完善分析方法，为教育管理提供决策建议，为教师的专业发展和学生的个性成长，提供针对性的诊断。

武侯的研究课题"区域整体推进以编程为主的人工智能教育实践研究"，成功申报中央电教馆"全国信息技术研究2018年重点课题"，通过积极推动区域人工智能教育成果转化，实现智慧教育应用融合发展向创新融合发展转变。

近年来，在国家大力投入下，武侯教育设备和校园设施的现代化完善化程度，也以前所未有的速度，快速提升。

在武侯，教学电脑配置上，中小学生机比，师机比一直高居前位，多媒体系统到班率达 100%，全区无线、有线"双网"覆盖率 100%，互联网出口带宽不断随需求提升，建成的平板电脑电子书包教室、数字化实验室、创客教育工作室、远程互动教室、人工智能教育空间等现代化教育基础设施，逐年攀升，教育信息化特色硬件设施的规模和种类，已经处于中国西部领先水平。

经过信息化道路上长期的建设探索积累，到 2019 年，武侯已经奠定了智慧教育的相关基石。

在信息环境方面，武侯实现了"三全三建成"。有线无线双网"校域全覆盖"、多媒体系统到班全覆盖、数字化实验室全覆盖；建成四川省首个图形计算器实验室，建成西南地区首个脑科学实验室。武侯建设了一个"互联网+教育"大平台，将教学、资源、管理等服务融为一体，全方位支撑在线教学、网络教研；其中网络空间人人通，覆盖全体教师、教研人员和全体中小学生。

在信息成果应用上，武侯建成"三顾云"平台，入选教育部全国基础教育信息化应用典型案例。平台实现了"极课大数据"质量监测，建立起智能备课、网课教学、在线辅导、数据测评为一体的"精准教学"体系。

通过"政—校—企"合作，武侯已在全区所有学校、面对全体学生展开人工智能教育，编辑出版了全国首套《K12 人工智能教育》系列丛书。分为小学版《K12 人工智能教育——智慧机械》，初中版《K12 人工智能教育——趣味编程》和高中版的《K12 人工智能教育——应用探索》，成为四川省首套中小学人工智能教育用书，标志着教育大数据与人工智能项目取得了阶段性成果。

在学校探索方面，武侯已经形成了一批具有影响力的典型案例。机投小学远程听评课系统，可以实现教学行为精准画像；武侯高级中学"武高云"大数据平台，可以实现前置式教学管理；成都七中网校"一块屏改变命运"，覆盖八省一市 26 万名学生；双楠云校已经有民族地区、边远山区的 76 所学校加盟。

在如此充分的探索积累基础上，武侯发布了《关于推进智慧教育发展的实施意见》，确定"中西部教育现代化核心区"的建设目标。

长期的探索、坚实的基础让武侯赢得了入选全国唯一的区县级"智慧教育示范区"的机会。在此背景下，2019年5月，教育部通过了武侯的申请争取，武侯成功入选2019年度全国"智慧教育示范区"创建项目。武侯成为中西部唯一的代表区域。

锐意进取的武侯教育人，视此为推进教育智慧化的强劲新动力，肩负党和国家的重托，以创新意识、改革精神，满腔热忱去拥抱这一时代新机遇，去履行这一历史使命。力求为未来教育不断贡献更多的革新灵感和创新元素，力争形成武侯"智慧教育"文化特质，为教育改革贡献"武侯智慧"，为教育创新提供"武侯方案"！

第三节　智慧教育，武侯的谋篇布局宏观设计

一、以"机制协调+政策支撑"，作为智慧教育推进主线

带着对智慧教育探索的由衷热情与高度重视，武侯成立了智慧教育示范区建设领导小组，由区长担任组长，区新经济局、区财政局等18个区级部门主要负责人为组员，总体运筹智慧教育的谋划推进、组织规划与安排落地。

武侯教育局设立了专项推进办公室，由局领导、校长、首席信息官负责，技术和教研部门配合，确保建设任务实施落地。武侯通过协调区教育系统各项目单位，形成联动机制，负责项目试点工作的执行、督查；武侯教科院成立教育信息化研究所，聚焦教学变革深化的理论研究，确定实施策略。

除组织措施之外，武侯制定发布了《武侯区推进智慧教育发展的实施意见》《武侯区加快推进智慧教育示范区建设工作方案》《武侯区智慧教育建设五年规划（2019—2023）》等一系列的规划实施方案，为智慧教育提供政策支持；同时，将智慧教育实践的任务路径具体化、明确化。

二、以"智力支持+课题研究"，作为智慧教育的方向引领

在自己的经验积累基础上，武侯广开智门，延请北大、北师大等国内智

慧教育领域前沿专家，组建成智慧教育发展指导团队，通过招才引智，强化科研合作，为智慧教育探索建设，提供专家智库的智力支持。

2019 年 12 月，武侯完成"首席信息官（CIO）"和智慧教育首批"种子教师"遴选工作，遴选组成智慧教育专业团队——名师工作室。"首席信息官"专职负责智慧教育团队组建、试点项目推进、师生信息化素养提升等工作，"种子教师"则组成智慧教育示范区课题组，专题研究区域智慧教育示范区建设路径及方法。武侯以专家引领、自主研修、实践应用、外派学习等各种方式，展开师资培养，为智慧教育示范区建设，培养、储备一支具有领军潜能、创新潜力的智慧人才队伍，以此共同引领学科课堂变革；同时，申报立项了《区域中小学智慧教育体系建设的实践研究》省级重点课题，以课题研究，带动实践推进。

三、以"区域布局+学校试点"，作为智慧教育实施主线

武侯瞄准教学、服务、治理三方面任务，匹配专项经费，鼓励区内学校积极参与试点，在未来学校、数字校园等方面，进行智慧教育的大胆探索，鼓励学校在内部治理、教育教学等方面，大力改革创新。通过自主申报、专家评审，遴选出一批有代表性有潜力的中小学校，承担有关智教项目试点工作，范围已覆盖所有市区级"未来学校"。申报的探索项目，覆盖数字画像、智慧课堂、网络学习空间建设、智能化教育管理等。并由区教育局牵头，对探索项目进行过程性指导辅助，确保试点举措切实落地、成效可鉴。通过对关键项目的统筹布局、试点先行，在不同的试点方向，开展多维度的实践探索。

四、以"政府投资+社会助力"，作为智慧教育探索的经费保障

武侯大胆探索"政府主导、学校参与、企业合作"的智慧教育三方协同建设模式。区级财政担当主体投入 7 000 余万元，面向社会资本，引进企业投入 3 000 余万元，形成了"政、企、校"三方协作共同体。通过深化政、企合作，在资金支持、技术保障、成果转化方面相互支持、相互促动。

第四节　智慧教育的武侯理念目标："新三态"设定

作为在崭新领域的探索，武侯在智慧教育的建设实践，既没有现成经验可借鉴，也没有既定道路可依循，必须依靠自己的智慧与思考，去寻找切实路径。

武侯聚焦现代信息科技背景下学习方式的变革，深刻思考新形势下"教育何为"的命题，结合区域自身优势与现实条件，明确提出了"为学生发展提供适应的教育"的育人理念。"适应"一词的内涵，体现在支持学生个性化地学、教师差异化地教，力求实现数据赋能的精准性和学生学习的自主性。武侯通过变革课堂内外教学方式，将线上、线下融合教学作为教学变革的突破口和着力点。

武侯围绕"教学、服务、治理"三大教育领域，明确了区域智慧教育建设的"新三态"任务，即智慧教学新生态、教育服务新样态、智能治理新形态。

一、构建智慧教学新生态

武侯通过研究学生的身心发展规律、明了学生最需要的学习方式和内容，让学生真正成为学习的主人，让教师真正成为教育改革的"主力军"。武侯以"学习者"为中心，以"个性化学习"为导向，以"数学画像"为支撑，重构学校既有课程，重新定义课堂，重新认识教与学关系，重新构建学生综合素质评价体系，由此探索武侯智慧教与学的新生态。

二、构建教育服务新样态

武侯以"武侯区教育发展支持服务中心""智慧校园试点校""武侯智慧空间"等项目建设为依托，推进与智慧教育相匹配的场景、技术、资源建设，实现一卡通行、一网通学、一空间通用，达成教育场景数据开放化、教育技术环境智能化、教育资源投放精准化，实现"开放、按需"为导向的武侯多元教育服务供给。

三、构建智能治理新形态

武侯以现代学校治理思想为指导，建立共建、共治、共享的开放性教育公共服务体系，建立多主体共同参与、协作共赢的教育发展新模式。打造"武侯教育大脑"，紧扣教育公平、择校、学业负担重等教育热点难点，推动教育单一管理方式向精准适应性服务转变，以数据为依据，探索政府决策、机制创新和多主体协同的武侯智能治理新样态。

简而言之，武侯的智慧教育方向目标，教育服务上，探索资源供给服务的变革，创新资源服务的供给方式；教学上，实施师生"数字画像"，合力聚焦"课堂变革"，关注对学生关键能力的培养，助力个性化学习；教育治理上，通过开展数据驱动治理研究，提升精准化教育评价，推动数字资源从融合应用，提升为全面育人的发展动能，促进教育向信息时代的数字化转型，实现教育现代化的新格局。

第三章

实践篇：
武侯智慧教育的探索与操作

对任何新事物的探索，都是艰难的。武侯教育人以充分的勇气、不懈的热情，在前人未曾涉足的新领域，去推动智慧教育的探索与实践。

武侯瞄准既定的智慧教育建设目标和任务，立足已有基础，总结既往经验，围绕 1 个课堂变革核心，建设 1 个区级数据基座，提供 3 类大资源供给服务，规划与实践"1+1+3"的智慧教育具体建设路径。

第一节　智慧教学新生态的打造核心：课堂变革

武侯把课堂作为智慧教育下的变革核心，充分运用成熟的已有信息科技手段，围绕学生成长需要，促动教与学方式的提升进步，推进线上线下双线融合的育人体系构建，通过"场景再造、数据赋能、结构优化"等形式，在最大技术程度上，实现学生个性化学、教师差异化教的人才精准培养新范式。

武侯通过改变三种结构突破三大课堂教学瓶颈：改变课堂教学组织的结构，突破学生学习者主体地位不显的瓶颈；改变学习资源的结构，突破个性化学习支撑不够的瓶颈；改变教学评价的结构，突破课堂教学效果反馈不及时不全面的瓶颈。从而重树教学价值观、重组教学结构、重造教学流程、重构教学文化，在最大程度上，实现学生个性化学习、教师差异化教学。

一、教育场景的武侯再造：规模化探索双线融合式课堂教学

传统课堂的弊端不需赘言，教育工作者及学生都深有体会。而线上教学，在提供空间便利性等优势的同时，也普遍存在师生间缺乏沟通、教学有效性低等相应问题。如何借助技术，弥补两者的短板，扬长两者的优势，让教学变得精准且高效，是探索智慧教育下课堂变革要面对的首要问题。

武侯的课堂创新，在一定程度上，给出了这个问题的有效解答。通过有机融合线上与线下教学，扬长避短，相对于传统课堂，武侯新型课堂具有三个特征：场景再造、数据赋能、结构优化。

武侯各项目试点学校根据学科和学段的特点，聚焦学生关键能力，关注课前、课中、课后关键环节，分别在分层、探究、合作等方向开展课堂变革探索。武侯在不断探索中，形成了多种类型的"新型教与学"模型课和上百节典型课例。课堂教学变革模式也经历了"资源包+直播网络课堂""双师交互课堂""混合分层课堂"3次迭代升级，逐步形成了由浅到深规模化、常态化、个别化3个层次的双线融合课堂教学应用。

（一）1.0模式："资源包+直播"网络课堂

平时课堂上总是神采飞扬的徐老师，是一名小学语文骨干教师。他年近50岁，有着近30年教龄，教学经验丰富。在课堂变革试验中，教学空间由教室空间变换到了网上屏幕，这让徐老师一时很不习惯、十分焦虑，习惯于在黑板上用粉笔板书传递要点与难点的他，在网上授课时往往许多时候不知所措。一堂课中，近30分钟都是他一个人在滔滔不绝，单向传输，既没有在适当的地方请学生发言，也没有在必要的时候组织线上讨论。课后，脱离了传统的课堂氛围让徐老师疲惫而茫然。

针对不少老师这样的焦虑和无措，武侯努力寻求解决办法，逐渐摸索出一种"资源包+直播"的线上教学新模式。武侯区组织教研员，面向12个年级、17个学科，录制遴选了9 128个优质教育资源，根据教学进度，按周通过武侯"三顾云"平台发送到教师个人空间；针对作业交互不及时的问题，武侯区还定制开发了手机端作业批改小程序，帮助教师实时发布、查阅、批改学生作业。

有了这些技术与资源支持，让武侯的线上教学顺利度过了前期的不适应。一个月后，徐老师的线上教学已经能够轻松自如，他会提前查看学生的预学反馈；在教学过程中，使用计时器、随机点名这些"教学法宝"，让学生不再分心；他可以精准把控讲授、提问、练习各个环节的时长。逐渐地，徐老师找回了曾经课堂上应付自如的感觉，开始享受直播教学。

在2020年，这一课堂模式得以迅速推广。武侯依托"三顾云"平台，在资源制作、数据分发、教师信息能力培训各个方面开展行动，采用"资源包+直播"的资源供给与授课形式，在全域实施在线教学，确保了"停课不停学"的政策有效、高效落地。但是，相应的问题与不足也随即暴露出来：这种教学模式，客观上存在照搬线下内容、教师单向讲授过多、师生交互不够、学情数据不能及时反馈等问题。

（二）2.0模式：双师交互课堂

武侯不少学校和教师，基于线上教学积累的经验，研究基于数据分析的"线上+线下"混合的"三段式"课堂教学模式，构建起线下真实教师和线上虚拟教师相结合的双师课堂。课前"以学定教"，课中"精准教学"，课后"因材施教"。这种模式在保留了推送个性化资源的同时，在课中增加了数据的及时反馈和分层应用。

课堂情景：刁老师是一名初中英语老师，在课堂上，刁老师结合学生网络预习情况，精心收集、制作了不同层次的微视频和练习题目。教学中，刁老师首先安排学生使用平板电脑观看学习"典型例题"的微视频，然后组织学生进行测验练习。根据实时反馈的测验结果，刁老师将不同难度的"课堂变式练习"微视频推送给学生，供学生开展差异化自学。

整个过程中，所有学生检测数据实时显示在教师终端上，不同层次学习资源分别传送到不同学生终端。知识掌握情况较好的学生可以自主进行进一步拓展学习，有问题的个别学生会得到老师第一时间的单独指导。下课后，刁老师会在网络学习平台上，继续给学生发送新的复习资源和新课预习资源，学生的复习和预习情况也会通过平台及时反馈给教师。

这种模式产生的教学问题是：对教师的信息技术应用能力要求较高，课前的准备量也较大；过于依赖电子设备，不利于学生保护视力，也使课堂上师生间的情感交流不够充分。

（三）3.0模式：混合分层课堂

课堂片段1：寻求不同创新方法的踊跃。

"这个问题我知道答案了！大家听听我说得对不对……"张同学激动地说道。

"你说的这个方法我也想到了，但我还有一种更简便的算法！我为大家介绍一下"王同学立刻接上话……针对老师提出的问题，同学们纷纷发表意见，声音也逐渐传遍整间教室，越来越多的学生开始表达自己的观点，课堂气氛活跃了，各种创新的思路打开了。

课堂片段 2：动态的课堂。

此刻，课堂进行到第 25 分钟，老师已经将随堂练习题发送到了学生端，学生们在学习终端上开始答题。教室里很安静，学生们都在思考，偶尔有几声点击屏幕的声音。教室大屏上每发出"滴答"一声，就出现一位完成答题并全部正确的学生名字。时间到！这些解答全对的同学随后站了起来，拿着平板自主地走到教室最后，与后排解答错误的同学交换座位，这些同学可以继续观看终端上推送的拓展练习。不能正确解答而往前坐的其他同学，则眼光投向黑板，仔细聆听老师的讲解。

在这节课上，老师尝试扮演一个学习"引路人"的角色，以信息技术支撑学生自主探究学习，协助学生互助合作，鼓励学生大胆表达、增强自信。这种动静结合的"混合自信课堂"教学模式，让教育载体回归课堂本身，将变革的重心放在流程重塑，让学生成长回归教育本位，让技术精准赋能学习过程，既尊重了学生的学习规律和情感需要，又避免了技术应用和师生交互的本末倒置。

武侯双线融合的线下教学环节，通过对线上教学的内容进行大致的回顾和运用，锻炼培养学生对相关知识的实际运用能力。在课前导入环节，教师提取微课的重点部分，以问题的形式，组织学生展开讨论和探究。线上教学中学生存在的普遍性疑惑，可以在线下课堂中进行讨论和探究。其后，教师将学生的学习能力与教学知识的复杂性相结合，以发挥课堂经验，发展学生的技能并运用知识。在教研过程中，教师结合先进知识，扩大知识的广度和深度，拓宽学生的视野。同时，教师可以结合复杂的在线和离线情况，帮助学生重新理解知识问题，确保学生对知识有完整而深刻的理解，并对学生的参与和学习做出科学、合理的评估。

双线融合式教育不仅可以在学习过程中以教师为主导，而且可以增强学生的主导作用。通过互联网的便利，教师将学习与大量信息联系起来，从而使学习管理和学习评估更加科学。融合学习的要点，是将网络资源与课堂学习、科学技术的使用以及庞大的资源合理地结合在一起，满足每个学生不同的学习需求，并最终以信息形式将其传达给学习者，从而激发学习者的学习兴趣，促使学习者积极投入学习活动，提高教学质量。

融合教学，不是老师一味讲、学生一味听，而是有讲、有听、有互动。在学习中，可以穿插有关课本学习内容的视频，通过视频视听效果，引发学生学习兴趣、吸引学生注意力，让学生能在愉悦中掌握知识。也可以在线上教学中，结合教师的讲解，适当地安排一些相关课外小视频，穿插在课文的学习中，为学生打开扩大知识面的窗口。

二、传统的课堂教学流程：再造与更新

武侯通过变革传统教与学方式，探索"全向交互"的智慧教学新模式，实现点到点、人与人、人与物之间的互联互通，开展自适应学习、双师课堂学习、深度学习、探究式学习、混合式学习、体验式学习等实践。

武侯通过智能化教育技术环境下的教室智慧黑板、多媒体教室、研讨型教室、线上智慧课堂、虚拟仿真平台和学生终端等手段，完成了对智慧教学环境的全面升级。教学中便捷联通教室黑板、教师平板和学生终端，实施教学过程分级监管，实现资源个性化推送、可视化呈现、师生立体化交流、即时化评价，增进了师生之间交互协作，打破了传统教学的常规流程，实现了教学流程精准再造。

在课堂变革中，武侯探索课堂教学全流程精准化，开展"三段式教学"和"自导式教学"结构改革。疫情期间，武侯提出在线教学"三三五"指导原则，在构建"三段"课堂结构理念的基础上，关注混合式学习在其后的延续深度应用，通过一批学校的先行先试，创新开展教学流程再造、教学分级监管，常态化开展精准指导教学全流程的试验。

在省教科院的指导下，武侯探索自导式教学，即利用信息技术，将课前、课中、课后老师教与学生学的过程进行结构性改革，强调学生课前自学、课中合作探究、课后学习效果反馈，通过信息化手段推送、监控项目推进，培养学生自学习惯和自学能力。两年多来，全区开展自导式教学公开课超200节，2 000多人次参与听评课活动，将课堂改革从"理念"走向了"行动"，从"形式"走向了"内涵"。

在教学实践中，通过前置检测、自主学习，问题导学、活动体验，精准

反馈、个性学习等环节，形成课前预学、课中智学、课后促学的教学基本结构。武侯通过在各试点学校的探索，形成多种校本化模式，如武侯实验中学的双师双空间教学，北二外成都附中的混合式分层自信课堂，成都市西川实验学校基于数据采集的精准教学等。

对于学习效果的评估把握，武侯展开伴随式学业数据系统（大数据诊改系统）跟踪探索，作为课堂流程变革的另一个重要举措。武侯全区所有中学、部分小学推行以图像识别，语言信息处理等人工智能技术为支撑的"大数据精准教学"系统。系统通过常态化采集学生阶段性学业数据，加以检测，分析出不同层次学生的差异性和薄弱点，生成个体、班级、年级的阶段性学业报告，系统帮助教师实时快速了解学生的学业情况，实现精准备课与高效自学。针对检测到的知识薄弱点，教师利用智学数据平台，智能推送相关资源，提高教学针对性。

武侯规模化开展学业数据的普适采集，提升了学科教学效率。西川中学等学校坚持将学生每天作业题目进行知识标签电子化，常态收集整理学生作业和课堂检测过程产生的学业数据。帮助教师实时、快速了解学生知识掌握程度，帮助学生梳理形成"一人一案"的学习精准指导集。个别化试点学业数据伴随跟踪，实现了大数据背景下的精准备课和高效自学。

武侯实验中学的"双师双空间"教学，借助智慧教学平台，打造起从课前到课中再到课后的全链条精准教学模式。教师会在课前推送预习资源，让学生自主预习，学生完成检测后可将预习情况拍照上传，学校的智慧教学平台在进行智能批阅后会将检测结果自动反馈给老师，老师则根据学生的预习效果调整自己的教学设计。

在掌握了学生的预习情况后，在课堂上，老师便可以根据学生学习水平的不同，分层推送学习资源，布置学习任务，让学生根据学习目标，开展个性化学习。同时，教师也可以借助智慧教学平台，及时掌握学生的学习反馈，引导他们通过小组合作等方式解决学习上的问题。

为了弥补学生在离开了学校和教师的学习场景后无人指导的难题，学校还发动老师录制习题解析视频，对学生的课后作业进行"云辅导"，帮助他们解决疑难问题。与此同时，在智慧教学平台的赋能下，学生的学习数据被自动采集和保存至云平台，系统会自动生成个性化知识图谱，完成学生能力薄弱点分析，并为其智能配套学习资料和巩固练习，实现基于数据的精准教学。

这些实践探索，不仅改变优化了传统的教学流程和方式，还改变了学生的学习方式，培养了学生课前独立思考、发现问题，课中合作探究、协作解决问题，课后评价反思、自主建构的深度学习能力。

武侯通过智慧课堂的建构，促进了教师从经验教学向智慧教学转变。促进学生开展自适应学习、双师课堂学习、深度学习、探究式学习、混合式学习、体验式学习等。由此，全面提升学生的信息意识、计算思维、数字化学习与创新、信息社会责任等核心素养，构造全向交互的教学变革新模式。

通过环境的智慧化，促使课堂空间智慧化，课堂空间的智慧化，则助力重构课堂组织、课堂活动、课堂进程、课堂管理和课堂评价等，从而重构课堂结构与模式，重塑课堂生态。

武侯通过打造软硬件相结合的智能化教育环境，运用大数据中心、多媒体教学平台、在线课程平台、智慧课堂平台、虚拟仿真平台等设施，改造传统教学流程，真正解决智慧教学"如何教"的问题，促成学生学习方式革新，形成教学新生态。

三、武侯智慧教育的小处创新、大处突破：教室声光环境改善

在智慧教育建设探索中，武侯秉持"大处着眼、小处着手"的策略，从教师、学生的切身切实需要出发，直面教育教学中的痛点和难点，从"小处"创新，在"大处"突破，在全国率先展开"教室声光环境智能化改造"，进行"校园雪亮工程""教室清听工程"，解决课堂教学过程中基础性的视听难题。

针对教室声光环境问题，武侯于2020年年初开展技术论证，形成改造方案，以"先试点再铺开"的方式推进。前期通过校内试点和整校试点，取得良好效果后，再大面积展开。

教室声环境是长期以来容易被忽视的课堂问题。教学中，教师经常需要提高音量、多次重复地高负荷用嗓，这成为教师的职业痛点。

武侯关注教师职业健康，针对这一长期存在的问题，启动了"教室清听工程"。该工程利用智能技术对课堂声场进行改造，通过物理环境建设和技术辅助，打造自然、舒适的教室声场。首先是尽可能地去除掉噪声；其次是最大限度降低混响，提高噪声识别能力，最大限度消除教室内外部噪声；最后是扩大并保真声音传递，即零噪声、低混响、自然声传递。

针对师生对声音传播的要求，武侯选用 AIoT（人工智能+物联网）扩声主机、高保真音箱，利用智能技术对声环境开展三个方面的优化，即无感体验、智能拾音和扩音、均衡传输。其采用"计算机软件进行辅助分析+现场实际调测"相结合的方法，解决教室各区域传声分布不均的问题。

在智能管控上，武侯采取"分散建设、统一管理"的模式，构建区校两级扩声云平台，云平台基于扩声系统应用场景，对物理分散、规模部署的扩声主机和业务进行统一云管理、云运维，具有故障报警、分级分区管理功能。

日常运作中，学校负责软、硬件集中管理，区域进行数据采集和分析，汇聚扩声业务应用数据，进行统计分析，沉淀优化应用策略。

近视问题一直是社会关注的热点，根据世界卫生组织研究报告显示：当前中国青少年近视率高居世界第一，高中生和大学生的近视率均已超过七成，小学生的近视率也超过45%，并逐年上升。实验表明，学校教室照明，直接影响学生学习效率及视力健康。长期以来，教室使用的光源与照明环境良莠不齐，普遍存在色温过高、照度不足不均、眩光超标、光衰严重、显色指数低等问题，容易引起视觉疲劳、危害视力健康。

针对落后不良的教室传统照明环境，武侯着眼恒定照度、"三防"护眼两大目标，启动"校园雪亮工程"。为实现教室的恒定照度，在教室内安装9盏直下式面板灯和3盏黑板灯，改善光源条件；利用红外感应、蓝牙控制、自适应调光等智能技术，对教室内的灯光照度进行智能感知和自动调节，确保学生桌面的灯光照度保持恒定状态，不受自然光线变化、教室空间布局变化的影响。武侯区改造后的教室，学生桌面的平均照度恒定在333 Lx，超过国家标准的300 Lx，满足日常教学的高标准需求。照度优化的同时，改造更促进节电环保。通过人体感应器和灯组联控技术，教室被分区划域，自动调整功率和亮度，实现按需照明，达到了极限节能的效果，比传统光环境节能

60%～85%，切实为环保事业作出贡献。

为达成"三防护眼"的效果，武侯进行教室光环境改造，应用全光谱技术，采用第二代微晶防眩面板，其光谱结构与自然光光谱接近，显色指数达到95及以上，具备高标准的色彩还原力，天然消减有害蓝光。在保持各项照度、均匀度指标的前提下，为师生提供安全，豁免级的无蓝光照明体验。实现防蓝光、防频闪、防目眩的"三防护眼"光环境。

在智慧课堂的声光建设方面，武侯不断投入资金加大力度，以科技手段智能化改造，低成本高效率地解决了长久以来困扰教学过程中的"视""听"两大痛点，为提升教学效果，保护师生身心健康，切实提供了环境保障。

第二节　打造数据基座，赋能智慧治理新形态

一、为数据融通创造制度保障

为消除传统的数据信息屏障，实现数据资源的联通融合，促成数据资源的合理共享与合理运用，武侯努力提供制度保障，出台了一系列数据融通政策，还编制了武侯区教育系统《软件数据标准》《"让数据跑路"工作实施方案》，进一步规范区域内教育软件、统一数据标准和工作流程。同时，形成《武侯区教育数据编目》《教育事业统计》《教师数字画像》三套数据标准。

二、夯实信息数据基础设施建设

2019年7月，武侯设立"武侯区教育数据中心"。通过与电子科技大学、中国移动产业研究院合作，以"产、学、研"相结合的形式，建立数据枢纽、应用中台一体的数据中心。纵向连通省、市、区、校、个人五级基础教育的数据，横向汇聚各级各类软件、系统应用的数据，形成数据加工分析等场景处理的服务能力。

为满足智慧教学和指挥管理对高并发、高速响应、海量传输的要求，武

侯连续多年持续投入建设完善，建成以国内领先的"全光纤+Wi-Fi6+5G"为主体技术架构的网络，实现有线无线网络、音视频、物联网等多网融合。

武侯数据枢纽已经接通众多应用的数据库，实时数据总量不断在更新增加，区域内学校"双网"全覆盖、多媒体系统到班全覆盖、数字化实验室全覆盖，涵盖区域教育管理、教师和学生各要素；在确保数据安全的情况下，大大破除了区域教育信息孤岛，赋能智慧教育展开。

数据驱动需要一个云环境，武侯依托区域资源优势，在区政府的协调下，武侯采用"武侯区政务网"和"武侯教育城域网"联通的方式，完成网络环境建设。通过联动区新经济局和行政审批局，武侯在"武侯政务云"中构建了物理云环境，再借助5G的三大典型场景，为网络保驾护航。

依托"武侯政务云"，武侯已形成了近54 T的数据治理云架构，逐渐将"学校装备""平安校园""明厨亮灶""标准化考场"等原本分散在各部门的50余套数据进行深度融通，实现了单点登录、数据共享。武侯已经实现发展水平监测，包括学位预测、装备管理、线上督学、督导平台等应用场景。持续完善中的应用中台，初步实现数十个教育应用系统的集成和教育事业统计等多个应用的统一认证，武侯使用者可通过手机或电脑实现单点登录、实时办公。

在项目实施中，区级政务云为"智慧大脑"的诞生奠定了物理存储基础；数据枢纽的建立为"教育大脑"的智能治理提供了云架构；教育事业统计、师培通系统、学生综合素质评价、教育督导评估、教育现代化均衡化、武侯智慧装备平台系统等数据的陆续打通，为"智慧大脑"提供了广泛的数据来源，初步实现了单点登录、数据共享的构建。

数据中心贯通各中小学的千兆网络高速公路、各试点学校的小型数据中心、教师数据画像应用系统、学生数据画像应用系统、区级应用中台、区级数据枢纽等要素，成为武侯智慧教育的大脑中枢。信息破壁，由此在技术操作上成为可能，通过打通、整合原有各级教育软件系统，建立统一数据标准，统一用户体系，实现数据互联，为教育物联网、云计算、大数据和人工智能等先进技术的应用，打下坚实的基础。

武侯教育智能治理模式的研究展开，就基于这张特殊网络的数据算法设计，开始起步。

三、数据说话：探索智能治理新模式

武侯纵向构建"省、市、县、校、个人"的五级数据融合体系，横向建成了武侯区域内各业务部门系统数据融通体系，并建立区、校两级数据中心，促进区、校两级数据流动能效。通过单点登录、用户认证等方式，武侯把全区应用融合在统一的应用中台上。在中台支持下，武侯将"一数一源"和"一变多变"的理念在各个应用之间实现。最后武侯基于教育教学管理的实际问题，积极融合连通、形成智能治理综合应用场景。

通过"智慧大脑"的强大功能，相关数据被挖掘并应用于教育治理。武侯通过统一数据标准、可视化呈现、动态监测、智能分析，实现关键指标前置预警，为管理决策提供数据支撑。经过不断的实践研究，武侯在教育发展监测、督导评估、智能装备管理、近视防控等多个应用场景中，取得了一定成效。

教育现代化、均衡化一直是武侯追求的目标，也是市区评价教育发展状况的重要考核目标，涉及诸多数据和算法。武侯将其作为"智慧大脑"建设的重点场景进行打造。通过将现代化和均衡化的45项指标、差异系数、历年数据、指标算法等写入平台，实时跟进动态，加以算法设计，系统会自动进行预警和资源优化配置建议，生成"一校一策"的报告。

管理者通过比较成都市其他区县发展趋势和区域内每所学校发展现状，对比其他区域发展状况和每个学校的问题与不足，精准找到发展弱项，针对问题实现学校资源的精准投放配置。而且，在智慧大脑的支撑下，还可以由此开展智能扶贫，由传统的智力输出（如教学资源）向模式输出转变，帮助贫困地区变革教育治理模式，在更大范围内促成教育均衡。

武侯教育均衡化监测平台通过整合街道辖区和公安部门数据，加以算法设计，汇集区域教育已有基础数据，可完成区域学位预测工作。通过尽早预判未来一年辖区内入学适龄儿童数量，科学进行区域学位预测，为学校点位

布局、师资配备、招生计划制订等工作提供早期数据，从而更加精准科学地准备与配置相关教育资源。同时，通过武侯教育统计网络直报平台，简化中间流程。

通过武侯远程"责任督学"系统，可以实时共享数据，实施远程督学检查，责任督学可以随时随地通过远程督导系统，在移动端实时了解掌握督导学校的相关情况，全面提升督学工作效率；"数据中心"的督导评估系统，简化原有学校督导评估流程，用远程数据平台赋能新督导场景，实现学校督导数据分层审核，以及横向、纵向督导分析报告的自动化生成。由此可查看所有责任督学到校督导情况和学校问题整改情况，实现教育督导工作的及时性与有效化。

在资产监管方面，系统实时监控全区所有教室多媒体的使用状况、实现学校所有教育装备资产的线上监管，从而堵塞资产漏洞，大大节约资产管理成本，提高管理效率与质量。

在学校治理能力提升方面，武侯着力构建基于数据的学校内部控制体系：建设校级统一内部控制智能化管理平台，采集、分析、挖掘学校管理数据，以数据赋能学校基层治理体系建设，实现学校管理决策科学化、职能部门服务精准化及资源配置优化；探索学校治理程序的逐步规范，强化内部控制监督与评价，形成内部控制监督与评价长效机制，逐步建成全员参与、全程管控、全面有效的学校内部控制体系，以信息化推动学校治理水平全面提升。

四、数字画像：探求智慧评价体系

区域教育智能治理和校级智能治理密不可分，通过开发学生数据画像精准评价系统和老师的数据画像，在服务学生全面成长，帮助教师专业发展的同时，促成教育治理的科学化和深入化。

传统的学生评价，更多基于经验，偏重结果，学校无法精确对接学生教育需求的差异，师生家长对教育的获得感不强，针对这个现实问题，武侯立足大数据系统，建立起学生成长"一生一档"的全息画像。

武侯的"数字画像",参照国家和省市相关规定为基础,制定了区域大数据 76 项标准,形成贯穿全学段的武侯学生成长综合指标体系,构建了包含德智体美劳和综合素养 6 个视角、24 个维度、64 个评测量表的学生成长评价工具集。

武侯的学生画像,注重身心健康,五育并举。以学生全面发展为重点的框架内容,是学生画像的"筋骨"。根据《深化新时代教育评价改革总体方案》相关要求,武侯结合各学段特点,制定了武侯学生数字画像框架内容。

武侯统一区域教育数据采集标准,组建全学段的学生数据画像研究小组,设立学前、小学、中学三个数据小组,分学段建立既符合国家标准,又彰显武侯特色的数据画像指标体系。学前组围绕幼儿发展核心素养和儿童发展五大领域,构建了幼儿数据画像"六大维度指标"。主要包括身心状态、动作发展、生活习惯与生活能力、倾听与表达、阅读与前书写准备、人际交往、社会适应、科学探究、数学认知、感受与欣赏、表现与创造等;小学组以"全员、全程、全景"为原则,构建了注重过程性数据挖掘的元指标体系;中学组依据中学生综合素质评价体系,运用 SWOT 分析法构建了学生"数描"和"数写"模块。进一步根据理论指标体系建模型、做课程、采数据,研究系统建设技术路线,形成基于学习过程性数据分析结果的个性化学习路径,建立学生知识与能力图谱,基本实现自适应学习新模式。

武侯的画像不是固定不变的,而是以流动数据为血肉,让画像动态更新。武侯主要通过"对上和对下"两手,抓取学生的成长数据,缔造画像的血肉。对上,常态对接四川省和成都市学生综合评价数据,不仅减少了学校数据采集和管理负担,也增加了数据回流效率。对下,开发了区级学生画像平台,一方面对接学校中各类校级自建平台收集的学生数据;另一方面,没有自有平台的学校,可用于采集学生伴随性成长数据。

武侯已建成的学生画像初始数据库,链接省、市、区三级平台,通过端口常态对接,将省、市级学生数据,共享至区级教育数据平台,打通校际、学段等数据壁垒,标准化采集学生成长数据,制度化积累运用数据,聚焦学生思想政治素质、科学文化素质、身心健康素质、实践能力素质,实时采集学生课堂表现、综合素质评价等状态数据，从学生学习发展、学习效果、学习特征、能力倾向、兴趣爱好、行为轨迹等维度，进行数字画像，通过标准定义和分层建模，形成较为完备的数据处理机制。

通过实时分析、诊断、干预，智能辅助学生学习生活，智能评价学生学业水平、身心成长，在数字画像基础上，武侯构建起基于大数据的学生成长综合素质框架内容，基于数据客观描绘学生发展全貌，对学生综合素质做出评价。武侯学生拥有了从幼儿园入学到高中毕业，独属于自己的个性化成长档案。借此，可以促进学生认识自我、调整生涯规划；辅助教师了解学生，调整教学策略、因材施教，助推学校提供更个性适切的教育服务。

武侯规划的"教师数字画像"，以"武侯教师只填一次表"为目标，在华中师大专业团队的指导下，建立6个维度、358项指标体系，描绘教师专业成长路径。画像包括"教师专业发展模型"和"教师特长发展模型"，在科研、教学、获奖、育人、培养培训等维度，通过与武侯同层次、同年龄、同学科教师的对标，找出优劣势，为教师个人发展助力；针对教师队伍建设，研发"区域教师发展热力"和"区域职称岗位预测"，在培训指导、教师聘任、教师管理等维度，找出差异，为区域教育治理赋能。

五、数据跑路 智能治理

数据驱动下的武侯教育治理变革，以"三减三增"为目标，即减少孤岛、增加融通；减轻负担，增强效能；减弱人力，增值应用。全面支撑教与学方式的变革。

依托"智慧大脑"这个区域教育信息全覆盖，具有高度智能化功能的大数据融合应用平台。武侯解决了平台数据壁垒、数据流通不畅等难题。各部门教育信息化系统的数据，得以统一标准，集群采集和存储，进行结构化可视化呈现，构建成大数据融合平台。

由此，强化了数据的智能分析与动态监测，实现对武侯教育异常情况的智能预警、关键问题的智慧决策、重大事件的协同处置，成为武侯教育的服务中心、治理中心和应急中心，做到可预警、可决策、可上报、可指挥。实现关键指标前置预警，为政府决策提供数据支撑。

随着智慧大脑的建立和不断完善，数据丰富化、数据的精准应用等工作层层推进，逐渐实现满足教育数据服务于师生、学校、教育、家庭以及社会发展的需求。通过让"数据跑路"代替"群众跑腿"，形成"一站式"教育公共服务，全面提升了区域教育治理数字化、信息化、智能化水平。

第三节　教育服务新样态：
以三类大资源供给，推动服务供给个性化

一、"1+1+N"：一网通用的智慧校园样板

2021年，武侯选取四个学段的川大附小南区、龙江路小学、棕北中学、武侯教科院附小，作为智慧校园创建示范工程试点学校，探索智慧教育环境的路径和推进策略，将智能工具赋予文化的内涵和体验，构建泛在、智能、人本、个性的文化育人空间。武侯通过试点建设、应用探究和推广复制的模式，推进区域智慧校园环境建设。

经过近两年的艰辛摸索，武侯确定将"1+1+N"的建设路径，作为武侯智慧校园的基本框架，即在不同学段利用1个校级数据枢纽，建设1个校园管理平台，满足学校N个特色应用场景的"1+1+N"的智慧校园样板。

武侯以"一个数据枢纽"为基础，启动学校数据中心与应用中台建设，纵向联通省、市、区、校、个人五级基础教育数据，横向汇聚各级各类软件、系统应用数据，为智慧校园的应用建设提供数据基础。通过立足"5G+物联网"，全面升级智慧校园环境，形成泛在的智能学习环境；通过"一网通用"项目强化，实现校园一体化信息系统的互联互通，把"8小时知识学习场所"改造为"全时空文化生活空间"。

为了便利和规范智慧校园的建设完善，武侯着手编制《武侯区智慧校园建设指南》，从8个维度30项关注点引导学校从办学理念着眼，从课程建设

入手，从队伍提升和机制创新发力，从关注硬件向关注文化转变。

二、"一码通行"：通融教育场景资源

2021年秋季学期，"武侯乐学通"正式开放，为全区中小学生提供安全、有趣、有益的课外课程。

武侯开发的"武侯乐学通"平台实现了预约、管理、评价一体化。通过统筹区域内的学校场景资源，将图书馆、学科实验室、创客空间、博物馆等场馆，改造升级为主题教育中心，匹配相应专题课程，统一平台管理，面向全区学生预约。武侯学生在"武侯乐学通"平台中预约后，生成"一人一码"的电子门票，实现了区域内"跨校课程开放，学生选课走班"。同时，学生还可以反馈课程的学习体验，便于教师不断完善课程，提升教学品质。

"武侯乐学通"一码通行的特色：①跨校融通。将原本分散在不同学校的微博物馆、图书馆、创客空间、体育场地等场景，在周末和假期进行开放利用。满足学生周末跨校"选课走班"，更好地服务"双减"政策落地实施。②通过匹配课程，设计符合学生年龄和认知特点的体验性课程活动，让学生"来有所乐，乐有所学、学有所获"。③多元协作，建立互联网协同管理平台，实现学校、学生、家长多方参与的自主申请和全过程记录。

"武侯乐学通"作为教育服务新样态的创新尝试，开放了部分校园博物馆等场景资源、匹配活动课程。全区学生可线上自主选择教育场景课程，实现了区域内跨校"选课走班"，提升了场景资源使用效益，满足了学生的个性化学习需求。

跨校"选课走班"背景下，武侯学生如何一码通行？

陈同学拿出提前打印好的二维码，交给校门口的老师扫描，随后踏进了面前这所陌生的学校，参加十点开课的"少儿书法启蒙"。他来自成都市武侯科技园小学，通过"武侯乐学通"，在线选择了成都市华西小学开设的场景课程学习书法。

"一直很希望孩子能学习书法，现在武侯教育部门提供了免费学习的机会，我和孩子都非常高兴。从课程设置上来看，区里不同学校提供的课程都

很有意思，一定会让孩子都去尝试下。"陈同学的家长说道。

2021年，"武侯乐学通"平台正式开放运营，北二外成都附中、川大附中西区学校、华西小学等全区7所学校的教育场景课程正式开课，前期开设人工智能类、传统文化类、小语种类、创客类、消防安全类等课程21门，开放学位350人。其中，北二外附小的人工智能课程、川大附中西区学校的无人机图形化编程，在开放报名后一分钟内，上课人数即达到上限。

在"武侯乐学通"的引领下，成都市锦里小学巧玩博物馆面向全区学生免费开放，并提供了"巧玩乐生活"和"巧心学中医"两个活动课程，开课第一周，即迎来了60位小体验官；成都市武侯实验中学开设趣味STEAM创客公益学习课程，带领孩子们一同走进无人机的世界。

据统计，2021年5月16日至17日开课的21门课程，应到学生人数289人，实到257人。在该周课程完结后的双向评价中，所有教师对学生的评价均为A等级，所有学生对教师与课程的评价均为5星。

2021年是武侯推进中小学人工智教育的第四年，在实现人工智能教育全学段覆盖的基础上，武侯区在北二外附小建设了总面积约700平方米的"武侯区中小学生人工智能教育基地"，通过"武侯乐学通"，面向全区中小学生免费开放。基地集互动课堂、活动空间、实践体验、展示展览于一体，具备智能感知、智慧工业等体验功能，可进行日常教学与竞赛活动。

"武侯乐学通"的设计初心，是为解决学校场景资源建设投入大、周期长，但实际应用效益不高、育人功能发挥不佳的问题。在操作实践中，武侯不断增加学校的主题教育场馆，丰富课程内容，开设课程逐步增加，达到了53门，参与学生超4 000人次。未来，武侯区将继续扩大"武侯乐学通"的试点规模，同时通过探索"校内+校外""公益+付费""学习者+志愿者"的多元合作模式，为学生创设更多个性化学习空间和机会。

"武侯乐学通"构建了区域场景资源共同体的雏形，多路径接入各类学习场景的同时，探索线上资源延伸，通过"大资源"辐射的持续增强，成熟资源功能价值挖掘的不断深化，成为落实国家"双减"政策落地和成都市美好幸福工程实施的重要支持。

三、基于网络空间，实施"一空间通学"

武侯整合原有各级教学网络系统平台，实行统一认证，实现数据互联流动，实施"一空间通学"。教师空间，服务教师便捷化教学，汇聚优质教学资源，采集教师教学数据，优化教师教学方式；学生空间，服务学生个性化学习，引导学生利用空间开展探究式、项目式学习，实现泛在化、个性化学习。

武侯的智慧教育探索，在"需求牵引、应用导向"的原则指引下，在区域云平台分别构建教师、学生、家长的网络学习空间，提供相应的资源和工具。"探究式学习""项目式学习"系统一方面完善班级学习空间建设，整合教学应用资源和工具，支持网络学习空间在常规课堂中应用，另一方面丰富教师教学手段，提升师生数字化学习能力。鼓励师生在个人空间开展学生微课题的"探究式学习"和跨学科合作研究的"项目式学习"。

武侯通过原创、购买、接入三种供给模式，整合各级各类教育资源，不断丰富"一空间通学"资源内容；通过对接国家教育资源公共服务平台，接入了全国优秀的课例、课件、教研等资源，形成具备武侯特色的教育资源库。

场景案例：一空间通学，老师的操作过程与心得。

2021年6月2日，武侯"三顾云"平台小学四片区交流活动在成都市武侯科技园小学举行。武侯科技园小学的四位"一空间通学"的实验老师，进行了工作过程和心得的分享。

语文组王仕平老师，从三年级人物写作入手，分享了如何通过"一空间通学"、推进整本书阅读与写作。4月，明确目标、启动项目、成立小组、阶段小结。5月，任务驱动、搭建支架。王老师带着同学们从全书阅读当中，分析人物的特点，初步感知以事写人描绘特点的方法，把总结出的方法，用思维导图上传到"三顾云"平台。6月，任务驱动、生生互评，形成资源，并用掌握的方法，完成一篇习作，描述身边那些有特点的人物，然后把习作上传到"一空间通学"，供同学相互学习与鉴赏。整个过程，目标明确，顺序推进，任务清晰。

数学组林敏老师，以"小小农场设计师"为主题，进行了项目式学习分享。其从活动意图、启动项目、问题驱动、任务驱动、学科融合、实施总结六个方面，进行了阐述。利用"一空间通学"，突破时间和空间的界限，实现学科融合，让发生的过程得以可见，学习的过程得以监督，学习的结果得以评价。

英语组张玉婷老师，将国际理解教育与"一空间通学"融合，做了相关分享。以端午节这个主题，让学生查找与端午节有关的历史和文化信息，并上传到"一空间通学"，形成一套完整的校本国际理解教育"一空间通学"课程体系。同时与其他学科整合，融入各个学科，进而拓展该课题的使用范围。

科学组叶芹老师，以"在生活中研究，在研究中成长"为题，做了与"一空间通学"融合教育的分享。叶老师从活动准备、活动实施、活动总结三个方面阐述活动过程。"蚕茧里的秘密"和"猕猴桃变身的秘密"，让老师们得以看到一个项目式学习从问题的确立、选题的诞生到过程的研究探索，再到解决问题、提炼成果的完整过程，将武侯"三顾云"平台的基础功能，运用出了自己的特色。

未来，基于网络学习空间的教与学，仍将是武侯服务供给改革的重要支持对象，将重点关注资源个性化建设，加大工具类资源引入，完善智能推送系统建设，鼓励教师变"用资源"为"做资源"，让学生从"找资源"为"用资源"，逐步完善以"开放、按需"为导向的武侯大资源教育服务供给模式。

第四节　人工智能：武侯智慧教育的教学探索及运用实践

近年来，在信息科技领域，人工智能的热潮正席卷全球，众多领域和行业都受到其直接、快速、甚至颠覆性的影响，受其撼动，世界各国纷纷展开行动，战略布局，人工智能人才也成为国家急需的高层次技术人才。

任何一项科学技术的大发展，必然会影射到教育领域，影响深远的人工智能，也自然不会例外。在中国政府的重视下，2017 年国务院发布了《新一代人工智能发展规划》，提出加快人工智能高端人才培养，建设人工智能学科。人工智能日益成为教育界热点话题，武侯教育人也早早着手在相关教育上发力。

通过借智、借力，武侯提前做好相关顶层设计。2018年1月，武侯搭建了多元合作平台，与电子科技大学、成都市教科院签订了《教育大数据与人工智能项目战略合作协议》，在人工智能课程建设、本土化教材研发、师资培训培育、教育大数据分析四个方面积极开展合作。在专家团队的指导下，研制形成了《武侯区人工智能教育实施方案》，为区域人工智能教育，提供了科学完备的顶层设计。

一、环境课程师资：武侯人工智能教学的基础奠定

作为新兴的前沿项目，展开人工智能教育，武侯面临AI环境、课程、专业师资方面的全方位难题。

（一）人工智能教育环境的构建

人工智能的教育环境，既包括基地、设备、设施等硬环境，也包括课程、教材等软环境。硬环境建设、改造方面，武侯区在北二外成都附小建成了711平方米的"武侯区中小学生人工智能教育基地"，集互动课堂、活动空间、实践体验、展示展览于一身，面向全区中小学生免费开放；基地已开设多类课程，多期开课，开放数千个学位。周末和节假日为学生提供"跨校选课"学习。学生在"武侯乐学通"平台线上预约，在基地体验智慧生活、智慧航天等前沿的人工智能技术，接受以编程教育为核心的人工智能教育系统课程学习。

在装备方面，通过联合共建，武侯持续提升人工智能教育的装备水平。面对技术与设施设备欠缺的难题，武侯先后引入专业人工智能企业。划拨专项资金，通过人工智能课程服务、教师培训基地建设，不断提升人工智能教育装备技术水平。

武侯购置AI机器人、AI讯飞答题器和AI运动手环等智能设备，配备到从全区遴选出来的14所"人工智能"试点学校，实现幼儿园、小学、初中K12全学段覆盖；建设5G智慧校园，利用校园安全视频监控系统结合嵌入感烟、感温、火焰、可燃气体探测器等多种传感器的机器人技术，进行24小时不间断巡逻，及时检测校园中可能发生的异常情况并提醒保安人员，实现人

工智能自动维护校园安全；建立区校两级云平台，通过云管理、云运维等技术改造教室灯光和音响，实现"教室声光环境智能化"，"清听工程""雪亮工程"最大限度保护师生的"亮眼睛"和"金嗓子"。

武侯通过数据中心和人工智能教育基地建设，搭建了优质人工智能教育场景，实施开放有序的区域跨校选课，丰富学生人工智能学习体验。武侯并且在全区小学六年级、初中一年级、高中一年级开设了"人工智能普及性课程"。

（二）谁来教：成立人工智能专班，培养专业师资

人工智能是一门融合了计算机科学、统计学、脑神经学和社会科学的综合性学科，涉及自动化、仿生学等多门学科。为解决师资专业性的问题，武侯在全区遴选 150 名"教育信息化种子教师"，同时启动了区域"CIO 首席信息官"项目，通过专业培训、课程指导、课堂建设等方式，指导各学校教师开展人工智能教育，着力提升教师人工智能教育能力水平。

在广泛组织学校校长、教师开展人工智能专业培训外，武侯鼓励教师积极参加各级各类人工智能比赛，总计获得国家级一等奖 50 余项，省级一等奖130 余项，市级一等奖 100 余项。通过"以赛代训""以赛促用"的方式，培养形成一支教学经验丰富、人员结构稳定的人工智能教育人才队伍，解决新课程没教师教的问题。

（三）教什么：AI 课程建构

面对人工智能课程内容的空白与匮乏，武侯成立了教材编写组。在省市专家团队引领下，组织武侯骨干教师编写人工智能本土教材，形成了一套涵盖小学、初中、高中三个学段的人工智能教材——《K12 人工智能教育》丛书，由电子工业出版社出版发行。同时，引入 28 个优质人工智能课程和资源包，内容包括机器人、3D 打印、开源硬件、STEAM 创意科学、创意木工五个类别的课程，实现全区中小学校人工智能教学全覆盖，解决了在新领域"教什么"的问题。

二、方式与策略：武侯人工智能教育的开展

在完成了人工智能教育硬件配备、软件资源及配套服务的需求方案制订、

政府采购等前期准备工作后，武侯在全国率先开展人工智能教育的全域整体推进工程。针对人工智能教学，武侯成立活动开展组，将人工智能分解为 3D 打印、智能编程、STEAM 教育、智能木工坊、机器人等多个分类资源包，面向全区所有学校发布资源包，并提供设施设备支持和场地建设，由学校自主选择开展相关活动。区域内 52 所学校，以每周 1 节课或 1 次集体活动的频率开展人工智能课程教学或人工智能兴趣社团。

武侯聚焦学生信息科学素养，实行"一校一特色"的人工智能教学策略，促使学生知识结构变化与凝练。比如武侯实验中学以创客活动、人工智能编程课程，来提升学生信息化应用能力，利用校内资源，开设无人机、3D 打印、机器人、创意设计和影视制作等 10 余门"创客课程"。龙江路分校探索人工智能三级课程体系人才培养模式，构建"编程基础班——编程竞赛班——竞赛特训班"三级梯队式人工智能人才培养路径；龙江路小学以"乐悦"课程为载体，学校设置了 AI 功能教室，组建了人工智能教育课程中心，设计 3~6 年级的人工智能课程框架，学校以全员进阶普及化模式，来开展人工智能课程。

武侯区每年还举行区级人工智能展示交流活动，鼓励学生展示创新；同时，积极鼓励学生参加省市、国家的人工智能比赛活动，以赛促学。

从 2018 年开始，武侯分别开展了多届"我与人工智能"展评活动，学生通过现场演示、互动、竞赛等多种形式参与评比展示，共征集到人工智能征文 410 篇，创意编程作品 145 件，特色创客作品 87 件，不断提高学生的信息素养和创新能力。

武侯通过人工智能教育，引导学生开展探究型、体验型学习，有效增强了学生探索思维和创新能力。近年来，武侯组织学生参加"全国中小学电脑制作活动""中国青少年机器人竞赛""机器人工程挑战赛亚洲锦标赛""世界教育机器人锦标赛"等大型科技赛事，获一等奖 50 余人次，获"国家实用新型发明专利"46 个，356 个优秀人工智能创意作品，在人工智能系列活动中展出交流。

三、人工智能运用：三系统着力，支撑武侯老师智慧教学

武侯将人工智能作为科技手段，支撑智能教育评价、智能教师助手、智能研修系统，辅助教师实现差异化、精准化地教，助力深度学习。

（一）智能教育评价

武侯利用人工智能技术，赋能教育，进行口语自动测评和体质健康评价。

1. 口语自动测评

通过 AI 英语听说教学与模拟考试系统，重点关注学生 AI 人机对话时的口语表达与课文朗读、背诵，反映并纠正学生个体问题，提升学生的口语表达能力与信心，便于教师重点解决班级共性问题，有利于教学活动的精准化开展。

北二外成都附中、成都市金花中学总结使用自动测评经验、撰写的《人工智能英语教学与考试应用案例》，荣获 2021 年中央网信办、国家发改委、教育部等多部门联合评选的年度典型案例；石室锦城外国语学校撰写的《基于 AI 答题器的初中英语听说课精准教学》，荣获中国技术教育协会 2022 年"人工智能助力教育数字化转型"典型案例。

2. 体质健康评价

体育教学中，通过使用带有多种智能传感器的 AI 运动手环，持续采集学生的运动轨迹、心率、卡路里并传输至教师端，通过教师端蓝牙功能，将数据投影至 LED，教师实时分析数据，了解班级学生运动整体状况，科学设置运动量，实时检测调整教学活动安排，以保障学生运动效能和生命安全；同时，利用数据横向纵向对比，分层布置课堂锻炼任务及差异化布置家庭作业。川大附小南区的"数据支撑下的体育课堂——篮球行进间运球"一课，在2022 年成都市教育教学研讨活动中展示。

（二）教师智能助手

1. 双师协作课堂

AI 机器人进入课堂，成为智能教学助手，协助教师进行课堂教学管理，将教师从烦琐的事务性工作中解放出来、减轻教师负担。比如川大附小南区"机器人进课堂——小明的一天"，机器人代替教师发布课堂指令，进行课堂

提问、追问，实时评价学生，巡视课堂，构建有效的双师协作课堂。

2. 自动批阅系统

蜜蜂作业小程序、讯飞智能教育平台，可以自动批阅学生作业以及语文、英语作文，减轻教师课后批改作业、作文的工作强度与负担。

3. 自动出题系统

正确云、爱学堂、智学网等智能平台，能自动生成对同一知识点但具有多种辨识的个性化试题，实现组卷出题、精准推送、智能批阅、自动分析。

（三）智能研修系统

1. 教师数据画像

人工智能采集教师教学数据以及课堂学生行为数据，利用多模态整合数据，进行教师数据画像，促使教师反思教学行为，调整教学方向，提升教研品质，促进教师专业发展。

2. 智能培训云平台

通过同步直播，线上、线下结合，开展网络研修。智能获取学时，自动签到，记录教师学习轨迹；智能回放系统快速生成教研回放视频，助力教师自主研修；直播间互动分享交流、问卷调查，搭建网络学习共同体，促进教师共同专业提升。

四、人工智能武侯运用：支撑学生自主化深度学习

武侯将人工智能技术作为手段，融入学习场景中，促进学习者自动化与关键教育场景的智能化，从而大幅提高学习效率，让深度学习真实发生。

（一）智能学习过程

利用智能学习平台，通过对学生学习过程的伴随式数据采集，结合数据深度挖掘与人工智能应用，学生自主个性化学习，实现家校互联，有效做到减负增效。例如：武侯实验中学的"双线融合"学习模式，课前自主预学、完成测评，课中深度独学、合作共研，课后自评自改、在线反馈。

（二）智慧学科工具

运用计算机视觉技术，对自然界的植物进行图像识别，判断其种类，支

持学生在生物课、综合实践课堂上的自主探究性学习；运用图像识别技术，进行人脸识别，支持学生在信息、科学课、人工智能课堂上进行合作探究。例如：龙江路小学"i 宝跟我走"一课运用 VR、AR、MR 技术，对宏观、微观现象进行亲身体验，支持学生跨学科综合学习。

（三）智慧数据画像

武侯聚焦五育并举，拟定 64 个评测量表，采集学生品德发展、学业发展、身心发展、审美素养、劳动与社会实践五大维度数据，初步建成静动态数据相结合的表征数据库，形成了数据精准画像的武侯学生素质综合评价体系，促进学生自我认识、调整生涯规划、陪伴孩子健康成长；辅助教师了解学生，调整教学策略、因材施教，助推学校提供更适切的教育服务。

棕北中学"让每一个孩子智慧生长和全面发展——智慧教育背景下数字画像赋能'五育'并举"，获互联网教育国家工程实验室 2022 年度智慧教育优秀案例。

五、智能管理精准服务：人工智能的教育治理

武侯以教育数据中心为核心，通过数据的汇集、治理、共享、应用，实现区域学校发展水平监测、学位预测、装备管理、线上督导，服务于学校和其他部门，实现智能治理。

武侯智汇云平台构建"优教"的教师空间、"乐学"的学生空间、"和家"的家长空间、"智理"的学校空间、"智享"的活动平台、"智育"资源中心，通过资源精准推送，实现武侯时时能学、处处可学、人人皆学的无边界学习。

六、人工智能教学应用，武侯的先行者脚步

近年来，武侯各级学校，已经在全国率先开展人工智能教育区域性授课，将人工智能融入学生的学习和生活。

成都市武侯实验中学以"科技成就未来，创意改变世界"为指导，在人

工智能教育方面实行"编程基础班—编程竞赛班—优培生竞赛特训"三级梯队式人才培养模式，引进人工智能在线编程体系课程与配套创客实施课程。学校开设有 K12 人工智能趣味编程、3D 打印设计、影视制作、Python 编程、物联网、C++编程、无人机、无人机 Python 编程等各类选修与模块课程。无人机项目，成为特长。早在 2017 年，学校就开设了无人机飞行选修课程。通过系统地学习无人机实操飞行，有效的锻炼了孩子们的手、眼、脑的协调能力；其后，学校在无人机实操飞行的基础上增加了无人机制作、组装环节，通过无人机学习，并亲自参与无人机项目制作，以及传感器、发动机、螺旋桨、控制器等组装，提升孩子的科技素养，增强动手能力。2019 年，学校更将"无人机"与"Python 编程"相结合，开设了无人机 Python 编程课程，培养学生科学探索和计算思维的能力。

学校在"全国青少年国际创新科技大赛""全国青少年创意编程与智能设计大赛""四川省中小学'幸福科技'创客大赛"等省级以上比赛中，有众多同学获奖；在市区级各类创客活动中，更是有超过 500 多人次获奖。

四川大学附属中学紧跟智能时代的脚步，将人工智能逐步融入教学、管理、资源建设等全流程应用中；初中部校区通过建设未来班级，利用智能技术，构建包含智能学习、交互式学习、质量监测大数据分析的新型教育环境；同时陆续开设机器人创客、3D 设计与打印、Scratch 趣味编程、Arduino 开源硬件互动编程、无人机等课程，师生共同学习成长。

武侯实验中学附属小学开设的人工智能课程——3D 打印，以"优雅与可持续的精彩演绎"为主题。通过学习，同学们从没有任何基础，到后期能够独立设计制作作品，激发了学生对人工智能的学习兴趣，同时也让学生可以更近距离地接触和了解人工智能。

北京第二外国语学院成都附属小学以"传承、借鉴、求新、跨越"的全新理念，与时俱进。2018 年 3 月，学校引进创意科学 STEAM 课程，利用社团课时间给孩子们带来不一样的课程，让孩子们在课程中感受到科学的趣味；2018 年 9 月，学校开设了机器人编程教学，用 Playgrounds App 让学生了解了什么是"命令"，以及"函数、for 循环、条件代码、逻辑运算符、while 循环"等，寓教于乐，让学生在游戏中学会基本的编程。

成都市簇桥小学校于 2018 年引进了人工智能课程——3D 打印，学校坚持课内外相结合，鼓励学生通过参与、体验、实践与动手制作等方式，提高科学人文素质。通过学习，学生对人工智能基础知识和技术的理解认识得到提高，学生的信息素养、创新意识和创新能力得到了加强。

成都市龙江路小学分校通过创新实验室、3D 打印和 STEAM 教育，在人工智能创新课程方面不断取得教学成果。创新实验室是孩子们创意、设计、制作的智造车间，让孩子们的奇思妙想变为现实；"少儿学 3D 打印"作为学校创新教育系列校本课程之一，学生通过构建 3D 模型，增强空间想象能力。

成都市磨子桥小学分校在 2018 年开设信息技术课堂，引进"人工智能——开源硬件与编程"教育课程，课程以软件为基础，以硬件为创作点，在掌握相关的指令和逻辑运算基础上，开展硬件方面的教学，突出 scratch 和各类传感器的实际应用，启发学生各类创想、创新意识，完成更为实用的各类作品。

STEAM 是一种重实践的超学科教育概念，能够培养学生设计探索电子制作的兴趣。成都市龙祥路小学探索通过 STEAM 创新教育与传统科学课程融合，培养学生创新精神、创新思维和创造能力。学校建成标准配备的科学专用教室两间，设施设备齐全，为科学课程的顺利开展提供了良好的保障。学校组织学生参加武侯区"小诸葛"创意设计大赛及成都市青少年科技创新大赛，并多次荣获"团体一等奖""优秀组织奖"等荣誉。

近几年，因为在人工智能教育领域的有效探索，武侯先后被教育部评为"未来教育行动计划创新示范区""网络学习空间应用普及活动优秀区域""全国人工智能助推教师队伍建设改革试点区"。

第四章

成果篇：
武侯智慧教育建设优秀成果精选

第一节　理论研究类成果

学英语智慧课堂的打造策略：信息技术与专业智慧合力

◇龙江路小学中粮祥云分校

摘　要： 小学英语是学生接触英语的开端，更是英语学习的起始阶段，是帮助学生打下基础的关键，肩负着以核心素养为统领的教育任务。作为小学英语教师，理解智慧课堂的内涵是首要任务，结合新课程标准，着眼于现代化、信息化、自主化，以学生为本，打造高效的小学英语课堂。此外，教师还应巧用智慧，结合智慧课堂丰富学生的英语课堂资源，促进学生智慧生成，创造更良好的课堂氛围与学生课堂体验。

在"互联网+"的信息时代，现代信息技术走进了课堂，智慧不仅体现在信息技术工具的引入及运用中，还渗透在教师的教学设计里，包括教学评的一体化设计、课堂活动的设计、教师的语言设计等。

智慧课堂是追求创造性和智慧性的教学，是教育现代化的重要内容。结合学校目前"云智课堂"的发展方向，体悟智慧课堂的教学策略，利用信息化技术及创新的教学智慧，为学生们构建有趣且智慧生成的学习环境，提高课堂效率。

一、践行生本理念，创新智慧课堂教学流程

课堂教学是学校教育的基本形式，围绕学校的教育目标，培养学生成为个性生长、自由灵动的个体，在智慧教育的环境下，理念先行，是教学的首要任务。

智慧课堂是属于学生的，学生是主人，教师只是组织者、设计者和引导者，智慧不是教出来的，是学生自己悟出来的，智慧课堂更多的是教师引导学生，放手让学生去悟出知识，在课堂看见学生的精彩。

生本理念作为一种以生为本，以学生为中心，为学生设计的教学理念，打破传统的"教师讲授—学生听"的模式。在生本理念下，小学英语课堂不仅是学生学习知识的场所，同时也是帮助学生增长智慧的重要方式。在小学英语高段阅读教学中，设计了"生本理念"相关课堂活动。

课前，教师开发英语阅读预习单，提前思考问题，并按照预习要求完成阅读。课中，以学生为主，教师打好学习的支架，引领学生思考，组织语言并汇报。下面以人教版小学英语五年级上册第四单元"Shopping Day"第五课时"Fun Time"为例：该课主题为网购，文中有网购的步骤说明。结合实际经验，学生对此类话题感兴趣，也略懂网购的大概步骤，但不熟悉英文的表达，此时，教师放手让学生独立思考，自读文章并组织语言，再以小组为单位，交换意见并分工上台展示汇报。当小组成员汇报结束时，教师应鼓励其余小组，大胆质疑并汇报。

这类教学活动设计，由传统的"先教后学"转变为"先学后教"，教师有技巧地设计课堂环节，学生自主探究，合作学习，从而实现教学流程革新的智慧课堂。

二、以教—学—评为主线，教学方式智慧化

（一）智慧课堂，智用语言

在进行教学设计时，老师不仅要科学设计课堂活动流程，还需要智慧应用语言，通过巧设问题，让学生有话要说，关注不同水平学生，引导学生表达自己的看法和观点，给予相应时间，放手学生自主完成任务。此时教师应预设学生回答的情景，考虑好应对学生的语言。例如在人教版小学英语四年级下册"Unit 5 Free time"第三课时中，呈现了四个人物信息，处理第一个人物信息时，教师引导学生提问"What do you know about her?"此时学生可以回答已知信息并总结关键词汇，教师预设学生的生成，巧用语言，智慧应对，

让学生理解。

（二）借助信息工具，丰富学生学习智慧

在教学课堂中，拥有较多的教学资源，对学生和教师都是优势，搜集并选择教学资源，体现教师的专业智慧。教师也要结合各种教学资源丰富学生的智慧，促进学生的语言学习，同时要考虑学生身心特点，培养情感态度价值观，让学生的智慧更加丰富，从而提升学生的学习能力。例如在二年级上册第六单元"Clothes"中，教师可利用平板设备，给学生设计游戏教学，比如装扮小游戏，让学生给游戏中的人物设计服饰，根据给定的服饰搭配，进行语言输出，通过学生创意设计并用英语表达，丰富学生的学习智慧。

（三）借助班级优化大师体系，实践智慧评价

结合新课标，贯彻"教学评"一体化设计，坚持以评促学，以评促教，将评价贯穿英语课程教与学的全过程。课堂中的评价，包含个人评价及小组评价，逐步建立主体多元、方式多样、素养导向的英语课程评价体系。教师应打破传统手绘评价机制，创新科学评价全体学生，通过实践，可借助班级优化大师的评价体系，展开课堂及课后的多元化评价：教师从学生的课前准备、课中回答问题次数、学习态度、小组团结合作、课后任务及时提交等表现进行及时评价。通过智慧评价的机制及智慧平台的运用，增加学生的课堂积极性，提升教师的教学效率，更好地促进英语学习。

三、教学全程融入信息手段，构建智慧课堂

（一）课前

老师通过网络布置预习，学生上传相应的学习任务，教师从中及时掌握学生的情况，明了课堂策略；将优秀作品制作视频或插入课件，总结并开启当日英语教学。

（二）信息技术手段的运用

小学英语智慧化课堂，可运用的信息技术手段很多，如电子白板、平板、多媒体等，教师需要根据教学所需，合理选择相应的工具，最大限度地营造智慧课堂。

下面以人教版小学英语四年级上册"Transportation"第二课时为例。由于学生在第一课时已经学习了交通工具短语，在引入新课时，教师可采用有趣的智慧方式，让学生巩固交通工具词汇。通过实践，我校教师在课前开发了学生感兴趣的刮刮卡游戏。运用希沃白板5的蒙层功能，将词汇遮挡，课中，学生用希沃白板5中的"橡皮擦"功能，刮出并表达词汇。信息工具这样的灵活应用，能吸引学生积极地参与课堂教学，深化对词汇的理解及巩固，对新课的导入帮助很大。希沃白板里的课堂活动游戏功能，有选择、分类、判断，可在课前准备，以提升课堂效率。

（三）巧用功能，突破重难点

在阅读教学中，教师引导学生勾画关键词句时，可通过希沃白板中的文具笔，让学生上台勾画关键词汇，展示重点。在阅读教学中，学生难免会遇到一些生词，教师在讲解生词时，可运用希沃白板里的"词典检索"功能，帮助学生扫清阅读障碍。教师可通过标注重难点词汇，授课时直接点击词汇，向学生展示语音、词义和例句，提高课堂效率，又能突破难点教学。

（四）写作能力锻炼，信息工具也派用

学生进入高段英语学习时，教师需要逐渐培养学生写作表达能力，引导学生规范书写句型。检测时，老师可用投影仪展示学生的生成，进行红笔批注；若想多展示几份学生作品时，可利用希沃白板里的投屏功能，将学生的作品拍照上传，全班的同学都能看到，教师示范后，可让学生进行勾画批改，了解其他学生写作功底。

（五）设置真实情景，非信息技术莫属

由于小学生年龄特点，注意力持续时间短，第二语言的学习中，若体验不到快乐，就会感觉难度很大。我校教师运用情景教学法，巧用图片、视频、声音等方式设置情景，让学生身临其境感受语言的魅力。

以人教版小学一年级上册第三单元"Animals"为例，课前，教师准备动物园的情景图片及动物声音等素材，课中学生身临其境，感受动物园的真实场景，能听音理解动物词汇。

低段的学生很享受真实的欢乐情景，教师可结合单元主题，积极探索主题意义。

依据新课程标准，需要传播中国文化，增强文化自信。例如三年级下册"Unit 5 Family Activities"中第五课时"Fun Time"，出现中国春节的家庭活动，教师应抓住这个课堂契机，准备中国春节的音乐、视频，课件元素及节日道具等，带领学生们进入一个真实的情景，了解中国文化，升华主题。

随着学生们进入高年级，教师发现教材里的英文歌曲明显较少，当学生有了音乐基础，就不再满足简单的律动，大部分孩子对外界的流行音乐产生兴趣。我校教师及时把握学情，搜集适宜的英语歌曲，利用互联网进行搜索下载，制作相关英文视频；营造愉快课堂氛围的同时，融入相关语言知识，实现学科融合；当进行歌曲排练时，可带领孩子们进行动作编排，必要时准备道具。通过此类活动，激发学生们语言学习兴趣。

（六）词汇记忆：以技术功能优化传统方式

进入小学高段学习，单词拼写的准确记忆必不可少，我校教师努力打破枯燥低效的传统记忆方式。教师通过设计课堂记忆单词活动，运用技术方式开展记忆训练，配合信息资源，使教学内容融入场景中，增强学生记忆过程的体验。

小学生有较强的竞争心理，我校教师利用智慧技术手段，激活学生记忆词汇的积极性，例如利用希沃白板的交互性功能，设计以组为单位的竞赛活动，将全班同学分成"组间同质，组内异质"，实现每个组的公平竞争。在准备期间，给予组内充分时间记忆并讨论，了解组内成员的弱点，讨论并查漏补缺；开展竞赛活动时，可设计选择、填空等记忆词汇题型，记录好每组情况，根据答题情况分出冠亚季军组。

相比传统"教师念、学生写"的形式，学生对此听写词汇热情更高，都希望为组内得分，激励组内成员记忆单词的积极性。电子白板的这种交互性功能，给每个成员展示机会，给学生提供了兴趣支撑。

进行听音输入时，打破传统规则，用智慧教育平台代替教师的语音输入，例如音频插入，希沃的"听写"活动等，教师提前将词汇的音频及时导入，为智慧化教学活动做好充分准备。

（七）运用"思维导图"，升华课程主题

在课程结尾阶段，老师带领学生梳理主题内容，采用"思维导图"的方式，呈现关键信息。学生可通过关键词，表达英文，促进语言能力的提升。而希沃白板 5 备课模式中的"思维导图"模式，可以方便教师绘制内容。

例如人教版小学英语四年级下册"Free Time"第三课时以"name"为中心，下一级呈现相应的"activities"，再以人物活动为基础输出"frequency"，教师逐级呈现框架，帮助同学们梳理文章脉络，培养逻辑思维，从而升华课程主题。

（八）创造"智慧作业"：学以致用、学科融合

为贯彻落实"双减"政策要求，实现"减负提质"的举措，探索教育赋能的实践，我们着眼"智慧作业"核心，创造精彩课堂。

以英语语篇对话课型为例，学生在课堂上掌握了对话内容后，教师引导学生将知识运用于实践，运用英语做事情。如布置情景剧创编作业，让学生自由选择组员、确定分工并准备道具及剧本，排练好后组内，成员用英语演绎对话。实践中，学生非常期待并喜欢这类作业，能够体现知识的灵活性、思维的创造性、语言的多样性。老师在设计单元主题作业时，可让学生绘制单元主题的智慧树，在智慧树上梳理单元重难点，最终成为学生的知识宝库。

作业也可实现学科融合的功能。例如在人教版小学英语四年级下册"Unit 1 My Neighbourhood"中，要求学生学会表达社区场所地点，能用英文问路指路，我们分组让学生制作场所模型，全班参与问路指路活动，通过学生自由选择地点，进行场所模型制作，实现了手工、科技和英语的完美结合。通过合作，这份"智慧作业"迸发了学生间的"智慧火花"，帮助学生巩固了真实情景的表达用语。

每节英语课堂教学顺利结束后，教师及时回顾课程，梳理今日过程，查漏补缺，并养成做好记录的好习惯，标记上课时间，将教学理念、教学方法、学生学情、课堂活动、教师语言、板书设计的优缺点整理并归纳，梳理形式可以是 Word 表格或者电子记录本，分析自己的不足，做好总结和改进措施。

智慧课堂的建设，需要教师自身专业修养的不断提升与更新，善于应用先进信息技术工具融入教学，也需要教师激发自身的教学智慧，共同发力，去打造智慧教学，造就学生的智慧生命。

4112+迭代：校本教研中课堂观察的智慧化改造探索

◇ 成都市棕北小学

摘　要： 课堂观察是有机融合了执教者上课、观察者听课、共同体评课等紧密关联的学习活动，是校本教研的重要载体，也是核心环节。成都市棕北小学早在多年前，就将课堂观察作为重要一环构建并实施"4112"校本教研，取得成效、进行推广：2009 年 7 月，曾在教育部"十一五"规划重点课题《有效推进区域教师专业化发展》第八届年会上作为武侯区代表学校以"构建 4112 校本研训模式，促进教师专业持续发展"为主题进行汇报，并获"壹等奖"。在区域智慧教育建设推进中，棕北小学围绕"教学新生态"进行探索，将变革的视野投射到校本教研这一领域。

近年来，棕北小学围绕"教学新生态"进行探索和实践，将变革的视野投射到校本教研这一领域，引入数字化手段，对校本教研中课堂观察环节进行"改造"，一定程度上影响了教研样态，也带来对智慧教育背景下教研文化的思考。

一、对传统校本教研核心环节的问题诊断

（一）听取教师们的心声审视问题

课堂观察是校本教研的重要载体，也是核心环节，这一环节有机融合了执教者上课、观察者听课、共同体评课等紧密关联的学习活动。

棕北小学自 2008 年起实施"4112"校本教研，"4112"是对校本教研基本样态的提炼。"4"指教研组在过程准备及对外展示中的四种角色，即活动主持人、课堂执教人、理论评课人、操作评课人。整体而言：组内 4 人协同，4 人分别承担不同的任务，两年内进行分工的轮换体验；依托 1 个课题，根据

学科教学重难点问题，形成"微型课题"及相应的"研究课例"选题；聚焦1堂课例，组织至少两次教研组内全员参与的"磨课"，最后一次在学科大组内进行呈现；进行二维评课，在学科大组内进行呈现时，呈现"理论说课"，介绍问题来源及教研组形成的认识，呈现组织内"操作评课"，即分析根据观课点实际目标的达成度，同时教研组之外观课的教师进行评课，以"定点评课"为主，"散点评课"为辅。

通过上述模式，教师结成紧密的研究共同体，棕北小学逐步形成"全员裹挟共进"的教研文化，很好地支撑了队伍的可持续发展。但是，该模式运行十余年后，进入高原期，尤其值得关注的是，在专项调研中，近73%的教师表达：观课很感性，评课很随性，一课堂好与不好，缺乏权威标准。

（二）从学习方式的角度审视问题

棕北小学是成都市首批"未来学校"建设试点校，较早涉足教育信息化的全面探索，在课堂教学、空间建设、校情运营、课程建设等方面均有先锋性的积极尝试，而这一系列尝试都建立在对信息化背景下学习方式的认识基础之上。棕北小学对学习方式的认识，收录入成都市教育综合改革系列丛书《融合变革创新——成都市未来学校建设实践与探索》。

棕北小学认为，信息化背景下的学习方式，具备四个特点：泛在性，在信息技术的支持下，学习在任何时间，任何地点都可能发生；流动性，一是指学习的组织形式不是唯一的，个人、小组、团队学习适时转化；二是指学习的内容随着学习过程不断生成，各个学科不断相互融合；定制性，学习途径、学习内容等因人而异，走向个人的"定制化"；社会性，学习是个体间相互支持共同推进团体发展，通过社会交互和情感交互，在合作中追求深入，从而促进个人发展的过程。

用以上信息化背景下学习方式的特点，审视棕北小学校本教研，尤其是课堂观察环节，存在诸多局限性。

二、数字化课堂观察带来教学研究微变化

棕北小学加入成都市数字校园"互联网+教师评价"项目组，将数字化课

堂观察嵌入原有的教学研究流程，重点对课堂观察及评课议课环节进行了调整，带来教学研究的微变化，"4112"迭代为"4112+"。

（一）教师视角谈变化

经过一段时间的尝试后，棕北小学组织教师问卷，在问卷中，教师们一方面表达了将信息化手段引入课堂观察的认可，另一方面也表达出诸多"冷"思考，代表性观点如下：

观点一：课堂观察中存在无法量化的要素。

观点二：课堂观察应具有针对性与诊断性。

观点三：课堂观察量表是课堂观察的核心工具，支撑着课堂观察的骨架，掌握着课堂观察的方向。

（二）学校视角观变化

综合学校对教师行为观察及问卷信息，教学研究的微变化，主要体现在以下四个方面：

1. 数据化话语系统

借助数字化课堂观察的应用平台，课堂观察人员打点评价会生成"教学板块""问答分析""s-t行为分析"三方面的量化数据，同时生成定性的课程报告，这为课堂观察后的评课议课提供了佐证。

与此同时，伴随三维数据产生，话语系统还明显聚焦"学生主体""学生思维发展""根据数据显示，学生活动占比为……高阶性问题占比为……"成为评课议课中的经常性表达。

2. 自发性前置研究

授课教师及磨课团队，自觉以上述三个课堂观察维度指导教学设计；为了减少现场课堂观察打点评价的主观性，课堂观察人员在课前自发进行授课教案的研究，并作初步判断；综合学科项目组通过几次使用后，自行设计了观察量表进行试用，以达成配合项目组研究更为聚焦的课堂观察。

3. 交互型实时评价

为了减少生成数据的主观性，每一维度多人打点评价；网络听评课为课堂观察者提供实时充分研讨的可能，针对同一维度，多个观察者（线上+线下）共同商议进行评价，既包括教学行为判断，也包括教学行为的优化。

4. 开放式资源链接

学校充分借助并创造性使用"数字化课堂观察"平台提供的各种功能，如利用远端观察、在线评论功能开放校内教学研究，邀请专家网上观课评课；借助画面剪辑功能打造"一师一优课"活动平台；借助可复盘观察功能引导授课教师进行自我的课堂观察及行为修正。

三、针对校本教研文化及模式的未来设计

棕北小学将数字化课堂观察作为撬动校本教研变革的"阿基米德支点"，在短期内形成撼动力，带来变化。

但要将匹配教学新生态的校本教研模式推向纵深的变革，需要借助但不依赖技术，需要使用但不迷信数据，正如《教育信息化 2.0 行动计划》导向的，要将引入的外部变量转化成内生变量，促进信息技术与教学研究的深度融合。这需要从教研文化的本源及支持系统上做深度思考。

（一）与教学新生态匹配的教研文化

智慧教育建设所推进的学校管理，是由管控走向赋能。所以相匹配的教研文化还应该具有至少以下特征：

1. 链接自主

非行政驱动，打破教研组设置，根据需要自由组合。教师与教师，校内教师与校外专业人员都可结成不规定数量的研究共同体，自由开展线上、线下混合型的教学研究。

2. 数据关联

课堂行为、文本效果、作业情况、家长反馈等形成关联数据，无论是授课者还是课堂观察都基于数据形成相应的教师教学核心能力行为画像，数据支持下的诊断、修正、复诊成为教学研究的工作流。教师个体发展数据与其所在的研究共同体或教研组织也形成关联数据。

3. 伴随累积

随着教师发展，形成贯通其执教过程（生涯）的数据流，对个人、对群体都能做到发展状况可视，从中寻找规律，形成更具针对性的教研范式。

（二）与新生态教研匹配的支持系统：空间建设、互动机制、个性课程

1. 空间建设支持系统

教研空间应当拓展到"物理空间+网络空间+虚拟空间"。技术对空间的支持应当实现覆盖式接入、人机互动、灵活可变，进而促成自由联通网状协同。

2. 互动机制支持系统

在教学研究的范式中关注互动机制的设计，使其指向增加互动的可能性，增强共创的可能性。在良好互动机制的支持下优秀资源日益丰富共同迭代，校内外教师、行业专家、技术公司共同创建发展教师教学核心能力的优秀资源库；技术公司对用户进行伴随式服务，根据用户需求不断优化、升级应用平台，不需闭门造车，减少重复工作。

3. 个性课程支持系统

教学研究更具针对性，针对个性情况能推送或由个人基于诊断数据选择相关的培训课程，课程内容涵盖理论学习、实践借鉴等。

（三）与智慧教育匹配的研究体系

校本教研中嵌入数字化课堂观察后，最鲜明的变化之一是"基于数据"，但"基于数据"并非孤立而简单的数据导向。评价如何影响数据，数据如何进行应用，其背后是观念，是对教育、教学，对儿童发展，对儿童怎样学习的基本认识。因而，棕北小学认为校本教研还将应链接：

1. 学校课程导向

课程传递着学校文化，课堂是教师对学校教育哲学，对学校育人目标内化后个性而鲜活的表达。因而，"4112+"应该是课程视野下的教学研究。学校还应同步对课程体系进行优化，不仅仅是达成国家课程校本化，更要探索学生核心素养的校本化表达及表现。

2. 核心素养导向

引导教师用对观察量表的深度理解与主动实践来指导教学、教研。理解、认可观察量表是第一个层次，而第二个层次是设计个性化但具有科学性的观察量表。要做到量表设计，需要"理念先行"，对当前的学习理论有进一步的了解，结合实景进行系统学习。伴随当前的学科统整研究与实践，从学科思

维走向核心素养思维。

3. 高阶思维导向

课堂要体现学生主体，让儿童站在学习的正中央，其逻辑起点是聚焦到儿童的思维，引导儿童创新能力、问题求解能力、决策力和批判性思维能力的发展，即发展儿童的高阶思维能力，从发展儿童的高阶思维出发设计教学、研究教学。

让"4112"迭代为"4112+"，是棕北小学在教育信息化背景下，在智慧教育建设理念下对原有教研模式的优化实践。从工具层面，"+"入了应用平台；从手段层面，"+"入了数据分析。但从思维层面，"+"入的是对传统教研模式及教研文化的审视。在审视中的变革不是全盘推翻，而是厘清必须坚守些什么，传承些什么，优化些什么，从而走向发展教师能力的教研样态流程再造，进而从对工具的浅表应用走向赋能学校管理。

"双线融合"促进课堂教学变革

◇成都市武侯实验中学

摘　要：武侯实验中学作为武侯区智慧教育试点校，积极回应"课程改革""信息技术变革教学"的基本要求，突破课堂教学瓶颈，以发展学生核心素养为目标，依托"武侯智汇云"，融合线上与线下教学优势，重构教学组织结构、学习资源结构和教学评价结构，探索"双线融合"课堂教学变革，创新"双线融合"教学保障机制，不断促进信息技术与课堂教学的深度融合，提升师生信息素养，构建了"双线融合"教学框架，逐步形成了课前自主学习、课中精准学、课后拓展学为特征的教学模式，努力构建智慧教学新生态，助推学校高质量发展。

成都市武侯实验中学是四川省智慧教育示范校（培育校）、教育部网络学习空间应用普及活动优秀学校、成都市数字校园试点学校、武侯区智慧教育项目试点校，承担了武侯区"智慧教育示范区"创建工作。三年来，通过总结线上教学经验、整合校内教师信息化建设的先期成果，结合线上线下教学优势，历经双线融合教学两轮实践，深入探索教师"差异化教"和学生"个性化学"的实践路径，推进教与学方式的创新变革实践。

武侯实验中学"双线融合"教学变革，是回应新课改核心素养导向的基本要求，深化学校办学理念，致力突破传统课堂教学时空固化、教学主体单一，教学效率低下；以及在线课堂也存在学习体验和教师教学监管缺失等难题，实现教学模式的创新变革和高效课堂的优化生成。

一、"双线融合"教学变革的内涵认知

（一）融合与高效："双线融合"教学变革的内涵意蕴

"双线融合"是新技术背景下的一种教育变革尝试。深刻理解"双线融

合"教学意蕴,需要把握两个关键点:第一个是融合,意味着线上线下的教学,必须具备传统课堂教学的优势与当今线上学习交互便捷、学习资源丰富的优势,要求教师精心设计线上线下教学内容,因材施教,有机融合,相得益彰;第二个是高效,线上与线下教学是否进行了有效融合,就要看是否取得了最佳的学习效果,完成了教学目标,实现"1+1>2"的教学效果。

我们坚持"以学习者为中心",围绕问题解决、关键能力,发掘技术优势,构建新学习环境,设计线上线下融合的学习活动,通过技术赋能、流程再造,探索差异化教学、个性化学习的教学变革新路径,更有效建构实现"五育并举",全面提升教育教学质量,是"双线融合"教学的价值追求。

(二)新课堂范式:"双线融合"教学变革的基本目标

基于"建构主义学习理论、多元智能理论",以核心素养为导向,构建"双线融合"课堂改革最基本、最重要目标,也是课程改革的质量目标。核心素养的落地,首要在课程、关键在课堂,要构建"结构化、实践性、综合性"的课程内容,变革僵化的课堂为"动态化、活化"的课堂,从而,把构建新课堂范式,作为"双线融合"教学变革的着力点。

(三)四化四性:"双线融合"教学变革的框架体系

多元智能与建构主义,是学习和能力发展的一体两面,建构"以学生为中心的多元化学习环境"成为教学改革路径之一。同时,随着多媒体、网络通信、云计算、人工智能等技术的发展,也为这一理念的实践提供了更适宜的土壤。结合多元智能理论和建构主义学习理论,"双线融合"教学模式改革坚持学习的"全体性、全面性、主体性、情境性、协作性",提出了"四化四性"的教学主张,即在教学中要体现"差异化、精准化的教"与"个性化、合作化的学",要激发学生学习的"主动性、参与性、生成性、选择性",充分利用新技术在教学内容、教学方法、教学资源、教学情境和教学评价等方面,展开全过程的探索实践,努力实践"课前、课中、课后"教学评一体的教学变革,形成"双线融合"教学模式的框架体系(见图1)。

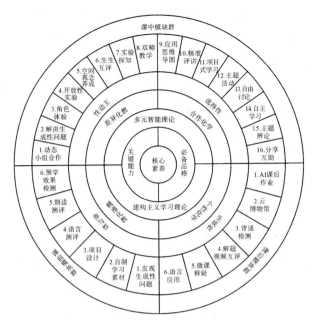

图1 "双线融合"教学变革的框架体系

二、"双线融合"教学变革的实践探索

（一）构建"双线融合"教学变革总模式：课前自主学，课中精准学、课后拓展学

从传统单一的课堂教学模式，到线上与线下教学的有机融合，重在把面对面的教学和在线学习进行整合，是互联网背景下产生的一种新的教学模式，重在优化学习效果的一种教学方式。在"办适合每一个孩子的教育"理念指引下，学校坚持"适合"就是"适应需求"的理念，将"适应教学场景中师生需求"作为改革的起点，将"适合教育、多元成才"作为"双线融合"教学改革的目标，探索"智能批阅、数据分析、适时交互、微课回放、分层推送"等线上技术与"合作学习、讲授探究、自主学习"等教学技术深度融合之道，努力为学生提供"学习情境、学习交互、自主学习、自我反思、自评互评、资源选择"等多样化学习机会，逐步形成了课前自主学习、课中精准学、课后拓展学为特征的教学总模式（见图2）。

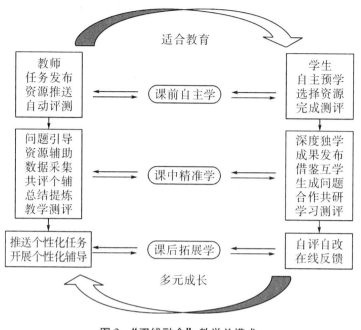

图2 "双线融合"教学总模式

1. 课前自主学

课前教师"发布学习任务、推送学习资源",学生"接受任务,选择学习资源"完成自主学习,平台实现"自动批阅、自动反馈",让师生都更清晰学习基础,便于精准地"学习和教学准备"。

2. 课中精准学

课中"以问题为主线",提供给学生"可选择的学习资源",学生独立学习完成学习任务并发布学习结果,平台实现学习结果的"适时在线交互",构建生生间"互学互鉴"的机会,教师引导学生用"评价眼光、反思眼光"审视自己和他人的学习成果,最终生成新的"学习结果和学习问题"。学生独学和线上互学过程中,教师适时开展"共评个辅",并进一步引导学生进入新的"生成性问题"的深度思考,开展线上和线下的"合作共研",最终完成学习任务。接下来,课堂进入"测评环节",实现对"教的测评"和"学的测评",也为课后的个性化帮扶提供数据支撑。

3. 课后拓展学

课后作业要实现"习惯培养、知识和技能巩固、思想方法提升和教学改进"等功能。通过课堂"测评环节",平台自动推送个性化"学习任务",利用"虚拟教师"(自制微课),帮助学生自评自改,引导学生"自主学习""拓展学习"。

(二)探索"双线融合"三大子模块群:课前课中课后

"双线融合"教学总模式仅仅是基础,不是阻碍教师创新的障碍。教师要发挥教学"主体性",结合不同的教学场景、不同学习内容,开展"教学变式"创新,围绕"课前自主学、课中精准学、课后拓展学"的教学追求,结合不同学习技术形成了成果丰富的课前、课中、课后的"双线融合"子模块群(见表1)。

表1 "双线融合"三大子模块群

课前自主学模块群	课中精准学模块群	课后拓展学模块群
1. 自动测评模块	1. 协作模块	1. 个性辅助
朗读测评	动态小组合作	AI课后作业
语音、语言评测模块	分享互助、学生互评	背诵检测
预学效果检测	2. 生成性模块	解题视频自评
2. 实践成果展示	解决生成性问题	微课释疑
自制学习素材	主题活动、主题辩论	2. 拓展学习
完成项目设计	自由讨论、思维导图	云游博物馆
3. 问题解决与生成	3. 选择模块	语言应用
课前前置学习	角色体验、开放性实验	成果展示
发现生成性问题	实验探究、双师课堂教学	……
……	4. 自主模块	
	精准评讲、自主学习	
	语音、语言检测反馈	
	"空间观念"养成	
	项目式学习	
	……	

"为了理解而教"是"意义学习"的内核,也是"双线融合"教学变革的基本理念,基于"理解的问题解决"才能提升学生能力,发展学生智能。根据"四化四性"教学主张,教师以"双线融合"总模式为根本,探索本学科"双线融合"教学模式的变式创新,形成了多学科的"教学范例"。

下面以英语学科为例。英语新课标提出了语言能力、文化意识、思维品质、学习能力四大核心素养，在案例课的教学设计中（见表2），教师坚持"主题"和"任务驱动"，合理应用线上、线下技术，外显目标的重心放在"语言能力、文化意识、思维品质"的提升，并通过语言应用的不同形式，潜移默化地培养了学生的"英语学习能力"和"家国情怀"。该课较好地在常规课堂中落实了"英语核心素养"，也充分体现了"技术赋能、流程再造"的"双线融合"教学改革的优势。

表2　案例"Unit 8 How do you make a banana milk shake?
Section B（3a—3c）Writing"双线融合教学课前、课中、课后教学模式

总项目	模块群	师生活动
课前自主学	语音、语言评测	学生跟读，系统自动评测学生语音、语调；人机对话练习
	自制学习素材	录制家乡美食视频并用英语介绍
课中精准学	语音、语言检测反馈	反馈语音、语言评测的结果，选取典型语言素材开展生生互评
	自主学习	欣赏图片、阅读材料，完成重点词汇填空，梳理结构、线下分享
	思维导图	用思维导图解读家乡美食视频
	分享互助	线上发布思维导图，开展借鉴性学习，完善思维导图
	生生互评	根据思维导图，完成家乡美食的海报制作。上传美食海报、线上生生互评、线下分享展示
课后拓展学	课堂成果展示	线下家乡美食海报的展比；线上网络直播"我为家乡美食代言"
	语言应用	完成小作文"我为世界美食代言"并上传自动批阅

1. 课前自主学模块群

教师围绕英语学科核心素养"语言能力"，设计了"家乡美食视频制作任务""语音跟读"学习任务，依托线上技术实现了"基本语音检测"，并在线上组织学生对"实践成果"进行了初步选择、评价和提出修改建议，并确定了第二天上课的"共性学习素材"，在此过程中，学生的判断和分析等思维能

力得到训练。

2. 课后拓展学模块群

结合课中学习结果"家乡美食思维图",开展"线上直播带货"活动,进一步创设了"语言应用"场景,在此基础上通过"我为世界美食代言"活动,进一步培养学生"文化意识",并借助线上自动批阅功能,完成学生小作文自动批阅。

同时,在线上、线下融合教学中,我们将评价一直贯穿课前课中和课后,充分发挥信息技术积累学习过程、学习数据分析迅速、诊断反馈及时优点,"教学评"行为均以不同形式出现,实现了在学习时间上的统一,实现了教师教和学生学的行为统一,实现了"教学评"统一,尤其是关注了"学、评",让学生经历了更多的评价,将评价引导"学生学习"功能较为充分发挥,为提升学习效果、提升学习能力提供了支撑,激发了学生学习动机和兴趣,促进学生深度学习、高效学习和有效学习。

三、"双线融合"教学变革的管理机制

(一)探索"双线融合"项目实施的学校路径

学校从实际出发,借鉴武侯区"两自一包"经验,落实教师共同发展理念,坚持以构建"智慧教学课堂"为核心,以校本研修为主阵地,以培促研,以研促教,通过活动实施、总结反思、制度激励,有效提升教师专业化发展水平。学校围绕"双线融合"教学课前、课中、课后开展实战性培训,培养教师教学工作能力、教育科研能力以及与学生交往能力,确保教学变革有序推进,探索出"双线融合"项目实施的学校路径(见图3)。

第一,教师根据学科实际和双线融合教学需要,确定教学课题并完成教学设计。

第二,教师和学校管理团队一块商议并优化教学设计。

第三,学校管理团队指导教师根据优化的教学设计开展教学实践。

第四,教师和学校管理团队一块讨论双线融合教学并提出修改意见。

第五,教师根据修改意见,完成双线融合教学录播课并提交专家指导。

第六，学校根据专家意见形成学科双线融合教学模式并加以推广。

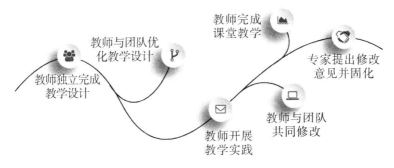

图 3 专项培训流程

（二）形成了"双线融合""334"教学变革的管理模式

"334"项目管理机制（3 项活动、3 项总结、4 项激励），推进智慧教学实践，围绕"应用+反思"做文章，如图 4 所示。固化 3 项活动：学科竞赛活动、交流展示活动、专项培训活动。强化 3 项总结：课例总结、论文总结、数据应用总结。落地 4 项激励：学科比赛评价制度、应用优秀评级制度、名师优师评价制度、成果收录出版制度。关注教师的应用和反思，完善了"名优师激励考核办法"，固化了"智慧教育"应用优秀教师、优秀团队、数据使用优秀个人等评比事项，有效推动了双线融合项目的深入实施，逐步发展为学科内项目组、跨学科项目组、班级学科老师项目组，走向全面实施的阶段，精准教学实验正在规模化。

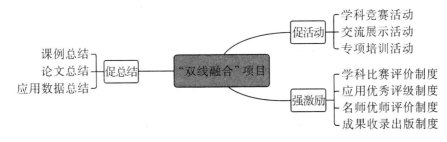

图 4 "334"管理模式

（三）形成"双线融合"项目推进的管理机制

为了增强管理效能，学校在做好顶层设计的基础上，带领项目组成员认真相关理论知识，统一"双线融合"创生课堂教学变革认识，扎实开展课堂实践，提炼改革经验，逐步推广应用，以健全管理机制，如图5所示。

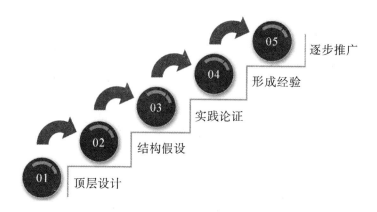

图5　项目推进模式框架

四、"双线融合"教学变革的效果

经过双线融合教学实践，学生核心素养得以提升，教师专业水平得以发展，学校质量得以上台阶。

（一）学生素养提升

武侯区教育质量监测中心分析报告和学校智慧评价系统学生学习效能绿色评价分析报告显示，实验班级学生在责任心、自我控制力、好奇心、创造力、自信活力、人际表达、人际协调、合作能力、批判思维等诸多维度值与实验前相比都有不同程度（约20%）的提升，而与非实验班相比也具有较大优势。此外，学生在艺体竞赛、人工智能竞赛等方面，无论数量还是质量均在区域内名列前茅。

（二）教师专业发展

教师的教学观念发生明显改变，教学能力得以大幅度提升，尤其是信息化应用水平、资源设计能力、数据分析能力、系统思考能力及教育教学研究能力得以较大提升。例如，60多名教师参与编写的书籍《双线融合创生智慧课堂》正式出版；教师研究论文在国家级、省（自治区、直辖市）级获奖或发表达70人次。

（三）学校质量上台阶

通过实践探索，学生素养得以提升，教师专业素质明显增强，师生精神面貌大为改观，学校影响力与日俱增。学校荣获"教育部年度网络学习空间应用普及活动优秀学校""四川省年度网络学习空间应用普及活动优秀学校"；参加中央电化教育馆关于组织开展2020年度网络学习空间应用普及活动候选优秀学校远程视频答辩工作，重点汇报学校双线融合式课堂教学工作；"双线融合教学模式助推学生自主学习能力提升"案例入选全国"2022年度智慧教育优秀案例"。学校双线融合教学实践活动的新闻分别被中国网、中国文明网、搜狐网、新浪网、四川教育报道网、四川广播电视台（四川观察）、红星新闻、《成都商报》、成都广播电视台（看度新闻）等国家省市媒体报道或转载70多次。

应用信息技术，赋能劳动教育智慧化

◇成都市第十二中学初中部

摘　要： 劳动教育具有社会属性和时代特征，面向劳动素养的劳动教育课程目标再次升级，发挥育人功能、鼓励创新劳动。目前，我国劳动教育普遍存在学生主体性缺乏、教学形式单一和教学效果不佳的问题。针对教学中的实际问题，本研究阐明了信息技术与劳动教育的契合性，结合项目教学、微课资源和数字手段进行智慧劳动教育课程教学模式设计，为智慧教育课程实施提供可资参考的路径。

一、主体性缺乏、形式单一、成效不佳：新时代劳动教育的挑战

人类社会的发展离不开劳动，在劳动过程中积攒的经验、知识、技能不断地推进社会向前发展。21 世纪以来，信息产业、文化产业等新兴劳动不断涌现，劳动呈现出多样化的叠加形态，充分体现了其实践性、创新性的特点。

劳动教育旨在提升学生的劳动素养，具有价值教育属性和社会属性，以及强烈的时代特征。因此，新时代中的劳动教育，应该依据劳动形态的演进而与时俱进，秉持发展的内容观，帮助学生确立正确的劳动价值观。

在国家政策推进下，虽然劳动教育体系不断完善，但各地学校在具体开展劳动教育课程过程中出现了学生主体性缺乏、教学形式单一和教学效果不佳的困境。常见的劳动课程开展方式分为劳动教育和劳动实践：劳动教育是指教师在课堂内讲解劳动知识、介绍劳模故事等；劳动实践是指学生在特定的实践基地完成规定的劳动任务。两者均忽视了学生主动参与以及个性化、创造性劳动的价值。

此外，操作实践作为劳动教育的关键环节，学生在活动过程中需要及时地引导和帮助。由于传统劳动指导手册的抽象性和教师辅导的滞后性，无法及时、有效地满足学生的个性化需求。

在劳动课程成效方面，活动开展过于重视规定的任务完成情况，活动成果和总结常常流于形式，忽视了学生对课程内容的自我构建与迁移应用，无法形成持续有效的影响。

本研究针对劳动教育课程在新时代面临的挑战，探索信息技术支持的智慧劳动教育课程教学模式，以期为学生劳动素养提升提供思路。

二、信息技术与智慧劳动教育的契合性

（一）项目教学法：彰显学生主体性

项目教学法以学生为主体、教师为引导，学生以小组形式，根据教学内容并借助真实生活中的任务进行合作交流、探究学习。在劳动教育中，项目教学能够发挥学生的主观能动性。

基于项目主题，学生可以对项目内容开展融入自己的思考，整体规划、构思劳动实践活动，以发散式思维解决"做什么"的问题，从而激发学习热情、调动积极性。在项目实施过程中，学习小组可以发挥创意，合作探究解决"怎么做"的问题，综合运用所学知识和技术，不断优化行动方案，个性化地完成项目任务。

（二）微课资源：支持个性化需求

微课以教学视频为主要载体，反映教师针对某个知识点或教学环节而开展教与学活动，是各种教学资源的有机组合。这种教学资源具有"短小精悍"的特点，时长较短、主题突出，符合学生的视觉驻留规律；容量较小、内容精简，便于保存和传播。基于以上特征，微课资源契合学生在劳动课程活动中的个性化需求，弥补教师无法实现一对多实时辅导的局限。对于具体的实践任务，学生可以在任何阶段根据实际需要多次观看微课视频，实时获得直观的操作支持，从而自定学习步调，实现个性化发展。

（三）数字手段，助力课程持续性延伸

数字时代中各种技术飞速发展，以人工智能、大数据、5G 等为代表的新一代信息技术成为推动各个领域变革的关键力量，同时也推动了教育领域的

现代化发展。通过科学化现代化的教学环境和技术手段助力课堂质量提升，使得学习过程可记录、学习成果可量化、学习效果可评估，优化教与学活动。

数字化技术丰富的表现力同样有利于劳动教育课程的实施与延伸。在劳动实践过程中，使用恰当的信息技术手段记录劳动过程和相关数据，有利于学生提炼相关技能技巧、总结实践经验，实现知识建构与迁移。同时，可视化的方式能够直观呈现劳动成果，促进小组间的交流与反思，进一步夯实劳动技能、提升劳动素养。

三、劳动教育课程智慧教学模式：主题规划、活动实践及成果评估

项目教学以解决实际问题为导向，在教师科学引导下，学生充分参与教学活动，突出其主体性地位，这与新时代的劳动教育课程理念不谋而合。在劳动教育教学中运用项目教学法，结合理论和实践开展项目规划、项目实践、项目评估活动，不仅锻炼学生的劳动实践能力，更有利于培养学生自主发现问题、分析问题、解决问题的综合能力。

随着云平台、网络学习空间、大数据等先进技术的飞速发展，教育教学借助信息技术的力量逐步迈向智慧教育阶段，结合技术与教育的双向融合从而培养学生的智慧能力。因此，如图 1 所示，本研究结合信息技术手段构建劳动项目教学的智慧课堂，发展学生的自主性、思维性、探究性、多元性。

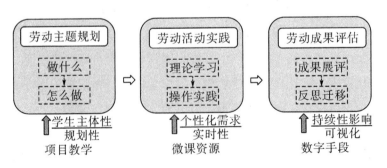

图 1　智慧劳动教育课程教学模式

（一）劳动主题规划：做什么

劳动主题规划确定教学内容和实践主题。传统的课程内容多为让学生完成家务劳动、校园清洁等固定性任务，往往有劳动而无教育。《纲要》强调项目实践、反思交流、榜样示范，倡导劳动教育在发挥传统劳动工艺育人功能的同时，紧跟科技发展和产业变革，体现时代要求。

在智慧劳动教育课程中，通过学习小组的形式，发挥学生的主动性、积极性，讨论提出创新活动主题，明确劳动项目"做什么"的问题。进一步地，各小组在教师指导下对该劳动主题进行规划，分析活动可行性、制定实施方案，落实劳动项目"怎么做"的相关细节，提升劳动活动的整体性、系统性。

（二）劳动活动实践

劳动活动实践是学生围绕劳动主题开展活动、完成系列任务的过程。教师作为引导者需要给予学生一定的学习支持，包括相关的知识介绍和具体任务操作技能指导。教师通常采用讲授法讲解理论知识，并通过操作示范引导学生学习劳动技巧。由于课堂讲授的不可重复性，部分学生难以在短暂的时间内记忆并掌握抽象的劳动知识和复杂的操作过程。教师可以聚焦某一具体知识、筛选或制作相关微课资源，并发放至学习小组，组员即可在项目活动过程中按需观看，进行模仿学习或答惑解疑，实时获得学习支持，有助于学生个性化发展。

（三）劳动成果评估：过程与结果

劳动成果评估是对小组完成劳动项目情况的总结。《纲要》明确指出将劳动素养纳入学生综合素质评价体系，结合过程性评价和结果性评价，完善学生劳动素养评价标准、程序和方法。

过程性评价包括学习小组完成项目过程中的相关数据采集、协作分工情况以及阶段性成果；结果性评价包括小组的任务成果展示和交流分享。鼓励学习小组利用数据分析软件、汇报演示软件、视频拍摄等数字手段将过程和成果可视化，有利于师生、学生之间进行真实评价，促进劳动经验和技巧的反思与迁移，加深项目劳动活动的持续性影响。

四、信息技术支持下的智慧劳动教育课程实施

（一）课程实施对象及内容

我校的劳动教育课程具有思想性、社会性、实践性、研究性的特征。在积极推动劳动教育的背景下，化学组在初二年级 3 班开展"豆腐乳的制作及研究"，共 36 名学生参加，为期 5 周。

（二）课程实施过程

1."豆腐乳的制作及研究"主题规划

劳动课程目标是传承中国劳动人民的智慧，将劳动教育与学生个人和社会生活有机结合起来，体会平凡劳动中的伟大，形成勤奋、创新的劳动精神。中国是大豆的故乡，豆腐乳是豆腐生产发展中衍生出来的民族特色发酵食品。教师带领学生观看《舌尖上的中国 3》之"转化的灵感"，了解豆腐乳的制作方法以及不同品种豆腐乳的发酵过程。该主题既贴近学生生活，同时给予学生一定的创意发挥空间。班级学生成立学习小组，确定制作豆腐乳的类型，并围绕主题制定项目实施计划、明确成员分工，包括网络搜索、实地调研等内容。

2."豆腐乳的制作及研究"项目实施

在项目初期，教师使用网络微课资源为学生介绍从黄豆到豆腐、到毛豆腐、再到豆腐乳的发酵过程，了解黄豆、豆浆、豆腐、豆腐乳的蛋白质含量和消化率。带领学生参观豆腐乳制作车间，观看豆腐乳的传统工艺制作和现代工艺制作方法，同时实地拍摄制作关键步骤的微课视频。

各小组开展豆腐乳的研究项目，准备研究材料和劳动工具，按照微课视频演示步骤有效泡发黄豆，并安排专人定时观察豆腐到毛豆腐的发酵情况，记录豆腐乳因宏观物理性质因素的变化、温度、湿度、光照最适宜的条件相关数据，初步整合第一轮豆腐乳制作过程资料。根据第一轮的发酵结果和经验，学习小组协作进行第二轮豆腐乳制作，进一步探究豆腐乳的品质与发酵条件之间的关联，总结发酵影响因素，撰写研究报告。

3."豆腐乳的制作及研究"项目展评

学生详细汇报小组制作豆腐乳的研究过程，包括过程性数据分析和成果

展示。小组利用问卷星等工具展开问卷调查，并利用数据分析软件处理相关数据，最后使用饼图、折线图等可视化方式，对比不同数据、展示观察豆腐乳的变化情况。此外，学生采用汇报演示软件，将研究过程中记录的照片、音频和视频等素材进行整理编辑，动态地展现小组研究成果。最后，教师组织学生从资料学习、研究策略、创新设计、豆腐乳制作、数据记录、结论分析和成员协作情况等多角度对各小组的项目进行评价，并从劳动认识和项目研究层面提出建议，完善豆腐乳制作方案，引导学生进行项目归纳与迁移总结。

（三）课程延伸调查及结果分析

基于信息技术支持的智慧劳动教育课程教学模式，"豆腐乳的制作及研究"这一劳动项目主题取得了较好的教学效果。为进一步探究该教学模式的有效性和价值性，本研究围绕智慧劳动教育与信息技术的关联，对全校劳动课程授课教师和学生展开问卷调查。

研究采用自编问卷，分为教师版和学生版。教师版问卷主要调查教师对智慧劳动教育的理解、对授课形式和信息技术运用的看法。学生版问卷主要了解学生对智慧劳动教育的态度和参与情况等。调查共收回有效教师问卷共80 份、学生问卷538 份。

1. 教师问卷结果分析

在教师对于劳动教育的理解方面，86.25%的老师认为新时代背景下的劳动是"以学生为主体，充分实践的劳动"。其中，开设过传统清洁类劳动课程的老师数量高达70%，开设过与学科融合的劳动教育课程，达到43.75%，如图 2 所示。

1 您开设过哪些形式的劳动课程 [多选题]			
选项	小计	比例	
大扫除等做清洁卫生类的劳动课程	56		70%
与劳动教育相关的校本选修课程	32		40%
与学科融合的劳动教育课程	35		43.75%
渗透劳动教育的综合实践课程	21		26.25%

2 您理解的劳动是 [单选题]			
选项	小计	比例	
传统的单纯的体力劳动	0		0%
手脑并用、出力流汗的劳动	8		10%
以学生为主体，充分实践的劳动	69		86.25%
其他	3		3.75%

图 2　教师对劳动教育的理解

在教师对于智慧劳动教育的态度方面，62.5%的老师非常愿意开设信息技术支持下的劳动教育课程，并且 70%老师非常认同融合信息技术的智慧劳动课程在课堂气氛、技能实践、演示教学等方面发挥重要作用。但 72.5% 的老师对自身的信息技术水平没有自信，并担忧学生的信息技术能力不强，同时 70% 的老师担心硬件设备跟不上需求，如图 3 所示。

3 您是否认同融合信息技术的智慧劳动课程有利于培养创新能力 [单选题]

选项	小计	比例
非常认同	56	70%
一般认同	24	30%
其他	0	0%

4 您是否愿意开设信息技术支持下的智慧劳动教育课程 [单选题]

选项	小计	比例
非常愿意	50	62.5%
一般愿意	24	30%
其他	6	7.5%

5 您认为在劳动课程中融入信息技术有哪些好处 [多选题]

选项	小计	比例
能营造直观生动的课堂氛围	61	76.25%
更有利于学生认识、操作、实践	68	85%
更有利于学生掌握技能方法	53	66.25%
老师的操作演示更直观	52	65%
更有利于解决劳动课程中的重难点内容	47	58.75%
其他	0	0%

6 对于开设信息技术支持下的智慧劳动教育，有哪些顾虑 [多选题]

选项	小计	比例
担心自己的信息技术能力不强	58	72.5%
担心学生的信息技术能力不强	48	60%
担心硬件设备跟不上需求	56	70%
其他	13	16.25%

图 3　教师对智慧劳动教育的态度

在教师的信息技术水平方面，超过 76% 的老师认为在劳动课程开发、课程实施、成果收集和推广方面均离不开信息技术的支持。大部分老师具有一定的信息技术应用能力，81.25% 的老师擅长多媒体课件的制作，66.25% 的老师擅长网络搜索，51.25% 的老师擅长使用 Word 和 Excel 软件，53.75% 的老师擅长视频拍摄，如图 4 所示。

7 您认为智慧劳动教育在教学的哪些方面可以用到信息技术？[多选题]

选项	小计	比例
课程开发	67	83.75%
课程实施	65	81.25%
成果收集	65	81.25%
成果推广	61	76.25%

8 您认为智慧劳动教育在教学哪个环节更离不开信息技术的支持？[多选题]

选项	小计	比例
劳动课程的前期准备	60	75%
劳动课程的实施	52	65%
成果收集和展示	72	90%
成果推广	60	75%

9 您认为开设智慧劳动教育课程可以用到哪些信息技术？[多选题]

选项	小计	比例
多媒体课件制作与使用	67	83.75%
网络搜索	57	71.25%
用 word、excel 软件对文字、数据的编辑与处理	56	70%
对拍摄的视频和图片资料进行处理	69	86.25%
人工智能技术	56	70%
微课制作	56	70%
其他	3	3.75%

10 在开设智慧劳动教育课程中，您比较擅长运用哪些信息技术？[多选题]

选项	小计	比例
多媒体课件制作与使用	65	81.25%
网络搜索	53	66.25%
用 word、excel 软件对文字、数据的编辑与处理	41	51.25%
对拍摄的视频和图片资料进行处理	43	53.75%
人工智能技术	16	20%
微课制作	28	35%
其他	6	7.5%

图 4　教师的信息技术水平

2. 学生问卷结果分析

在学生的劳动素养方面，79.93%的学生认为劳动是动手动脑，充分实践的劳动。97.58%的学生参加过清洁类劳动课程，50.37%的学生参加过与劳动教育相关的校本选修课程，51.12%的学生参加过渗透劳动教育的综合实践课程，50.74%的学生参加过与学科融合的劳动教育课程，如图5所示。

图5　学生的劳动素养

在学生的信息技术水平方面，超过一半的学生学习了4年以上的信息技术课程，并且较为熟练地掌握了基本的信息技术能力，如使用搜索引擎按需搜索信息、音视频制作、使用Word、PowerPoint软件制作研究报告等，如图6所示。

图6　学生的信息技术水平

在学生对智慧劳动教育的态度方面，超过70%的学生认为融合信息技术的劳动课程更有趣，并且愿意参加此类智慧劳动课程，也希望利用信息技术手段获取学习资料、记录劳动过程、展示劳动成果。此外，从调查数据来看，69.33%的学生非常希望老师能录制视频和微课，以便于自主学习，如图7所示。

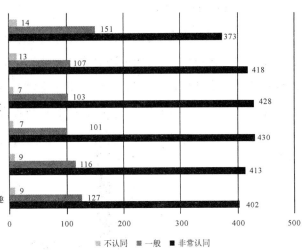

6 老师在演示劳动操作技能时，你是否希望老师能录制视频或微课，让你可以自主学习？ 14 | 151 | 373

7 如果在劳动课程中遇到问题，你是否愿意求助信息技术来解决问题？ 13 | 107 | 418

8 在劳动课程的成果收集和展示阶段，你是否认同利用信息技术手段来收集和展示更有效更直观 7 | 103 | 428

9 在劳动课程的参与过程中，你是否希望利用信息技术手段保存精彩的过程性资料？ 7 | 101 | 430

10 你是否愿意参加融合信息技术的劳动课程 9 | 116 | 413

11 你是否认同融合信息技术的劳动课程更有趣 9 | 127 | 402

■ 不认同　■ 一般　■ 非常认同

图 7　学生对智慧劳动教育的态度

综合以上调查结果，师生对于智慧劳动教育课程开展持有积极的态度和浓厚的兴趣，为完善信息技术支持下的智慧劳动课程开发与实践，研究得出以下结论。

（1）鼓励教师开设信息技术支持的智慧劳动课程。

劳动课程的形式是多样的，除了传统的清洁卫生类劳动课程，教师还可以开设与劳动教育相关的校本选修课程、与学科融合的劳动教育课程、渗透劳动教育的综合实践课程等。从统计数据看，要鼓励更多教师开设信息技术支持下的劳动课程，促进智慧劳动教育发展。

（2）智慧劳动教育需提升师生信息技术水平。

教师对开设信息技术支持下的劳动课程有所顾虑，教师比较擅长多媒体课件制作和网络搜索，对于音视频处理、微课制作、人工智能技术的运用还需进一步加强。同时鼓励学生应用多种信息技术手段完善劳动课程实践过程、丰富劳动成果。

（3）智慧劳动教育教学环节应强调信息技术运用。

信息技术在智慧劳动教育的课程开发、课程实施、成果收集和成果推广等方面起着重要作用。信息技术包括多媒体课件的制作、音视频文件的处理、网络搜索、人工智能技术以及微课制作等，如何将丰富的技术手段有效应用于各个教学环节，是提升智慧劳动教育教学效果的关键。

新时代背景下的智慧劳动教育课程，离不开信息技术的支撑，本研究基于现阶段劳动教育课程开展过程中面临学生缺乏主体性、教师教学形式单一和教学效果不佳等挑战，设计并实施了一种融合项目教学、微课资源和数字教学手段的智慧劳动教育课程教学模式。结合案例情况和调查结果，该教学模式能够激发学生学习兴趣、强化劳动技能、提升劳动素养，为智慧劳动教育的推广积累丰富的实践经验。

信息技术促 OMO 学习方式，创新语文学科智慧教学

◇成都石室双楠实验学校

摘　要： OMO 线上线下融合的新型学习方式，正改变我们对以往教学方式的认知，不仅体现了现代信息技术带来的教育形式和学习方式的重大变革，而且展示了在特殊背景下智慧教学所发挥的重要作用。笔者从自身语文学科教学实践出发，梳理总结语文教学阅读、写作、评价、个性辅导等方面利用信息技术提高线上教学效率的途径和方法，充分发挥 OMO 学习方式网络优势，利用信息资源、线上教学平台、线上测评方式、智能数据等信息技术，实现信息技术与语文学科教学有效融合，提高学生的学习效率、学习能力和思维品质，创新语文学科教学模式。

OMO 即 "Online-Merge-Offline"，也就是线上线下融合的新型学习方式。这种学习方式充分展现了信息技术在教育教学中的优势：打破时空界限，平台技术与对象双向交互，资源丰富便捷，个性化差异化精准教学，拓展常规学习的外延……

在实际的教学活动中，笔者尝试探讨信息资源、线上教学平台、线上测评方式、智能数据等，在语文阅读课、写作课、教学评价、学生个性化辅导中的运用实施，寻求信息技术与语文教学之间融合、线上与线下融合的有效途径，引发了一些思考，并收到一些成效，意图对此梳理总结。同时，其也为在学校常规语文教学活动中，如何利用线上信息技术，使两者互补互促，相互支撑，创新学科教学模式做探索。

一、多媒体元素的巧用：助力线上阅读教学，丰富线下学习资源

（一）多媒体资源烘托意境，丰富阅读交流形式

以网课（包含录播课与直播课）为主的线上教学模式，虽然突破可时空

的限制，但无论哪种形式的课堂模式，线上教学都无法避免老师与学生之间信息传递方式单一、传递不可控。由于师生无法面对面，老师无法通过观察来确定学生的上课状态，没有眼神的交流，没有现场课堂氛围的调动。即使有短暂的连线，也受制于网速等客观因素，且交流面有限。在线上课堂阅读指导与交流活动中，这些因素使得学生很容易因为长时间听讲而陷入疲惫，参与度很难保持。

改变这一状况，我们可以挖掘线上丰富的多媒体资源，助力线上阅读教学，调节线上课堂阅读教学节奏，丰富阅读交流形式，尽可能调动学生的阅读激情，保持阅读交流的思维积极性。

毋庸置疑，网上拥有更充足、更丰富的教学资源，并且线上教学的阅读方式使得这些资源能方便快捷地呈现给学生。

在七年级上册"自然美景"单元阅读教学中，笔者就曾选择用《山野曲》作为背景音乐导入课文，朗读课文，激发学生的阅读欲望；用四季唯美的短视频，呈现自然优美的画面，利用多媒体的音频和图片相结合的手段，创设情境，让学生投入到文字的画面、作者的情感世界中去。

在七年级下册"家国情怀"单元阅读教学中，曾选用歌曲视频《黄河大合唱》让学生在欣赏慷慨激昂的音乐中把握诗歌的情感风格，在《土地的誓言》教学中，线上课堂链接了话剧《松花江上》片段，很好带动了学生的情绪，了解了作品的背景，有助于他们准确把握作品的主题思想。

类似于处理这样画面感强、抒情性浓的阅读教学内容时，多媒体技术创造出的音乐、图像、动画等新型的信息载体，更形象化，具有较强的表现力。有助于增加课堂的感染力和烘托课堂的气氛，易于激发学生的学习兴趣。在线上阅读教学活动中，不同的环节可以选择通过不同多媒体形式，把信息以一种更形象化的方式传输给学生，既变化课堂单一的节奏，也能充分调动学生眼、耳、脑的功能，易于被学生接受，丰富的阅读交流方式，能有效提高学生的学习效率。

（二）呈现阅读内容的多形式多观点，导引学生思维能力训练

线下课堂阅读的交流中，教师的观点和引导，往往天然地形成了一种主导地位，学生容易在教师设定的圈子中徘徊，束缚阅读思维。而阅读能力的

提升不是教师单方面给予的事情，需要师生双方互动，学生必须有理解、分析、鉴别、欣赏、探究的思维过程。

网络环境下，线上多媒体将语文课的同一材料（阅读内容）以不同的信息方式呈现，包括文本、图形、声音、视频，甚至还有虚拟仿真的内容，也融入了不同读者个性化的理解方式。线上学习可以让学生多渠道、多层次、多视野地轻松获得知识。纷繁复杂、众说纷纭的观点，对阅读文本的不同呈现形式，为学生阅读的自主思维能力训练，提供了一个绝佳的途径，为学生创造了自主学习语文的全新环境。

示例：七年级下册课文《说和做》，该文的阅读能力训练重点之一，是通过品读人物细节描写，理解细节描写展现人物性格、精神的作用。教学中，常规的引导方式便是抓住细节的语言文字品析，如："炯炯目光、头发凌乱、昂首挺胸、长须飘飘。"这些外貌描写，形象地展现了一位革命者英勇无畏的形象；"一个又一个大的四方竹纸本子，写满了密密麻麻的小楷，如群蚁排衙"中"密密麻麻、群蚁排衙"，展示了闻一多先生细致严谨的治学精神。

处理这一环节时，笔者发现，网上对闻一多先生形象精神的展示不只是文字，也有电影。在表现时给予了很多人物刻画的特写镜头，于是从电影《闻一多》中，节选了课文中人物的活动场景片段，让学生观看时思考，电影作品中对人物的画面、声音、场景的刻画，与课文的语言文字刻画有何异同？两种不同的手段能否互相印证？电影中多媒体的表现力，与课文文字的表现力各自有何优劣？

这个活动的设计，充分调动网络资源，发挥线上阅读指导时的技术便利，激发学生的思维，改变单一的品读方式。学生在比较、鉴别、辨析等思维活动中，提升自己的阅读能力。

对同一课文材料的阅读见解，往往会有多角度的诠释，线上阅读教学时，将不同的观点整理在一起，让学生在信息技术支持下的网络平台中，去探究不同观点的依据，为不同见解寻求支撑论据。

示例：教师带领学生阅读《台阶》，理解"台阶"的意义时，指导学生自主理解的基础上，找到网络平台中不同读者和名家对此的观点，学生选择自己赞同的观点，利用线上填表统计的快捷投票方式，持有相同观点的学生形成共研小组，在平台上找寻新的资源，作为支撑自己观点的论据。学生在这样的论证过程中，对小说中"父亲"的特殊生活背景、中国农民阶层特有的气质、作者意图等难点问题，均有了较为深入的理解。

（三）阅读延伸，课外得益

线上资源不仅可以让课内得法，也能于课外得益，发挥其优势可以解决学生课外阅读活动的开展面窄、量少、方法不当而难以形成能力的问题。尤其从课内到课外的延伸，如：教学萧红的《回忆鲁迅先生》课文后，可引导学生上网查阅萧红的作品，把课堂所学内容有机地向课外延伸，进一步了解作家的创作时期、风格。我们也可充分利用、发挥线上教学的丰富的交互性和协作性，推动阅读交流环节，比如建立阅读微信公众号等手段。

二、借线上互动平台，促写作交流，拓线下互动

线上授课模式可以方便地提供丰富的多媒体资源，助力线上阅读教学。各类教学软件开发的互动技术平台更是多种多样、丰富多彩，如果能有效利用和发挥这些平台的功能，不仅能丰富阅读写作的交流环节，还能发挥线上教学的优势，提升写作能力。

写作中重在交流，写作能力是在阅读交流与写作训练中得以提升的，传统线下课堂，受制于时间，教师只能点评部分学生的作品、针对部分问题给予指导、有限地与少数学生沟通交流。在信息技术的支持下，作文教学中，老师可以依托网络，充分利用其便捷互动的优势，指导学生写作，提升作文教学水平。

（一）利用"钉钉"授课平台的"班级圈"，建立写作"话题"式交流场

七年级下册第一单元写作教学，安排了"人物细节描写"片段训练，线上课堂教学后，在直播课"钉钉"授课平台的"班级圈"，创建话题"细节描写展示交流圈"，设计导语："围绕人物的品性精神，写出生活真实的场景，来看看身边同学的作品，选择说说你的意见。"让每个学生参与话题，以图片的形式上传习作到话题中。教师提出要求，每个同学须阅读至少十篇习作，评价不少于五篇，发表自己对细节描写的看法，指出同学作品中的问题，发

现其亮点。

实践结果出人意料的成功。这种方式很新奇，和学生平常上网聊天一样，感觉轻松，学生参与度极高，很多同学超额完成交流评价任务。四十多人参与，最多的习作评价达到了三十多条。利用零碎的时间，无形中提升了习作阅读量，在大量的阅读比较中，学生学到身边同学的细节描写手段，也以一些习作为鉴，从中发现了自己运用的问题。把学生的习作上传到"班级圈"中，线上互动平台实现了把每个学生将作品发布到网络平台上，他们相互留言评论、点赞，好的作品得到评价，极大地调动了写作展示的积极性。即使是不足的作品，也在便捷的互动中，给大家留下了深刻的印象。

（二）利用网络展示平台，强化写作激励

学生写作的动力很大程度上来自作文得到认可，他们能从中享受到成功的乐趣，必然会激发写作的兴趣，在信息技术背景下，积极探索多元展示，调动学生的写作兴趣，发展他们的写作个性。

班级利用线上教学可以师生家长共同参与的特点，申请建立"班级微信公众号"，把学生的作文习作、日记随笔，分类上传到公众号中，只要打开班级微信公众号，这些作品都会映入眼帘，给学生以强烈的震撼、深刻的印象，让优秀者切实感受到骄傲自豪。老师家长也自由参与发言评论，使学生得到极大的认可与鼓舞。

线上教学的很多平台，都具备这样的展示功能，发挥线上互动平台功能，可以优化学生习作的评价方式，缩短作文写作交流的周期，充分发挥学生的主体地位和意识，更多引入家长资源，对学生写作能力的提高，非常有效。

三、有效利用线上测评，精准反馈教学评价

线上教学模式中的测评方式，带来语文反馈方式的变革。由于信息化技术的运用，几乎所有的线上授课平台都具备完善而便捷的线上测评功能，一定程度解决了语文学科测评反馈慢的问题。利用好测评后的快速反馈、智能化大数据的支撑、精准的定位分析、后续跟踪等手段，能提升语文学科学习评价可信度，及时改进和调整教学措施，提升语文课教学质量。

（一）精准反馈，有效调整

以笔者使用较多的线上测评平台"智学网"为例，从教师层面看，其测评系统对每次检测的"检测报告"包含了"学情总览""试卷分析""试卷讲评""个体分析"几个方面。其中"试卷讲评"对学生的各题答题情况做了智能化处理，有得分统计、数据排序、难度系数分析，对语文学科基础积累层级、阅读能力分项分点掌握的程度也有直观的体现。基于大数据的试卷讲评，教师能准确抓住试卷的重点难点，把握那些有代表性和普遍性的问题。通过可视化的知识点掌握情况，全面了解学生学情，掌握学生知识能力状况，进而反思调整教学内容，改变教学方式。

（二）个性分析，分层施教

在线上平台"智学网"，从学生层面来看，无论是联考、期末考，还是期中考、月考，甚至小到当天练习，其测评之后的成绩报告详细且有针对性。除分数外，通过大数据和知识图谱把历次测评成绩进行纵向对比，让学生了解自己近阶段的学习是否有进步，把本次成绩横向对比，让学生了解自己本次知识点、能力点掌握的层次。其报告中核心的环节就是"试卷解析"，学生通过这一环节，可以查看到试卷上每一道题"我的答案"与"正确答案"，还能与"优秀答案"对比，找差距，找出自己存在的知识盲点、弱点，并总结归类解题方法和答题经验，这样的诊断，能让学生及时地查漏补缺、调整学习方案。

基于人工智能，系统还根据学生个体表现出的问题，自动推荐变式题资源，及时推送个性化作业，提升自主学习的有效性，使得个性化教学，分层施教具有可操作性。

线上教学也许无法替代传统授课方式，但线上教学模式能促进信息技术与语文学科的深度融合，为语文学习创建科学、多样、互动的情境，丰富传统语文课堂的教学形式，帮助教师有效应用信息技术，更新教学观念，改进教学方法，提高教学质量，给予学生多样性的选择，个性化的指导。希望能在信息化背景下，形成语文学科线上、线下互补互促的混合式教学新生态。

校企合作，依托"网络画板"建优质数学学科

◇成都石室锦城外国语学校

摘　要： 在教育信息化的浪潮下，学校始终坚持以学生健康发展为目标，面对高品质教育发展对优质学科课程的需求，学校以"网络画板"为核心建设数学优质学科，协同企业探索校企合作新模式。探索基于网络画板的数学教学新形式，在逐步的培训和研究实践中，搭建"团队、教师、学生"三级用户结构，完善以教材为蓝本的、以知识点为最小单位的"1+4+N"资源体系，建设网络画板学校特色空间，形成"线上+线下"的自主学习模式，促进师生信息素养提升，加强学生数学素养培养。

在教育信息化推进过程中，课堂教学从"一支粉笔"到"一个课件"，再到信息技术与学科教学深度融合。面对教师信息素养的参差，如何打造智慧教育体系下的优质学科，成为石室锦城外国语学校数学组教师们的思考焦点。他们选择了以"网络画板"为核心，联合企业，变革数学课堂教学，开展学校优质学科建设的研究实践。

一、"网络画板"：数学学科智慧建设的支撑核心

网络画板是张景中院士带领科研团队推出的一款动态数学学科软件，运用了动态几何技术、智能推理技术、符号运算和交互技术。以点、线、面为基本集合元素进行变化，利用集合原理，构造不同的数学几何图形，具有基础作图、轨迹生产、动态演示、测量计算等功能。

初中数学教学大部分知识点，都能通过网络画板的动画、函数、计算等操作，直观呈现，能帮助展示抽象的数学知识点和复杂问题。同时，能支持多种终端使用、实现跨平台的分享操作，是一个师生可看、可学、可用、可

创的以教学资源为主要内容的网络学习空间。

二、数学学科智慧建设的基础：信息化校园环境

石室锦城外国语学校的所有教室，均安装了智慧黑板，配备了各类课堂交互软件，实现了"手机+黑板"的隔空操作，满足教育信息化背景下课堂教学的硬件要求。

学校所有教室、办公室、功能室均接入高速互联网，实现了无线网络校园全覆盖，具备了基于网络开展教学的设施条件。

笔记本电脑（或便携式电脑）配备到了所有教师个体，达到了教师使用终端进行备课、交流、学习的设备条件。

同时，学校数学组具备优良师资，19名教师中，市区级学科带头人6人，市区级优秀教师、优秀青年教师7人，40岁以下青年教师11人。自2017年起，数学组的教师就开始接触和使用网络画板，专业素质过硬，软件使用熟练。

三、校企合作模式

基于对"网络画板"软件的深入了解，学校和企业友好协作，优势互补，共造学校数学优质学科，探索以优质学科建设为目标的校企合作模式（见图1）。

校企合作的具体实施，主要包括以下内容。

品牌授权及宣传：张景中院士相关品牌授权及命名、挂牌等支持；协调国内数学及数学学科信息化专家适时进校交流指导；优质、特色资源进驻学校公众号，学校数学信息化服务公众号信息发布指导。

教师培训与指导：为学校新数学教师开设针对性强、专业化、系统性的网络画板技能培训；软件新开发的功能，及时有效对学校教师进行校训，确保学校教师掌握平台最新功能，领先国内应用；学校的教研活动，协调专家团队成员不定时利用线下、线上等多种形式参与，就课题研究展开指导。

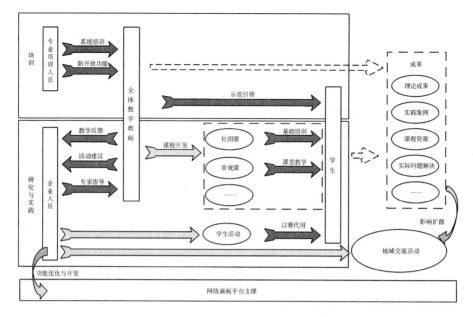

图 1　校企合作模式

打造特色课程：根据学校计划安排，组织特色课程筹备与开设，如开设数学实验、数学创客等课程；前期做好课程设计、教学场所、师资、时间与学生安排等工作；配合指导学校开展课后延时服务、社团活动等。

建设学校特色空间：开通学校空间、教师校园 VIP 账号、学生账号，完善学校用户结构；为学校提供统一背景、学校标识、格式布局的校本资源空间，配套北师大教材优质资源，支持学校校本资源的共建共享，打造学校数学学科信息化新名片。

学生活动：开展面向全体学生的数学创客大赛，培养学生数学能力和创新意识，探究数学的奥秘。

四、学校数学学科的智慧建设框架

学校数学学科建设，依托"网络画板"教学资源的建设与应用，变革课堂教学方式，直观呈现数学教学内容，增强学生学习积极性，提升数学教学质量。

（一）搭建"团队、教师、学生"三级用户结构

学校购置网络画板校园空间，开通教师、学生 VIP 账号，在网络画板的学习、研究和使用过程中，逐步搭建"团队、教师、学生"三级用户结构（见图 2）。

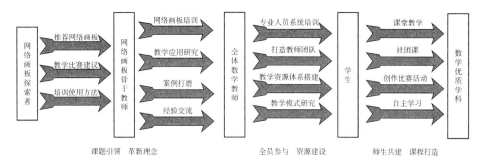

图 2 "团队、教师、学生"三级用户结构

在建设初期，以网络画板骨干教师为引领，带动数学组教师学习网络画板的使用方法、研究网络画板在课堂教学中的应用形式，以课题驱动，形成网络画板典型应用场景；具有一定经验后，以教师个人为单位，结合自身教学风格，创建网络画板教学资源，形成教师个人资源库。积累较多经验后，开通学生账号，倡导学生利用网络画板平台中的教学资源进行个性化学习；并开展对学生的网络画板使用培训，鼓励学生运用网络画板创建图形，验证数学规律、探究错题难题、解决实际问题；组织学生参加全国网络画板学生创作大赛；以班级为单位建设与共享网络画板班级资源。

网络画板的应用，从"研究团队"到"所有数学教师"，再逐步扩充到"所有学生"，稳步丰富使用者结构，激发师生对数学的探究欲、提高师生信息素养。

（二）构建"1+4+N"教学资源体系

以使用的北师大版数学教材为蓝本，对照教材知识体系，分年级、章节，创建每一个知识点的网络画板教学资源，形成以知识点为最小单位的"1+4+N"资源体系（见图 3），即 1 个新知揭示动图资源；4 个探究变式的典型案例，难度涵盖理解概念、运用知识、拓展拔高、综合应用 4 个维度；N 个总结实践，教师学生创建以该知识点为主要内容的问题实践案例。

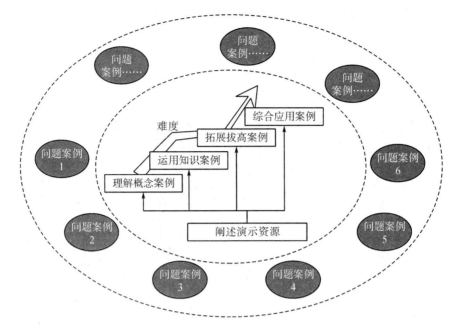

图3　单个知识点的"1+4+N"资源结构

以成都市中考数学压轴题,平面直角坐标系背景下考察函数的应用为例,直接用三角板、量角器、圆规等这些作图工具在黑板上画图,很难做出图形变化的整个过程,耗时费力效果不好,在教学中应用网络画板,进行动态演示图形生成变化规律,将抽象的数学知识以直观形式表达出来,可以帮助学生更容易理解变与不变的辩证统一,从而突破教学重难点。

比如八年级上册第四章第四节"一次函数的应用"中,一次函数与三角形的面积问题,就可应用网络画板作图的动态可视性,来突破这一难点:

1个新知揭示:教师利用网络画板,创建动直线与坐标轴围成三角形的演示资源,在课堂教学中,通过移动动点的方式,让学生充分"再创造""坐标轴三角形"面积的计算方法,如图4所示。

4个探究变式:在该课例中,以探究变式为教学主线,串起了本堂课的重难点(见图5)。变式教学,是我国数学教育专家提炼出来的特有的初等数学问题教学方法。欧美教育专家认为中国学生惊人数学解题能力的形成,其中很大的原因就是平时训练中变式训练方法的渗透。

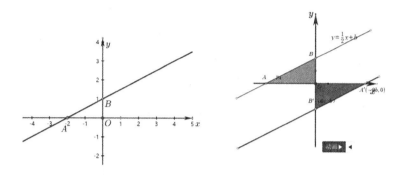

图 4 "坐标轴三角形"的 1 个新知揭示

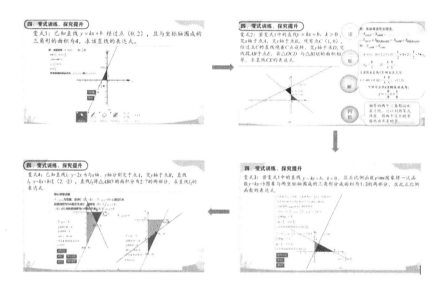

图 5 "坐标轴三角形"的 4 个探究变式

课堂教学中，教师基于网络画板资源库丰富且动态可视的优势，开展变式训练：一则实现了主干问题精心设计、变式练习模型统一，将碎片知识整体化，体现了新课标精神；二则于重难点处融合教育信息技术突出重点、突破难点，做到了循序渐进、引导探究；三则展示关键能力的形成过程，形成一般化的解题策略；四则挖掘数学的哲学属性，让学生深刻体会到变与不变的辩证统一。

N 个总结实践：在总结和反馈环节，教师引导学生对本节课的内容进行总结，可以从知识上、解题策略上、动态构图上归纳凝练（见图 6）。最后教师对学生练习进行评讲，在网络画板上展示动态数学资源，邀请学生一起对练习题进行拆解和点评，提高学生的课堂参与感，同时能及时提供有效的教学反馈，便于学生明确自己对于知识点的掌握程度，课后进行查漏补缺。在这个过程中，教师也能了解到教学可能存在的不足和待改进之处，便于及时调整教学策略，确保学生对于新知识能懂会用。

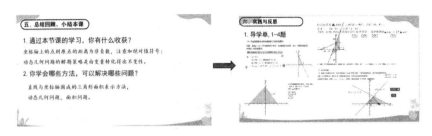

图 6 "坐标轴三角形"的 N 个总结实践

（三）形成"线上+线下"的自主学习模式

探究网络画板"教师引导、学生应用、平台学习与创作、师生交流"的闭环，逐步形成基于网络画板的"线上+线下"的自主学习模式（见图 7）。

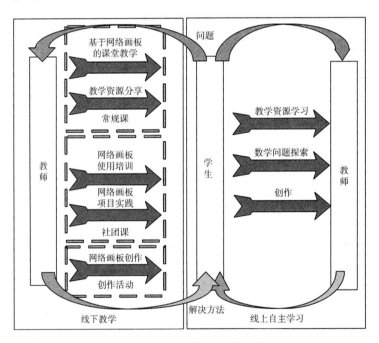

图 7 "线上+线下"自主学习模式

在课堂教学中，通过教师对网络画板的"以身示范"，让学生初步认识网络画板对数学教学的帮助，通过分享教学资源，让学生感受网络画板对个性化学习的极大帮助，逐步提高学生使用网络画板的积极性。同时，以社团课的形式，组织学生学习网络画板的使用，尝试运用网络画板提高解决数学问题的能力；以网络画板创作比赛的形式，向全年级学生进行培训，鼓励学生运用网络画板进行数学探究与创作。

在智慧教育推进的背景下，石室锦城外国语学校以"网络画板"为核心，基于企业为学校提供的智能教学工具，解决学校数学优质学科建设中的资源共享和自主化个性化学习空间等问题，通过数学优质学科的智慧化建设，不仅提升了数学教师的学科教学能力和信息化素养，而且提升了学生的数学学科核心素养，为学校各学科组在信息时代背景下的智慧化建设，提供了一个范式。

智慧教育背景下教学变革的趋势探究

◇成都市武侯区教育技术装备与信息中心

摘　要：本文立足教育信息化 2.0 深入实施，智慧教育探索创新逐步深入的客观现实，分析智慧教育背景下，教学资源的筛选和组织、教学内容的解析和重构、备课模式的共建和共享、教学流程的翻转和扩张四个方面的变革趋势，结合成都市武侯区推进教学新生态变革的努力，呈现这些趋势在教学一线的实践尝试。

在教学变革实践中，成都市武侯区提出"为学生提供适应的教育"，力图实现教、学双向的"减负增效"，大力推进"优质教育资源供给服务提升工程""智慧教师培育共同体建设工程""智慧课程与教学研究工程""智慧教与学创新应用示范工程"等项目，支持一线教师深入开展教学智慧化变革。

一、教学资源的筛选和组织

（一）教学资源的现状：极大丰富与建构拓展

进入智慧教育新阶段，教学资源呈现出极大丰富的特点。

从建设主体来看，国家教育资源公共服务体系逐渐完善，尤其是"一师一优课，一课一名师"等全国性资源建设活动深入推进以来，优质资源覆盖面逐渐扩大，其他地方性教育行政部门、教育信息化行业企业提供的教学资源经过长时间的累积和优化，形成规模庞大的教学资源储备。

从资源类型看，教学资源的建构也在不断拓展，从早期的课件、教学设计，到微课、慕课、课堂实录、交互式评课等，每一种类型的教学资源，一旦开发成熟，数量就会快速增加。

（二）教学资源筛选组织的实践

教学资源的关注重点，已经从量的积累趋向质的提炼上，对教学资源建设路径和应用模式的探索，在智慧教育语境中，成为基础性的条件，而不再是变革的组成部分。

成都市武侯区推进"优质教育资源供给服务提升工程"，通过对区域统一建设的"武侯教育智汇云"平台进行升级，强化教学资源的标签化整理和有效性评价，建立资源更新和淘汰机制，剔除无效资源的冗余和沉积；升级资源服务的数据统计和分析功能，根据教师、学生的应用习惯和使用痕迹，精确筛选、精准推送所需的教学资源，以极简的方式，向教师、学生提供适合的资源。

疫情以来，随着线上教学的常态化，武侯区教师对教学资源的需求出现体系化特征，据调查，武侯区67%的学科教师不会下载单个教学资源或单个的数字化元素，而是倾向应用具有逻辑联系、具有相互支撑作用、具有再创作价值的体系化资源。比如，数学学科的试题资源配套强化练习习题，或者生物学科的动态演示资源配套相应的实例视频，再或者按照知识点建构的全套微课配套可编辑的解说案例。

二、教学内容的解析与重构

智慧教育背景下，课堂教学追求精准、生成性和高效，这就推动教学实践对教学内容进行深入分解、分析和重构。针对教学内容的特点，设计最适应、最便捷的教学方法、教学手段，提高教学效率，拓展课堂容量。

（一）教学内容解析重构的现状

目前，对教学内容的解析和重构主要存在三个方面的导向，分别是教学流程导向、教学手段导向、跨学科主题式导向。

教学流程导向主要是指适应课堂时间的分段、翻转等流程再造的变革，而进行的教学内容分解、重组。比较典型的例子是"三段式"教学，即将课堂划分为课前、课中、课后三个阶段，事先对教学内容的特点、难易度进行系统分析，根据三个阶段的侧重点，通过预习、讲授、练习等不同的方式，分配相应的教学内容，以提高教学效益。

教学手段导向的教学内容解析重构，主要是指为集约利用教育技术、教育装备或数字资源提升教学生动性、直观性和交互性，对教学内容的顺序、结构进行适当调整，比如应用 VR 眼镜进行学科融合教学时，具有 VR 内容素材的教学内容，往往会集中呈现。值得注意的是，教学手段导向的教学内容解析重构，相对比较简易粗放，在教学内容分析、拆解方面，缺乏深度，也没有太多科学和理论依据。

随着教学变革探索的深入，跨学科主题式的教学渐渐受到关注，常见的形式包括项目式教学、STEAM 教学、学生微课题等，这种教学方式触动的教学内容变化最为深刻，围绕一个主题，重组的教学内容跨单元、跨学科，甚至超出教学大纲，引用科技前沿最新成果。

（二）教学内容解析重构的实践

成都市武侯区在教学变革的探索中提出了"精准教学""双线融合"的思路，其重要突破点在于三个方面，即线下课程线上化、教学内容数字化和教学流程可视化，教学内容的解析和重构贯穿始终。

成都市武侯实验中学在这方面进行了系统实践，通过对教学内容进行要素分析，具备线上教学的条件，逐步推进线下课程线上化；通过对教学内容的逻辑解析，明确学生掌握教学内容所需的教学资源，优化整合，逐步完善数字化课程群，实现教学内容数字化；通过对教学内容的内涵和外延进行相关性分析，建构知识图谱，重组学习内容，逐步掌握学生学习的过程数据，形成学生的学业偏好雷达图、学习进展曲线和学习障碍焦点等可视化信息，为教学流程可视化创造条件。此外，成都市机投小学的"三国脸谱"系列课程，综合语文、英语、美术、科学等学科，四川大学附属实验小学南区学校的"空间即课程"理念，将教学空间中的智能声光设备、智慧黑板、太阳能管道井等作为教学对象，设计跨学科课程。

三、备课模式的共建与共享

智慧教育背景下，随着教学理念的变革、教育技术的应用、教学内容的重构和教学流程的改造，教师备课工作专业性不断增强，工作量有所增大。传统的备课模式在保证课时的情况下，无法确保课堂的常态革新和高质量，在保证质量的情况下，又无法确保课时覆盖，产生了新的矛盾，客观上滋长了"两张皮""表演课"等学科融合的痼疾。

（一）智慧教育背景下的备课

教学信息化深度发展，导致备课工作难度的提高和工作量的扩大，教育领域的专家学者、地方教育部门和学校，有两种截然不同的理论观点和实践方案。

一种观点认为，教学过度技术化导致教师的备课活动、教学活动成为一项"纯粹技术性活动"，失去了"人文向度和价值属性"，从而"被结合到机械体系中的一个机械部分"，他们强烈反对在教学领域过度应用技术，支持这一观点的地区，大多保持教学传统，呼吁回归教学本源，对教育技术，尤其是智能技术的引入和使用，持谨慎和怀疑态度，主张将教学方法的自主权交给教师本人。

另一种观点则认为信息技术大量进入教育领域，对于传统课堂教学来说是一次革命，也是教育发展的必然。他们认为，教育技术与备课、教学的融合是不可避免的趋势，将教育的人文性与技术的工具性进行深度融合，并提炼出从"选择"技术作为教学的辅助手段和工具，到全面"应用"技术进行多元教学模式的建构，再到"创造"学习文化的课堂范式的三个发展层次。基于这种理念，学校和教师不断提升信息化领导力和应用能力，推动教师备课工作与技术紧密结合，以技术手段提高教学质效，以技术路线更好地内化和实现"教育的味道"。

（二）备课的共建共享实践

随着教育信息化2.0的深入实施，尤其是疫情期间开展"停课不停学"，在线教育起到了基础性作用，推进教育技术支持的教学变革，走到了教育事业创新发展的舞台中央，采取措施化解备课专业性提高、工作量增大的难题，成为智慧教育建设的一大挑战。

成都市武侯区探索尝试了共建共享式的备课模式，即以学校或者区域学科教研组为单位，灵活运用集体备课、集体教研机制，卷入大部分学科教师，组成相对固定的备课团队，对备课任务进行分工，共同完成一个单元或一个学期的备课工作，形成全校或全学科通用的备课资源包。教师在教学时，对资源包中的教案、课件或习题等材料进行细节上的调整，根据自己的教学习惯和理解，进行二次创作和利用，促进学科共性、教师个性的伴生成长。

成都市武侯区科技园小学以整校推进的方式，开展共建共享式的备课模式，取得了三个方面的突破：一是实现了技术融合教学的普遍开展，以学科备课为切入点，吸引全校教师参与，通过备课成果共建共享，保证了团队的稳定性，确保了技术融合教学的大方向；二是锤炼了一批高度适配的备课资源，通用的备课成果在全校开展教学使用，受众样本急剧增加，便于充分发现问题，及时进行修正，将备课成果打造成为精品；三是培养了一批专家型的教师，在共建共享备课模式中，团队教师充分沟通交流，充分利用技术，集思广益排除问题和障碍，锻炼了教师技术应用、团队合作的能力，提升了适应变革、引领变革的思维和素养。

四、教学流程的生态化翻转和跨时空扩张

华东师范大学祝智庭教授提出，智慧教育是通过人机协同作用、以优化学习过程与促进学习者美好发展的教育范式。其中，"优化学习过程"指的就是教学流程的转变。

目前来看，智慧教育背景下教学流程的转变主要有两个方向，一是教学流程的生态化翻转，二是教学流程的跨时空扩张。

（一）教学流程的生态化翻转

北京师范大学李玉顺教授认为，信息技术与教学的融合经历了四个阶段，分别是起步—环境、应用—资源、融合—模式、创新—生态。长期以来，翻转课堂作为一种教学模式出现，并应用在技术与教学融合阶段，较多侧重硬件建设和课堂上知识的传授及技能的训练，尚存在"硬"痕迹。智慧教育阶段，在新思想、新技术、新变革的催生下，翻转课堂走向生态化，着眼技术与教学的无缝衔接。

生态化的翻转课堂，应当在利用技术改变教学方式、提高教学效率的基础上，保证教学理念的准确诠释和教学思维的全面传输，保障教师和学生的教学生成，支持有价值、有产出、有关怀的师生互动，体现技术与人文的统

一，概括起来，与华南师范大学焦建利教授定义的"好课堂"具有高度一致性，即有趣的、有效的、高效的、生成性的、互动参与的。

成都市武侯实验中学在推进翻转课堂的过程中，采取师生"双向选择"教学的方式，线上开放全校优质教师资源，让教师按照自己的理念和习惯设置翻转课堂的内容和流程，由学生根据自己的偏好和基础选择对应的教师，进行自主学习；在线下，以本校城郊学生的特殊性为对象，开展"差异化教学"研究，着眼每一个学生的全面发展，建构了基于数据分析、资源推送和分层教学的差异化教学体系。通过线上开放自主、线下差异化的实践，勾勒出生态化翻转课堂的雏形。

（二）教学流程的跨时空扩张

美国教育家萨尔曼·汗发现，那些在某个或某些概念上多用了些额外时间的孩子，一旦理解了概念，就会很快取得进步。许多专家学者认识到，课前预习和课后巩固，对于提高教学效益具有重要作用，但因为课前、课后学习的时间和空间充满不确定性，教师无法掌握学生的学习情况，也无法进行及时有效的干预，难以作为规范的学习流程，无法发挥应有的作用。

智慧教育背景下，教学支持系统功能逐渐完善，有效支撑学生以在线方式开展课前、课后的学习活动，并通过学习痕迹、数据分析等方式，展现学习的进度和效果，成为教学流程的组成部分，有效扩张了教学的时间和空间。成都市武侯区北京第二外国语学院成都附属中学在实践中充分利用了技术条件，建立"数据+微课+习题"的课前预习体系，有效管理教学流程，打破次元壁垒，实现学生的精准分层，为课堂教学提供"靶子"；在课后巩固阶段，采取"小组共学""生讲生学"的方式，让学生之间充分敞现互动，共同克服问题，确保课后巩固的低压力、高效率。

智慧教育是一个崭新的阶段，教育技术与学校办学理念、教师教学观念交融，对教学的渗透更为深入，也日趋无感，对教学资源、教学内容、备课模式和教学流程等产生了颠覆式的影响，我们必须及时调整观念和思维，跟上技术革新、教育发展的潮流，紧紧围绕"减负、增效"两个抓手，着眼创新、着力突破，引领智慧教育向纵深发展，培养担当民族复兴大任的时代新人。

依托"智慧云"平台 推进智慧党建

◇成都市武侯区教育局党建工作科

摘　要： 随着网络技术的发展，中小学党建工作受到越来越多的关注。在智慧教育背景下中小学党建工作朝着智能化趋势发展是必然趋势。中小学校把握信息时代发展的契机，主动把教育资源和管理资源倾斜投放在智慧党建工作体系的建设上。同时也有助于实现中小学校智慧党建工作多位一体科学推进，能更好地满足人才教育培养等多方面需求。

在建设智慧党建工作机制的基础上，把党建工作与教育工作有机结合，是新时代中小学教育改革的新方向。针对信息化时代中小学智慧党建工作的特点，分析党建工作队伍建设、加强智慧党建工作与智慧教育生态融合的策略，提出建立科学高效的智慧党建工作标准。在深化中小学智慧党建系统开发工作以及对外合作，需要专业人士构建多元化党建工作体系。借助新时代智慧教育生态系统，强化学校智慧党建工作队伍建设，升华党魂，凝聚党心。

一、学校智慧党建系统的有机构成

中小学信息化党建工作，主要依赖于信息技术手段，收集党员信息，开展线上党建活动，落实党员教育工作。同时，还能把党建管理、党员发展、教育学习、组织生活等多种党建活动，从实体搬到线上，促进党建活动的信息化。数字化趋势下创新党建工作模式，智慧党建系统可以发挥重要作用。

（一）建立和完善党组织管理模块

为了加强对基层党委、党总支、党小组、党支部的在线信息化管理工作。在党组织管理模块，要清晰地体现党组织的层级，包括党组织类型、名称、负责人等。从该模块的功能上讲，其有助于党组织的组建、变更、换届、撤销等方面的在线管理。例如，中小学校可以通过该模块进行人事交接，发起人在线递交申请书，审核人在线审核，并提供反馈。这样一来，各方都能够及时收到消息。换届申请不仅能显示原党组织人员任职状况，党建工作计划的上传、上级对此的督查也能在平台完成，还可开展考核考评等。

（二）建立和完善干部管理模块

建立党员干部档案信息库，包括干部任免、考核、监督、档案管理等信息。借助该模块还可以设置干部考核以及干部监督功能，实现干部考核、干部出入境备案管理、干部学习培训档案建立等功能。让党员干部管理工作，能够真正落到实处。

（三）建立和完善组织生活管理模块

依托该模块可在线开展"两学一做"、"三会一课"、主题教育等。在该平台可以实现活动计划设计与上传目的，及时更新活动信息。持续完善填补该模块的功能，有助于不断推动组织生活规范化、制度化发展。

（四）建立和完善党员管理模块

根据《中国共产党章程》和其他有关规定，建立了一个线上党员发展全过程管理系统。该系统包括网上递交和接收申请者的申请表，保障申请人的个人信息不被泄露。

（五）建立和完善党员教育学习模块

为广大党员提供全方位的受教育和研究平台。课程内容涵盖了学习资料库、试题库、课程设置等，有组织考试需求者，还可以在网上批阅试卷、统计成绩等。党员可以通过计算机或手机浏览实时数据。同时，还可以上传信息，系统会自动记录学员的学习和训练情况。管理者也可以利用这个平台，进行学习管理，与党员加强沟通交流。了解党员的意见和想法，并及时调整完善教学计划与方法。

（六）建立和完善党建台账模块

推进纸质记录系统向电子记录系统转化。在各模块中，将党务、组织生活、教育培训等各种信息进行集成、分析、储存，形成高度系统化、规范化的党建工作台账。在使用功能方面，支持条件检索与纸质打印等，为财务管理提供更多便利。

二、智慧教育生态下，智慧党建系统建设面临的主要问题

随着信息化技术的发展，中小学校党建工作的效率和便捷程度得到了极大的提高。为传统党建工作注入了新生机，但我们也应当看到中小学校智慧党建的建设还存在着许多问题。

（一）平台搭建与信息共享冷热不均

共享与互动，是实现智慧党建平台应有功能的前提。一个高品质的党建智慧平台，应该通过运用，使各党支部之间线上实时互动、信息实时共享、资源快速协调。达到整合党建资源、凝聚党建合力，为基层党建工作赋能的目的。目前，部分地方的智慧党建平台建设项目起步较快，但由于技术、资金等客观因素的制约，或者由于主观认识的偏差，使得平台共享性与互动性功能不足，存在：

一是信息交流不畅。当前，在全区范围内，部分中小学已陆续建立了自己的党建大数据平台。然而，已经搭建平台的样本数量较少，使得其数据的分析质量较差，从而造成了资源浪费。同时，由于缺乏上级统一的资源调配与共享机制，各中小学之间相互独立、相互封闭，不能实现信息交互共享，极大影响平台功能发挥。

二是尚未实现线上党务共商。当前部分中小学虽已建成智慧党建平台，但尚未实现线上党务工作共商共议的目的。虽然有了这个功能，但各党支部仅仅是在网上讨论一些重要的问题，这一定程度制约了这个平台的作用。

另外，尽管许多地方的智慧党建平台都开通了党员意见诉求收集功能，增强了与党员的互动互联功能，但对一些党员群众急难愁盼问题的诉求与反映，平台传达、回应、解决的质量仍然不高，存在回复了、办结了但问题依然没有得到解决的情况。这不仅违背了建设智慧党建平台的初衷，会影响到广大基层党员的积极性。

（二）缺少智慧化功能和智能化输出

首先，目前中小学校智慧党建系统在功能上仍处于统计、事务管理、流程审批等方面。只局限于信息的单向录入和存储，满足党务人员日常工作中的浏览、查阅、快速查找等功能，离智能化标准还有很大距离。

其次，由于基层党组织对信息资源的利用程度较低，党建工作已积累了许多有价值的资料。但实际工作中，由于注重过程、目的，缺乏对数据的深度挖掘与分析，无法从数据统计中找出党建工作的规律与缺陷，缺乏对工作的评估与反馈。

最后，智能化的发展和设计还存在不足。人工智能技术已经在很多行业和领域中得到了广泛的应用。智慧党建体系的构建必须打破惯性思维，深入总结，以满足广大学校的需要。提高党建工作的质量，为智慧党建的发展提供新的思路。

（三）缺少互联网思维和服务性理念

互联网思维是指人们基于网络来思考、解决问题的思维方式。是网络发展和应用实践在人们思想中的体现。其中，用户至上、简单便捷、互联互通等理念，与新时期党建工作有着诸多的契合。有助于促进党建工作更加规范高效。目前，智慧党建更多是从管理视角逐步实现上级的要求和任务，从而达到党的预期目标。但是从用户和基层党务工作者的实际需求角度考虑得较少。系统使用过程中给用户带来的获得感不强，导致基层使用系统的积极性主动性不够。

三、智慧教育生态下，优化智慧党建系统建设的方案

（一）重视顶层设计，完善整体规划

中小学校要从全局的角度来考虑，把它看作智慧校园的一个有机部分，强化整体布局，做好顶层设计和规划。中小学校应当把党建工作作为一个整体，真正把"互联网+"的思想融入工作的各个方面。把互联网与中小学校的党建工作结合起来，把"互联网+"思想融入党的组织、工作、作风建设中去。

党员干部不能把它看成是一个单纯的数字信息库，应该把思想武装融入党建之中。充分体现立德树人的基本任务和目的，并根据学生的需要，从整体上提高它的实用性和适用性。立足于现实、着眼大局，是建设中小学校智能党建体系的重要原则。

中小学校智慧党建体系的建设与有效运作离不开健全的管理制度和制度

保证。在建设智慧党建平台的过程中，还需要同步强化管理制度的制定与完善。以制度促发展，从而使中小学校智慧党建系统更为科学合理，运行实施更加高效有序。

首先，在智慧教育生态视角下，要构建一套规范的运作机制。要充分发挥学校党委在智慧党建体系建设中的领导和引导作用。建立党组织领导、各职能部门的党建系统构建工作小组，加强智慧党建系统构建重要性与必要性的宣传教育。要全面调动和激发基层党组织、师生党员的积极参与与配合。以重心下移来提升基层党组织的主观能动性，将战斗堡垒作用发挥到最佳。

其次，要构建资源的集成和共享。通过信息化技术与手段，将党建工作与业务工作、思政教育、红色教育基地等工作有机结合起来。以智慧党建为核心，充分挖掘教育资源、整合及高效运用，共建优质智能教育资源系统，提高党建工作服务的效率与质量。

最后，要建立健全的审计信息体系。通过对各种信息进行迅速、高效的审查，及时、准确地将相关信息传达给党员。有助于降低部分群众歪曲事实、三观错误的言论观念对他们的不良影响。要增强信息的可信度，必须以网上的信息采集、发布为基础。通过基层党组织书记、具体党务人员、智慧党建系统后台管理人员，共同对信息进行审核，秉持"谁分管，谁审核，谁负责"的信息发布原则，确保对信息的甄别把关。

（二）以锤炼品牌价值为核心，创建智慧阵地

依托智慧党建阵地，实现各种资源的共享，保证各中小学校党建资源的互惠互通。充分利用智慧党建及时、畅通、精准的优势，以各级学校为核心力量的线上平台。开展诸如红色合唱团、最美风景之晨读品牌项目、党员下沉社区服务等系列活动。通过宣传展示与教育，彰显各级学校特色，体现品牌价值，努力将专业与党建工作相结合。积极打造党员第二学习课堂，让每位教师努力成为思想过硬、专业扎实、能力出众的全面型教师。让支部成为"党建+互联网"的坚实阵地。充分利用网络、多媒体等形式，突出学校特色。创造性发挥党组织的战斗堡垒作用和党员的先锋模范作用，起到党建引领作用。

通过提高站位的手段，为新时代各级中小学校落实立德树人根本任务提

供了一条新途径。依托党建工作室建设"红色思政"课程，把思政课从教室转移到红色基地，营造浓厚的教育教学氛围。建立习近平新时代中国特色社会主义思想学习小组，定期组织教师进行专题研讨。

成立党员干部的学习园地，每个月组织一次党员读书会。由党总支制定一个专题，以培养教师终身学习的良好习惯，并定期分享自己的阅读经验，进行头脑风暴，交流思想。成立"1+1"党建工作团队，成立教育科研联盟，加强对学生的人文关怀与心理辅导，使红色阵地更好地服务和育人。

（三）强化智慧党建应用，提升常态化工作品质

系统性经营逻辑，提高经营效率。通过对各级中小学校党建业务进行全面逻辑性分析，将业务标准化、精细化分解，最终以流程推动和约束业务行动。用流程指引和保障业务标准化、规范化。确保不因党务工作人员更迭而造成业务质量波动、流程间断或档案丢失等情况，真正提升各级中小学校党建管理效率。

例如，党内组织生活中，智能党建平台就是围绕着"三会一课"进行。通过规范化的程序和规范化的模板，解决了党务工作人员想做却不会的问题。同时，系统还加强了对各级党组织换届选举提醒，对即将换届的时间进行预警。根据党组织提供的档案资料，对其是否及时开展相关工作进行分析。依据时限要求，逐级进行预警，确保各级党组织按时完成换届选举工作。

再比如，在发展党员工作中，智能党建平台将发展党员的工作过程分为数个部分。在完成了一个环节后，才可以进入下一环节的操作。上级党组织也可通过系统实时掌握发展党员全部情况。并由系统最终形成发展党员工作全程纪实表，确保党员发展过程及时、规范、严谨。同时，对发展党员的整个流程数据，也能在系统中得到及时的查询，从而在一定程度上降低了数据丢失的风险。

智慧教育生态系统下，智慧党建体系建设要把传统党建与信息技术相结合。运用信息技术优化党建工作模式、精准掌握基础数据、规范党建工作流程。在上述流程的基础上，不断推动新时代中小学校党建工作由信息化向智慧化转变。在实践中逐步实现精细化管理、智能化决策、科学化评价等目标，支撑新时代中小学校党建工作高质量发展。

第二节 实践案例类成果

幼儿科学实验活动中，信息工具运用的实践

◇北京第二外国语学院成都附属幼儿园

摘 要: 信息技术与幼儿园课程的融合，是各种教学资源和教学要素的有机集合，使整个教学系统保持协调一致。从整个教育活动出发，借助信息化资源和教学媒体作用于幼儿园活动的各个层面，使之成为幼儿学习环境的一部分。《幼儿园教育指导纲要（试行）》中明确指出幼儿园教育要立足幼儿的特点，使用多种教育手段。这就要求教学手段多变、教学环境丰富多彩，而信息技术正是可以实现这一要求的教学技术手段。

幼儿园在开展科学实验活动时，往往方式单一固化、缺乏游戏性及互动性。而学前儿童的学习是以直接经验为基础，需要富有情境性与游戏性的活动。

信息技术教学以多媒体计算机、计算机网络、多媒体投影仪和其他设施为辅助，并使用新的教学方法和教学软件进行课堂教学。对幼儿科学素养的培养，具有天然优势。教师将信息技术应用到科学实验活动当中，让静态的画面转化为形象直观的实验场景，不仅能提升幼儿对科学实验活动的兴趣，而且能使科学实验更加严谨与准确；更好培养幼儿勇于探索精神、乐学善学习惯、问题解决能力等适应未来发展的关键能力与必备品质，让孩子在动一动、玩一玩中解决问题。

通过不断的探索与实践，我园梳理出了在科学实验活动中有效运用信息技术手段支持儿童发展的策略：

一、善用信息软硬工具，优化幼儿科学实验活动教学

园所网络全覆盖，运行安全稳定，园内任意位置都能进行高速网络连接，教师和幼儿可随时运用网络资源查找科学实验的原理与实验方法，满足信息化的智慧教育需要。

我园班班皆配备多媒体交互式电子白板与"九州"多媒体教学软件，园所科探馆，配备投影仪与3D立体无屏显示机，教师可利用音频、视频、图片、文字等方式，进行信息编辑、输入输出，开展信息化互动式教学，见图1至图5。

教师将信息技术融入科学实验活动中，实现智能助教，实时调控教学安排、教学方式和教学进度，实现多维教学方式与差异化教学，提升教师教学能力和信息化素养，丰富教师个性化的教学方式。

图 1　交互式电子白板　　　　　图 2　投影仪

图 3　3D 立体无屏显示机　　　　图 4　录音设备

图 5　"九州"多媒体教学软件

其中，交互式电子白板是目前常用的一款信息教学设备。它的功能多种多样，包括"拖拉""遮挡""放大""播放音频""聚光灯""填充""插入图片""录制""勾画涂色"等。这些功能非常适合于科学实验活动，能够设计得更加直观、有趣，最大程度激发儿童参与科学探究的兴趣。

例1：在科学活动"它是谁？"中，使用电子白板的遮挡隐藏，在视觉上分批呈现，并放大图片、凸显特征，给幼儿带来视觉上的冲击，有利于幼儿观察、欣赏，对活动产生兴趣。同时使用拖动功能，使幼儿明确拼图的方法。同时使用聚光灯功能，寻找隐藏的图片，更聚焦地凸显图片的特征，增强趣味性，可以牢牢地抓住幼儿的视线与注意力。在幼儿自由拼图环节中，在白板上呈现完整的动物图片，更加方便幼儿在拼图时进行比较与判断，是突破难点的一个重要手段。最后使用批注功能，更方便小结拼图经验，梳理出拼图的思维方式（特征—比较相同—方位）及观察方式（从上到下、从左到右）。

例2：在科学活动"小老鼠的奇妙之旅"中，教师使用了"小老鼠"这一角色，结合运用电子白板的多个功能来进行教学，将教学活动的内容与电子白板融会贯通，孩子通过与电子白板的互动、老师的互动、操作材料的互动这三种不同的形式，获得更为多元的色彩感知经验，让教学内容与儿童的认知、发展相结合，从而达到让教学活动声色并茂、丰富多彩、优化课堂的效果。同时其还能促使孩子仔细观察，激发孩子想象与实践相结合的探究行为，体现了教学活动的价值，有助于突破活动的重难点。

通过以上活动可以发现，运用交互式电子白板，可使信息工具与教学活动自然融合。与传统的科学实验教学活动不同，有了信息技术的整合，整个活动中不再以教师讲述为主，而是将操作与互动加入其中，打破了传统的教育教学模式，增强了幼儿的操作性和探索兴趣。

园所大厅配有一台人工智能机器人，可以讲故事、回答新知识，实现与幼儿的互动和玩耍，即使老师不在，也可以通过远程控制智能机器人的，照顾孩子，提醒孩子注意安全。机器人给孩子带来无穷乐趣，也让他们对最新科技产生兴趣与关注，如图6所示。

图6　人工智能机器人

二、营造信息技术的科学探索天地

园所根据各年龄段幼儿的特点，打造班级科学区，提供信息化科学实验活动所需的仪器和材料，为幼儿自主探索创造条件，如人工智能记录实验步骤和结果、把自己的发现录音保留等。

园所结合科学技术打造园所科技场馆，并根据幼儿的年龄特点投放材料，供幼儿自由探索，如磁悬浮3D球体、磁悬浮列车等（见图7至图10）。

图 7　园所科探馆　　　　　图 8　光影探索角——星星屋

图 9　磁悬浮 3D 球体　　　　图 10　磁悬浮列车

三、融入信息技术，设计科学主题游戏

科学主题游戏是一种科学游戏课程，是在主题活动中培养幼儿科学素养的游戏。基于信息技术的科学主题游戏，是将信息技术融入科学主题游戏的教学环节。

例1：科学主题游戏"有趣的图形宝宝"（见表1）。我园根据小班幼儿的心理特点，制作了图形课件。首先请幼儿自己选择一个实物图形做朋友。其次请幼儿看课件，用三角形、圆形、正方形的宝宝自述，来巩固图形特征，利用图像、声音创设学习情境，引起了幼儿的兴趣。再次图形宝宝向幼儿提出任务——三角形宝宝的朋友站起来，圆形宝宝的朋友跳一跳，正方形宝宝的朋友笑一笑。幼儿在兴趣盎然中完成了游戏活动并记忆深刻。最后，又用信息技术来进行图形拼搭，提高幼儿的发散思维能力，达成本次活动目标。

表 1 科学主题游戏"有趣的图形宝宝"

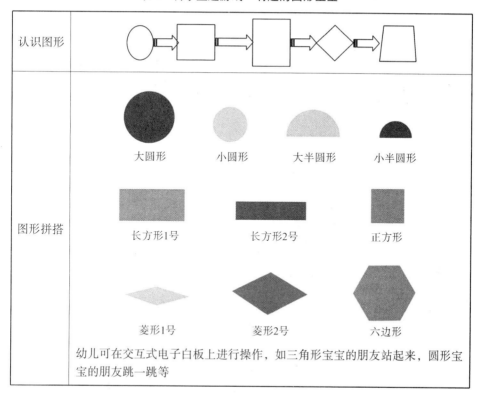

认识图形	
图形拼搭	大圆形　小圆形　大半圆形　小半圆形 长方形1号　长方形2号　正方形 菱形1号　菱形2号　六边形 幼儿可在交互式电子白板上进行操作，如三角形宝宝的朋友站起来，圆形宝宝的朋友跳一跳等

例2：在中班科学主题游戏"谁的牙齿？"设计中，教师在导入环节使用插入音频"小猪的呼噜声"，让幼儿猜一猜今天的主人公是谁，引发幼儿的兴趣。通过在电子交互式白板上进行涂抹的形式，小猪最终出现在屏幕上。小猪制作的大饼不知道被谁咬了一口，让幼儿猜想谁咬了大饼，幼儿在充满趣味的疑问中，快乐地学习。通过移动探照灯，教师提问："小猪遇到了谁啊，是它咬了小猪的大饼吗？"教师通过交互式电子白板中的分解组合、拖拽、放大镜等功能，让幼儿自己进行操作对图形的形状进行对比，更加直观地观察是谁咬了小猪的大饼。活动中，教师很好地利用"藏一藏、变一变、翻一翻"，让幼儿在活动中始终感觉到新奇、趣味，以此来保持对活动的积极性及参与性，让幼儿在看、说、玩中达到活动目的。

例3：在科学主题游戏"小树林"中，教师带领幼儿观察树的种类、树叶及叶脉。大树在幼儿生活中常见，但平时谁也没有留意到大树的花纹、树叶的叶脉到底是什么样，看到的大树种类也不多。因此，老师与幼儿一起上网搜集各种大树、树叶的相关图片，幼儿在搜寻的过程中认识了多种树木、树叶和叶脉。在观察叶脉时，教师用"放大镜"的功能放大叶脉，让幼儿能仔细观察各种叶脉的特点。

通过实践研究，我园梳理出幼儿信息化科学实验的目标体系，如表 2 所示。

表 2　目标体系

幼儿园信息化科学实验总目标	1. 对周围的事物，现象感兴趣，有好奇心和求知欲。 2. 能运用信息技术，以及各种感官，动手，动脑，探究问题。 3. 能用信息技术的方式表达、交流探索的过程和结果。 4. 能感受事物的数量关系并体验到数学的重要性和趣味性。 5. 爱护动物、植物、关心周围环境，亲近大自然，珍惜自然资源，有初步的环保意识		
幼儿园信息化科学实验活动各年龄段目标			
小班	中班		大班
1. 乐于参与科学活动。对自然物、自然现象有好奇心。 2. 利用信息技术观察周围自然现象的明显特征，积累粗浅的科学经验，感受它们与自身生活的关系。 3. 初步了解自己感官的功能，并会运用感官感知周围事物的明显特征，有初步的感知能力。 4. 初步学会用各种简单的方式表达事物的特征和自己的发现，大胆地与成人、同伴交流	1. 能主动地参加科学活动，大胆地探索周围自然界中的事物。 2. 学会关心、爱护、照料自然角的动植物，爱护动植物和周围的自然环境。 3. 了解生活中的科技产品及与人们的关系，能正确安全使用简单工具做小实验和进行小制作。 4. 学会运用信息技术感知事物的主要特征，具有观察、比较和思考的能力，并会按照一定的标准对物体进行简单地分类。 5. 学会用多种方式表达自己的发现，并与成人、同伴交流探索的过程与结果		1. 能积极主动、长时间地参加科学活动，有强烈的好奇心，能主动探索周围事物并能发现、提出问题，寻求答案。 2. 学会关心、爱护、照料自然角和小园地、饲养角的动植物。 3. 初步了解有关人类、动植物、环境的相互关系，知道要保护生态环境。 4. 能积极探索周围生活中常见的自然现象，积累有关季节与人类、动植物环境等关系的感性经验，会做观察记录。 5. 了解现代生活中的科技产品及对人类的影响。学习运用简单工具和常见材料进行制作活动

将我们身边的科学现象以融合信息技术的形式，带到我们的科学实验活动中，让幼儿在科学实验的活动里，像"做游戏"一样"学科学"，激发幼儿自主探究的兴趣，在自主探究中去观察、发现问题、解决问题，培养幼儿的创新精神、实践能力和合作意识。让幼儿在信息化科学实验中获得能力的提升，从而达到培养孩子科学素养的目的。

借信息技术手段，促书香校园建设实践案例

◇成都市武侯区第七幼儿园

摘　要：研究表明，国人的人均阅读量世界排名靠后，书香校园建设、终身阅读习惯培养成为解决这一难题的方法之一。幼儿园作为学校教育的起点，在幼儿园阶段利用信息技术与教育教学结合的方式，开展形式多样的阅读活动，如信息化共享书柜、线上绘本共读专栏、班级区角故事录音举措，能克服传统阅读推广活动受众面不广、没法落实到每个学生、持续性不够、无法完全调动学生阅读兴趣的问题，大大调动了学生、家长、教师参与阅读的积极性，让阅读变得更加便捷、自主、有趣、有挑战性，进而培养学生的阅读兴趣，营造全民阅读的书香校园氛围，为学生养成终身阅读的良好习惯打下基础。

2022 年第十九次全国国民阅读调查显示，我国城镇居民的图书阅读率为 68.5%，高于 2020 年的 68.3%，农村居民的图书阅读率为 50%，高于 2020 年的 49.9%。虽然城镇和农村居民的图书阅读率呈现逐年增长的态势，但纵观全世界，国人的图书阅读量世界排名仍然靠后。据相关网站报道，中国人均阅读量仅为 6 本。国人阅读量的不足，已经成为不容忽视的问题。

阅读的好处不言而喻，人们从书本中能收获智慧，丰富精神生活，也能通过阅读实现自己的人生价值，因此，提高国人人均阅读量，培养国人终身阅读的习惯，是全社会共同努力的方向之一。学校教育阶段，是学生阅读兴趣与阅读习惯培养的重要阶段，幼儿园作为学校教育的起点，在幼儿园阶段利用信息技术与绘本教育结合的方式，开展形式多样的阅读活动，能克服传统阅读推广活动受众面不广、没法落实到每个学生的不足，大大调动学生、教师、家长参与阅读的积极性，有助于构建书香校园的整体阅读氛围，培养学生阅读兴趣、阅读习惯，进而为培养学生终身阅读的良好习惯打下基础。

基于以上思考，我园开展了以下实践活动。

一、信息化共享书柜：针对化推荐，便捷化借阅

共享经济是指利用互联网信息技术，建立第三方平台，用户个体借助这个平台进行相关闲置资源的交换与分享。近年来，我国进入了大数据、云计算时代，技术的不断提高，使得各类共享经济产品能够得到实现。

借助共享经济这一概念，将其引入幼儿园阅读活动中，使其对图书共享模式的优化提升，作出贡献。

我园架设了一套信息化共享书柜，共享书柜操作简单，小班幼儿在教师的陪同下、中大班幼儿可以独立操作，只需点击借阅按钮，书柜的显示屏上会出现5～10本与个人匹配的绘本，幼儿可以从中点击自己感兴趣的绘本，点击后，书柜的出书口会掉出相应的图书。归还时点击归还按钮，书柜进书口会打开，幼儿只需放入图书，关上柜门即可。

在绘本智慧化管理方面，系统会记录每本图书的借阅情况，对图书进行排行，为了保证图书的质量，教师会定期浏览绘本借阅排行，将借阅的热门绘本点击取出，检查绘本的情况，更换坏掉的绘本，同时，对借阅量低的绘本重新编辑词条，增加其推荐次数，丰富它的描述，使该绘本更加吸引幼儿。

共享书柜投放的书籍，是与全园幼儿人数匹配的绘本，并根据幼儿年龄特点进行划分，如小班年龄段幼儿，适合图画多、文字少、语句简单的绘本，绘本内容，以自理能力与良好习惯的培养、克服分离焦虑为主，如《幼儿园的一天》《小乌龟上幼儿园》《自己全吃光》等。中班年龄段幼儿，适合图画和文字比例均等、同伴交往、语言习惯、表达自我等内容的绘本如《妈妈，我能行》《猜猜我有多爱你》《小刺猬的项链》等，大班适合逻辑性较强、同伴合作、社会角色认知等内容的绘本，如《咕叽咕叽》《到底是对还是不对?》《杉田家的气象报告》等。

共享书柜有一套配套的App，幼儿在使用前，需要先由家长在App上填写幼儿的基本及个性化信息，包括年龄、性别、爱好、性格特点、优点、小缺点、小烦恼、小愿望，作为注册信息，并可随时修改。

App会根据这些信息，为每名幼儿推荐适合他个人的绘本，如小烦恼为

吃饭挑食的小班幼儿，在幼儿操作书柜借阅图书时，App 会自动为他推荐《自己全吃光》等类似绘本，供他点击挑选，引导他了解蔬菜的营养价值，帮助他克服挑食的习惯。如愿望是成为解放军叔叔的大班孩子，借阅时系统会为他推荐有关职业的绘本供他选择，如《我爸爸》《长大以后》。

幼儿每一次的借阅活动，共享书柜的 App 都会进行统计，家长也可以通过 App，了解系统推荐的绘本，以及自己孩子的阅读情况，同时，App 还有抢订功能，对于大家都想看的热门绘本，家长可以提前蹲守在 App 上，一旦有归还，可以第一时间点击预订，为自己的孩子锁定该绘本，第二天孩子就可以去书柜提取。家长们为了帮助自己孩子借得心仪的绘本，提前在各班级群中询问借阅情况，商议好归还时间，也有家长接龙该绘本的借阅时间，或是约好共同阅读，无形间，调动了家长的参与积极性，让幼儿通过绘本借阅，结识了更多志同道合的小书友，绘本阅读不再孤单。

教师也可以利用共享书柜的 App，发起阅读活动，记录幼儿阅读情况，颁发奖励，以此培养幼儿的阅读习惯。如笔者在 App 上发起了"二十一天阅读打卡"活动，鼓励班级幼儿连续 21 天借阅绘本进行阅读，系统会记录本班幼儿在未来 21 天的借阅情况，21 天后将借阅记录发给教师，教师根据记录为幼儿颁发奖状。App 还会在每学期末为每名幼儿生成一份阅读报告，让教师了解幼儿的阅读情况，调整措施发起活动，维持幼儿的阅读兴趣。

智慧教育与绘本教育的结合产生的信息化共享书柜，实现了教师对绘本的智慧化管理，也简化了借阅流程，借阅对于幼儿，变成了一件可以随时随地、自主有趣的事，促进了幼儿阅读习惯的培养及书香校园氛围的营造。

二、七七美听：创有吸引力的线上绘本共读平台

有声书是一种个人或多人依据文稿，并借助不同的声音表情和录音格式所录制的作品，常见的有声书格式有录音带、CD、数位档（例如 MP3）。有声书一词约在 20 世纪 80 年代出现，意味着这是一本用声音来表达内容的书，人们最为常见的有声读物种类是有声小说，有声绘本。

幼儿园幼儿的识字量有限，通常无法独立阅读绘本，有声绘本在阅读时

不受识字量的影响，不受时间和空间限制，适合幼儿园幼儿倾听。

为了培养幼儿的阅读兴趣，营造书香校园的阅读氛围，从而促进幼儿养成终身阅读的良好习惯，我园通过微信公众号平台，开设了一个鼓励全幼儿园师生、家长共同参与的绘本共读专栏：七七美听。

刚开始开设七七美听专栏时，我们采用的是教师领读模式。学期初由园所根据不同年龄段幼儿的年龄特点、园所主题、培养目标，选取具有代表性的优秀绘本20本，园所教师自愿报名从中认领绘本，担任每期领读人角色，提前录制好语音。每周五晚上是七七美听的发布时间，每个班的教师会将公众号链接发在班级群中，幼儿或家长点击即可快速进入，家长和幼儿也可以自行进入公众号反复阅读。每一期七七美听由五部分组成，第一部分为领读教师的图文介绍，第二部分为绘本名称、封面、推荐理由，第三部分为录制好的故事语音，第四部分为绘本的完整图文，第五部分为下期绘本预告。在七七美听专栏，幼儿可以边欣赏教师为他们精心挑选的绘本图片，边倾听熟悉的老师为自己录制的极富感染力故事语音。相比其他 App 上没有图片、鱼龙混杂的有声读物、更加适合幼儿年龄特点，七七美听更有吸引力，也更让家长放心。

在七七美听开展一学期后，幼儿们在老师的示范引领下，也产生了在七七美听中担当领读人，给所有人分享绘本的愿望。于是七七美听开设了亲子共读版。亲子共读版将领读人变成了幼儿家庭，将语音改为了视频。全园幼儿家庭都可以报名担任领读人，提前选择好自己喜欢的绘本，报给教师审核，然后录制好亲子共读视频，幼儿园统一排版。让所有人看到自己，听到自己讲故事的七七美听，成为幼儿的热望。"你上七七美听了没？""我看到你和爸爸的阅读视频啦，你讲的故事真好听。""我下次还要报名上七七美听，我要讲……的故事！"这些成为幼儿间的潮流话题。能鼓励孩子挑战自我、自信展示自己的七七美听，也成为家长的心头好。亲子共读版的出现，大大调动了全园幼儿的阅读积极性，学期初开始，幼儿便开始积极预订名额，甚至不得不加更到一周两期，以满足幼儿的阅读分享热情。

智慧教育与传统绘本教学结合下产生的绘本共读专栏，调动了全园教师、家长、幼儿参与阅读的积极性，也让阅读更便捷更有趣、更加有意义、更加有挑战性参与性，有利于幼儿阅读兴趣的培养，营造全园阅读、书香校园的阅读氛围。

三、利用班级区角，故事录音播放，自主阅读更简单有趣

幼儿教育以游戏为主要方式，通常在班级中设置各种区角，供幼儿自主游戏，如角色区、阅读区、表演区、科学探究区、美术区。我园无论小班、中班、大班，幼儿们在参与区角游戏时有一个共性，就是很少愿意去阅读区阅读，有部分幼儿即使去了，也只待一小会，随便翻几本书就离开了。询问了解，幼儿反馈说因为看不懂图书，所以觉得看书有点无趣。对幼儿来说，他们的识字量不足，语言表达能力和故事创编较弱，仅仅欣赏图片，无法让幼儿真正理解绘本中的内容，感受绘本故事的语言美、情感美，及蕴含在绘本中的教育意义，他们无法完全体会到阅读的乐趣，因此出现了阅读区几乎无人问津的情况。

培养幼儿的阅读习惯，应该先让自主阅读变得更简单。笔者首先在班级的阅读区中，投放了七七美听上共读过的绘本，这些绘本对幼儿来说比较熟悉、能独立阅读。接着，购买了 20 个便捷录音设备，请全班幼儿在班级阅读区中投票选出最喜欢的 20 本绘本，由教师录制成语音，贴上对应的绘本封面，投放在阅读区。幼儿可以在选择好自己想看的绘本后，找到对应的录音设备，只用按一下按钮，便能听到故事了。一段时间后，幼儿逐渐熟悉了这些绘本后，再将录音逐步更替为新的故事内容。

现在，在班级区角游戏时间内，阅读区成为大多数幼儿的首选，他们会坐在小沙发或小垫子上，边听录音边欣赏绘本，沉浸在阅读的快乐中，能独立阅读的绘本也越来越多。部分幼儿熟悉了绘本后，开始尝试自己阅读或是学着老师的录音，给其他幼儿讲绘本故事。从主动听绘本，到主动读绘本、主动讲绘本，他们渐渐将绘本里的内容吸收内化，阅读能力、语言表达能力得到了很大提升。

智慧教育与绘本教育相结合，让自主阅读更加简单有趣，并能将阅读推广有效落实到班级中的每一个孩子，有利于全体幼儿阅读兴趣的培养，营造

全园阅读、书香校园的阅读氛围，有利于幼儿终身阅读习惯的培养。

教师，应该充满教育智慧。要善于抓住教育中无处不在的智慧教育契机，留心观察，善于思考，大胆尝试，常常反思，与时俱进，践行智慧教育的理念，将智慧教育与教育教学深度融合，不断提升自己的教育教学能力，结出更多智慧教育的果实。

幼儿音乐，借信息手段智慧化教学的研究

◇成都市武侯区第十九幼儿园

摘　要： 信息技术与幼儿园音乐教学活动的融合，不仅有助于激发幼儿的学习兴趣和积极性，提高幼儿的主体地位，还提高了幼儿园音乐教学活动的质量，优化了幼儿园音乐教育活动的教学效果。为推动信息技术与幼儿园音乐教学活动的有效融合，本研究运用访谈法、观察法和实践研究法，从课题组的十个信息化音乐教学的案例展开深入研究，分析并探讨信息技术与幼儿园音乐教学相融合的作用和所存在的问题。通过案例研究总结经验并提出策略——情景探究式教学模式，结合传统音乐教学手段，给孩子创设良好的学习氛围，促进信息技术与幼儿园音乐教学活动有效融合。

传统的以教师示范演唱、图画等形式为主来讲解幼音乐活动，已无法适应新时代的幼儿音乐教育。以图像、动画、音频、录频投屏采集为主要方式，将信息技术与幼儿园音乐活动相结合，不但充实了内容，还增加了孩子参与度，以视觉听觉触觉结合方式营造出的情景教育，带给孩子不同感官的冲击，进而提升音乐教学，促进孩子的艺术发展。

信息技术与幼儿园音乐教学活动融合采用什么方法？有什么发现？有什么作用？有哪些问题？如何解决这些问题？我园的十个案例将从以上几点进行研究，具体如下：

一、研究方法

本研究中，信息技术与幼儿音乐教学活动融合的十个案例，均来自我园的微型课题组。课题组的老师实践参与每次活动，通过观察法、访谈法及案例分析法，对案例进行全方位的记录，并在活动结束后对案例进行再分析——

再总结—再实践。案例的基本信息如表1所示。

表1 案例基本信息

序号	名称	年龄段	教学时长
1	猴子打妖怪	大班	30分13秒
2	战胜牙细菌	中班	21分15秒
3	咚咚锵	小班	16分10秒
4	小鸡快跑	中班	20分10秒
5	雨点跳舞	中班	19分27秒
6	买菜	中班	19分30秒
7	毛毛虫吃苹果	大班	27分34秒
8	泡泡糖	小班	15分10秒
9	走路	小班	14分40秒
10	小小侦探社	大班	28分18秒

二、研究结果与发现

通过对十个案例进行观察分析，我们将从信息技术运用的总次数、多媒体元素以及音乐课件制作的软件三个方面，来分析信息技术在幼儿音乐教学活动中的应用情况。

（一）信息技术的使用总次数

本研究将信息技术界定为，幼儿园教师通过良好的信息技术设备，制作形象生动的多媒体课件，或将音频、视频等媒体内容通过电视、电脑、蓝牙音箱等设备播放，作为辅助幼儿园音乐教学活动的一种教学手段。信息技术使用总次数根据在音乐教学过程中无间断地使用一种信息技术为一次来计算。整体来看，这十个案例使用频次较高，有70%都在10次以上（见表2）。

表 2 十个案例的信息技术的运用情况

序号	名称	运用总次数	多媒体元素	软件	使用效果
1	猴子打妖怪	15	图像、动画、音频	PPT、Adobe AI、希沃白板	注意力：集中 参与性：主动 目标达成：较好
2	战胜牙细菌	13	图像、视频、音频、动画	PPT、希沃白板、班级优化大师	注意力：集中 参与性：主动 目标达成：较好
3	咚咚锵	10	图像、音频	PPT、希沃白板、来画	注意力：分散 参与性：主动 目标达成：较好
4	小鸡快跑	12	图像、动画、音频	PPT、来画	注意力：集中 参与性：主动 目标达成：较好
5	雨点跳舞	9	图像、音频	PPT、Adobe AI、班级优化大师	注意力：集中 参与性：主动 目标达成：较好
6	买菜	17	图像、音频	PPT、Adobe AI	注意力：集中 参与性：主动 目标达成：较好
7	毛毛虫吃苹果	16	图像、音频、动画	PPT、希沃白板	注意力：集中 参与性：主动 目标达成：较好
8	泡泡糖	8	图像、音频	PPT	注意力：集中 参与性：主动 目标达成：较好
9	走路	7	图像、音频、动画	PPT	注意力：集中 参与性：主动 目标达成：较好
10	小小侦探社	15	图像、音频、动画	PPT、希沃白板	注意力：分散 参与性：主动 目标达成：较好

（二）多媒体元素的运用

多媒体元素主要包括了图像、视频、动画和音频。在案例中，使用比例最高的是图像和音频，占 100%，其次是动画，占 60%，最后是视频，比例占 10%，媒体元素的运用也比较均衡，图像、动画、视频和音频均以不同的组合方式在教学中出现（见表 3）。

表 3　多媒体元素在案例中的使用情况

序号	名称	重点	信息设备选择	多媒体元素	应用目的	应用时长
1	猴子打妖怪	通过学本领打妖怪，掌握四个本领的基本动作和玩法，能够在"变"的本领中创造不同的造型	一体机、电脑	图像、动画、音频	图像及动画生动形象的展示故事中的角色，便于幼儿对角色动作的创编	18 分
2	战胜牙细菌	根据歌曲的旋律和结构，迁移已有的动作经验，尝试创编动作进行游戏	一体机、电脑	图像、视频、音频、动画	图谱便于幼儿掌握韵律节奏	17 分
3	咚咚锵	在锣和鼓的游戏中，模仿两种乐器的音频与节奏的变化	一体机、电脑	图像、音频	音频便于幼儿掌握乐器的音频	10 分
4	小鸡快跑	迁移对身体部位认识的经验，尝试创编梳羽毛的动作	一体机、电脑	图像、动画、音频	图谱帮助幼儿更好地掌握节奏	15 分
5	雨点跳舞	熟悉歌曲的旋律，初步学唱歌曲《雨点跳舞》	一体机、电脑	图像、音频	图像帮助幼儿更好地理解歌词	12 分
6	买菜	理解歌词，能随着音乐有节奏的说唱	一体机、电脑	图像、音频	图像及音乐欣赏让幼儿感受到买菜的热闹氛围	13 分
7	毛毛虫吃苹果	能够两两合作表现毛毛虫雕塑苹果的动作及雕塑后苹果的动物造型	一体机、电脑	图像、音频、动画	出示图谱便于幼儿掌握节奏，感受音乐的乐趣	18 分
8	泡泡糖	能够发现儿歌速增的韵律及参与创编泡泡糖黏住身体两个部位的动作	一体机、电脑	图像、音频	图片展示便于幼儿更好地理解小丑先生吹泡泡糖的动作	14 分
9	走路	初步了解几种常见小动物的行走姿势	一体机、电脑	图像、音频、动画	动画出示更好的掌握动物走路的样子，便于模仿	13 分
10	小小侦探社	创编不同交通工具，并能够做出相应变化的表演	一体机、电脑	图像、音频、动画	动画便于幼儿更好模仿各种交通工具出行的动作	19 分

在案例"走路"中，教师首先进行故事导入，直接引入到活动主题，并播放节奏欢快整齐的《走路》歌曲，以引导幼儿初步了解几种常见小动物的行走姿势，并在集体面前大胆表演，在轻松愉快的环境中学习儿歌。在此教学活动中，教师综合使用图像、音频、动画等媒体元素，营造了绘声绘色的教育情景，并带给幼儿更多的感官感受。

（三）教学活动中软件的运用

在制作与设计课件过程中，老师充分利用各种软件来有效优化教学课件，如希沃白板、PPT、Adobe AI 等。如表 2 所示，PPT 使用率最高，占 100%，希沃白板占 50%，Adobe AI、来画、班级优化大师各占 20%。在教学案例"战胜牙细菌"中，教师运用班级优化大师完成个性化点名，并引导孩子直接进入活动情景中。在活动实施过程中，教师运用希沃白板制作情景小游戏，让幼儿直接了解故事内容。整个活动体现了教师对软件的充分运用。

（四）使用效果

通过信息技术的使用，各年龄段幼儿的音乐素养有了一定的提升，教师不再局限于学唱歌曲和模仿动作，而是让幼儿真正融入音乐环境中，从音乐中提炼不一样的情感情绪，发挥想象力及创造力。

三、融合信息技术，对幼儿音乐教学智慧化的作用

（一）通过信息技术，营造出良好的教学氛围

教师在音乐教学中抓住幼儿的好奇心理，使孩子体会音乐活动的魅力并且主动地和老师进行肢体语言互动，让幼儿在音乐教学中形成良好的理解能力。另外还可以在宽松的教学氛围中丰富情绪，促进幼儿对音乐的欣赏力、创造力的提高。

例如，老师在课堂教学"买菜"中，儿歌的歌词是："今天的天气真呀真正好呀，我和奶奶去呀去买菜，鸡蛋圆溜溜呀，青菜绿油油呀，母鸡咯咯叫呀，鱼儿蹦蹦跳呀。"老师利用信息技术制作形象生动的视频，在视频中，给鸡蛋做一对灵动的眼睛、让母鸡和鱼儿动起来，突出事物特征和姿态。这样可加强幼儿对歌词的理解及加深对音乐的感知。

（二）借助信息技术，搭建生活化的音乐场景

结合幼儿年龄特点及实际情况，将幼儿园音乐生活化，促成幼儿在音乐学习的过程中形成良好的生活习惯、卫生习惯，帮助幼儿养成正确的生活认知。例如，案例"洗手歌"中，老师利用信息技术制作的简短洗手动画，让幼儿理解和认知歌词，让幼儿将歌曲中的良好习惯在实际生活中充分体现，并进行拍照或录视频，通过投屏让大家一起观看学习，在看一看、听一听的过程中不仅体验到了学习音乐的乐趣，同时也帮助幼儿养成良好的生活习惯。当然在实际生活操作过程中，也要将歌曲内容进行反复哼唱，比如："洗手时，大拇指应该怎么洗？指缝怎么洗？手腕怎么洗？"通过音乐和动画片的有效结合，老师可以有趣地询问，如："两个好朋友有没有手碰手啊？大螃蟹的动作怎么做呢？"面对老师有趣的询问，幼儿会积极地回答，有利于老师进行生活知识的讲解，掌握幼儿学习情况，丰富其生活经验。

（三）借信息技术手段，提升表演能力

在幼儿园的音乐教学中，老师不但要关注幼儿学习音乐的兴趣度，还要让幼儿通过表情、动作、声音等来表现音乐内容，从而突出幼儿在教学中的主体地位，让其收获学习音乐的成就感和满足感。因此将信息手段与幼儿园音乐相融合，通过动态图谱分解歌词或律动结构，让幼儿在情景游戏中理解歌曲和自由表现自己。

例如，在进行"走路"教学时，老师将多种动物的叫声通过信息技术加以形象地展示，出示动物的某一部位并播放它的叫声，让幼儿猜猜是哪种动物，并进行声音和行走动作的模仿，你来做一做，我来做一做，看谁模仿得最像。借助信息手段的展示，形象生动的动物叫声及动物图片，会瞬间吸引幼儿眼球及注意力，再逐步根据歌词，完成情景游戏中的角色扮演，进一步完善与幼儿合作完成的音乐作品，使幼儿在角色表演中或在音乐游戏中掌握音乐结构，同时还可以让幼儿在今后的音乐学习中表现得更加积极主动。这种融合方式使孩子在深入音乐游戏的认知过程中，培养了孩子对音乐的基本理解，有效丰富了音乐课堂。

（四）通过信息手段，解决音乐活动的重难点

信息技术运用适合的声音、生动的图片、有趣的动画，迅速激发幼儿参

与音乐活动的兴趣。在"战胜牙细菌"的导入部分，通过故事配上形象的牙卫士图片，小朋友们瞬间就将自己想象成牙齿小卫士，很自然地就进入音乐活动中，兴趣浓厚。在熟悉音乐环节中，教师设置会跳动的牙细菌，8个跳动的牙细菌跃跃欲试，感觉快要从嘴巴里跳出来一样，小朋友们开始兴奋尖叫，活动氛围顿时欢乐了许多，大大地释放了幼儿活动的热情。

而本节课的律动瑞典狂想曲属于"ABAC"结构，幼儿很难把控好音乐节奏。因此制作了动态图谱，将音乐和故事情节融合在图谱中，幼儿很快就能跟随图谱提示做相应动作，如当提示到有脚的位置，表示牙卫士在快乐行走，当提示细菌时，表示牙卫士要快速躲起来，趁着牙细菌不注意，用水枪或牙刷消灭它。这充分发挥了幼儿的主体性，有效解决活动重难点。

四、信息技术与音乐教学融合存在的问题

本次的十个信息化音乐教学案例，教学课件比以往的课件都好得多，但并没有尽善尽美，技术与幼儿音乐教学活动融合存在下列问题。

（一）信息手段运用太多，教学主次颠倒

虽然信息技术是辅助音乐教学活动的有效工具，但由于部分老师在教学活动设计及教学环节安排上，教学中运用过多，容易导致幼儿将注意力转移在作品中，无法思考和探讨教学本身，缺乏探究性，音乐教学效果主次不分明，重难点不明显。同时，幼儿注意力易被课件里的动画或图片等所转移，导致不能及时听到老师发出的指令。

比如"小鸡快跑"，目的是引导幼儿在熟悉故事的基础上，借助小鸡散步，梳理羽毛，看一看，吓一跳，快快跑，躲起来的情景线索，感受乐曲"ABAB"的音乐结构。但是教师如果先引导幼儿感受与欣赏音乐，幼儿随图谱进行表演，图谱的使用就变成了图片"满天飞"，让人眼花缭乱，不知道该看哪张图片，从而忽视了教学目标及重难点。在某些环节，个别老师甚至为用技术而用技术，教学活动看似先进，实际上成了信息技术的乱堆砌。

（二）过于倾向技术，忽视传统教学有效方法

信息技术应用在幼儿园音乐教学活动中，不仅能调动幼儿学习兴趣，还

提升了音乐课堂效果。不过在学前教育阶段，它还无法彻底取代传统的教育手段，因为采用实物进行游戏，依然是不可或缺的手段，能用实物操作的环节也就不要用信息技术。

在案例"战胜牙细菌"中，教师引导幼儿用牙刷或牙膏消灭牙细菌时，全程出示图片，让幼儿看着图片进行相应的动作练习。虽然幼儿注意力比较集中，但是基本上是被动接受知识，没有自己的思维。如果加上牙卫士的头饰，再手拿牙刷或牙膏，采用实物进行情景游戏，幼儿就能真正融入情景游戏中，整个活动就会显得有"思想"、有"灵魂"。

五、情景探究式教学：信息技术与幼儿音乐教学融合策略

在音乐教研过程中，我们发现通过"情景探究"式教学模式（见图 1），能够为幼儿营造一个良好的学习环境。通过教师的引导和对幼儿的提问，调动幼儿的兴趣点，启发他们独立思考。同时，在利用信息技术的辅助教学下，让幼儿在轻松的学习氛围中找到自己的答案。幼儿可以根据对音乐的情感以及动作来表达对音乐活动的感受，教师对此进行评价，实现了信息技术与幼儿音乐教学活动的有效融合，幼儿的音乐素养得到了发展。

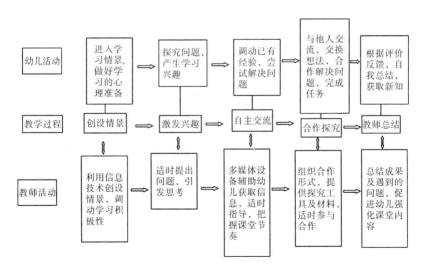

图 1 "情景探究"式教学模式

根据情景探究模式设置的观察记录如表4所示。

表4　信息技术在幼儿园音乐教学活动中课堂观察记录

观察者	彭尹	观察对象	大班幼儿
观察时间	2022年11月9日	观察地点	教室
环节、幼儿表现	语言	动作	参与性行为
导入环节	让幼儿回答为什么牙卫士的眼睛是闭起来的? 睡着了/不开心	1. 仔细听音乐前奏 2. 自觉表演	积极回答问题,师幼互动性强
情景设置	原来牙卫士被施了魔法,能量槽的能量没有了。怎样才能帮助它充满能量? 刷牙消灭牙细菌	1. 看图片 2. 幼儿基本上端正坐好,仔细观察图片内容	幼儿积极回答如何帮助牙卫士补充能量槽的方法
音乐分解	可以有哪些办法躲避牙细菌? 用手遮挡眼睛/蹲下/躲在凳子后面	1. 看图片 2. 随音乐做动作:走、躲、看、消灭	互动性强,参与性强,愿意大胆表现自己
幼儿表演	一边表演一边用嘴巴发出工具的声音	1. 听音乐 2. 随音乐做动作:轻轻走、用手遮挡眼睛、双手放在额头前看、手伸直消灭细菌	主动进入角色中,最终创编各种动作
延伸活动	细菌还会回来,要注意哪些方面? 少吃糖/少吃甜的	1. 坐好 2. 看图	认真回忆以往知识

（一）创设生动的情景

情境创设的目的就是调动幼儿的想象力和创造力,让幼儿将自身的情感、行动、意愿等整体融合起来。如学习中班幼儿律动"小小侦探社",这个音乐律动没有歌词,而且手部动作很多同时还要配上脚步的动作,这节课对中班孩子来说稍有难度。于是我们将这堂课与信息手段融合,课堂的氛围立马就被调动起来了。教师利用有趣的动画进行情景导入——"今天农场主丢了几只羊,怎么也找不到。我们小小侦探们一起去帮农场主找羊吧!"教师配合着小羊的声音，以及寻找交通工具的动画，做出寻找羊的动作，在轻松而又欢快的音乐节奏中，自然地进行律动动作学习，促使幼儿很快进入角色当中，仿佛每个幼儿就成了真正的侦探，正在努力开车寻找丢失的小羊。

信息技术的使用，将枯燥乏味的语言导入变成了轻松愉快的情景导入，充分发挥了信息技术应用的优势，同时又实现了音乐活动的情境性、趣味性。

（二）突出幼儿的主体地位

对比以往的信息技术与音乐教学融合案例，"情景探究"式教学是一种注重幼儿的自主探究和自主学习的新型模式，以音乐内在的特殊性和感染力来唤醒幼儿的主体意识。案例"泡泡糖"里，老师出示泡泡糖和小丑先生吃泡泡糖的图片，问道："你们知道这是什么吗？""你们吃过泡泡糖吗？""你们吃的泡泡糖都黏到过哪里？""那你们猜猜小丑先生的泡泡糖会黏到身体哪些部位呢？"教师为幼儿创设层层递进式情境问题，让幼儿在问题情境中迁移已有经验，使幼儿主动、积极、自觉解决新问题。在这种教学环境中，孩子的主体能力获得了极大的发展，同时幼儿的学习探索能力也受到了提升，充分体现了孩子在教学中的主体作用。

（三）教师的引导：把握节奏，启发提问

1. 把握课堂节奏，适合年龄特点

"情景探究"式教学模式中，教师的引导作用十分重要。音乐从导入部分到认知建构部分、初步练习环节，再到进一步完善并享受作品环节，基本上会经过"感知—理解—运用"这一过程，而幼儿年龄特点不同，每个年龄段活动时间就会有所不同。因此要根据幼儿年龄特点把控好上课节奏，比如，中班幼儿上课时间应控制在 20 分钟内，那么导入部分时间最好控制在 1 分钟内，认知建构部到初步练习环节时间应控制在 15 分钟内，最后的进一步完善并享受环节应控制在 4 分钟内。除了时间上需要把控好，熟练地掌握教材内容也很必要，根据教材内容综合应用信息技术去辅助教学，"哪个环节需要信息技术应用，应用时间、应用元素""哪一个知识点需要深挖"诸如此类问题应考虑。

2. 适时启发式提问，师幼有效互动

在幼儿音乐教学活动前，教师应认真准备教材，紧扣活动的重难点，围绕幼儿年龄特点，结合幼儿前期经验，为幼儿营造良好的活动情境，提前准备各种启发性的问题，拓展幼儿思维，增强对音乐的理解。

如案例"毛毛虫吃苹果"中，老师给幼儿讲完故事后可以提问："你是喜欢故事中的毛毛虫还是苹果呀？"并让幼儿说说为什么喜欢故事中的毛毛虫或苹果。让幼儿根据老师的问题进行思考，在思考过程中，将毛毛虫吃苹果的故事记在心中，以此达到提问目的。同时，老师提出启发式的问题后，还要鼓励幼儿用连贯的语言表达自己的感受、认识、思考等，自主探究，实现良好的师幼互动，以此取得良好的教学效果。

3. 多方式评价，中肯反馈

通过自评、互评、师评的方式对探究结果进行反馈，老师将评价和改进权归还给幼儿，让幼儿有机会不断学习如何进行自我评价和自我改进。同时教师也可以为孩子提供全面彻底的方向性指导，这时教师的评价反馈会促进幼儿的自我总结，获取新知识。

数据呈现，个性化教学：基于 MT 平台的"混合式学习"模式

◇成都市棕北小学

摘　要： MT 平台由学习系统与游戏化测评系统组成，是混合式学习的线上载体。学生在"自主学习微课、完成互动课件，教师线下课堂重点难点讲解，完成随堂测试"的混合式学习模式下，由 MT 平台收集其过程性学习数据，再结合平台的特色游戏化测评系统对学生数据收集，形成学生以布鲁努目标为基础的个性化数据档案袋，帮助教师为其制订个性化学习方案，发展其核心素养。

混合式学习，就是把传统学习方式的优势和网络化教学的优势结合，将学生的日常学习转化为各项数据，生成学生的个性化报告，达到大班教学下的因材施教，达成教学过程中既能够体现教师的主导性，也能体现学生的主体性目的，促进学生自主学习能力、协作沟通能力和创新能力等核心素养的提升。

开展"混合式学习"，离不开线上学习平台的帮助，为此，成都市棕北小学自主研发了包含学习系统与游戏化测评系统两大部分的 MT 平台。以 MT 平台为载体，学生进行线上学习的同时，实时完成了各项数据收集，进而形成学生的数据报告，帮助教师对学生情况进行更精确的掌握，以及时调整教学方法，为教学提供决策依据。

一、自主学习，随堂评测：MT 平台学习系统如何促动学生 "混合式学习"路径

（一）MT 学习系统的功能模块

MT 学习系统（见图 1）承担了"混合式学习"中线上学习的部分，主要由三大部分组成，分别为微课视频、互动学习课件与随堂测评。

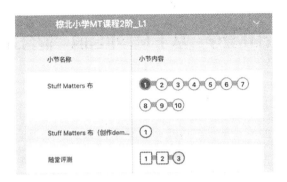

图 1　MT 学习系统

微课视频里所讲解的内容，为陈述性知识或程序性知识（如实操演示类），以动画的形式呈现，学生可反复观看。

互动课件，是指具有交互和多媒体特点的教学课件，在希沃白板中，通常作为"课堂的调味剂"出现，其趣味的形式与互动的体验，对学生而言有一种天然的吸引力，借此，MT 平台开发并设计了互动课件，将知识点融入其中，借助学生对其兴趣促进其线上学习的主动性（见图 2）。

图 2　互动课件

随堂测评，是对学生线上学习进行必要的督促，教师也可根据随堂测评的数据，不断有针对性地调整教学策略。

（二）四个维度，科学评分：学习系统的数据收集

系统将从四个方面采集、分析数据："学习专注度""知识掌握度""理解力"和"学习积极性"数据，如图 3 所示。

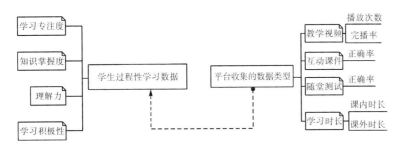

图 3　数据采集与分析

　　"学习专注度"得分，来自学生观看教学视频的完播率、互动式课件正确率以及随堂评测正确率，占比分别为 20%、60% 和 20%。

　　"知识掌握度"得分，直接取自互动式课件正确率以及随堂评测正确率，占比分别为 70%、30%。

　　"理解力"得分，来自学生观看教学视频的次数、互动式课件一次性正确率和随堂评测正确率，由观看次数得出一个观看得分，次数越多，观看得分越低。随后合并计算出"理解力"得分，三项占比分别为 20%、60%、20%。

　　"学习积极性"得分，来自学生的学习时长，将下午 6 点之后的登录，以及周末的登录，视为"课外时长"，其他则为"课内时长"。再将"课外时长"乘以系数 1.5 和"课内时长"合并，得出了一个学习时长总分，再对该分数做归一化处理，得到一个处于 0 到 1 之间的数，也就是最终的"学习积极性"得分。

　　STEAM 能力值、布鲁姆思维模型：每一个互动式课件以及每一道习题都包含有 STEAM 维度和布鲁姆维度的标签，并且按相关度"低、中、高"三个档次标记，分别记 1、2、3 分，根据学生对互动式课件操作的正确率进行给分（比如某一页互动式课件含有一个 3 分的"科学"标签，某学生在这一页上的操作正确率是 60%，那么他可以获得 60%×3＝1.8 分的"科学"维度得分），习题则是做对了才得分。最后将学生每一个维度所得的分值相加，再进行归一化处理，得到一个位于 0 到 1 之间的分值。

　　（三）教学实例：学习系统使用的方法策略

　　"混合式学习"最早出现在企业培训，因其对学生自主学习能力要求较高，现在多应用在高中、大学各类课堂上。

对小学生而言，其自主学习意识较差，不能离开教师的督促。如何借助 MT 平台开展"混合式学习"，我们以某校三年级为样本，进行了探究。

以校本课程中"认识不同的材料——布"这一课为例，可以将学生的学习步骤分为四步分别为：①观看知识微课；②通过互动课件学习；③随堂评测；④取用材料实际动手操作完成作品，在有困难时上机观看动手操作辅助视频。表 1 是三个采用不同教学流程的班级的三项数据的统计情况。

表 1 三个班级的三项数据的统计情况

班级	学习流程	学习时长	随堂评测完成率/%	随堂评测正确率/%
A班	在家自主学习①②③→④		26.00	12.50
B班	上课集中学习+重点内容讲解①→④②③		56.25	33.00
C班	上课自主观看①②→集中讲解重点内容→④②③		88.10	41.49

注：①代表观看知识微课。②代表通过互动课件学习。③代表随堂评测。④代表取用材料实际动手操作完成作品，在有困难时上机观看动手操作辅助视频。⑤→代表模式转换。

在学习时长方面，重点统计了①和②环节的学习情况。数据呈现采用了箱线图，避免了学习时长"被平均"的情况。分析表 4 数据，B 班采用教师组织下集中学习模式的班级，参与度是最高的，而采用自主学习模式的 A 班和 C 班，参与度明显低于 B 班，这说明学生更习惯于由教师组织的学习，自主学习时会忽略一些重要细节，对核心知识的理解不到位，自主学习的意识和习惯还需要持续培养。

互动课件的设计，难度逐渐提升。分析 B 班和 C 班数据，学生自主完成①和②的学习后，由老师的集中讲解，是突破难度的重要教学策略，在学生自主学习能力较弱的时期是非常必要的。

随堂评测，在二阶课程中，每一模块设计了两道题目，考察的是学生对核心知识的综合运用、理解迁移，有一定难度。分析表 4 数据，当把随堂评测放于该模块所有学习完成后进行（B 班和 C 班），完成率和正确率都会高于仅完成①和②环节就进行评测的 A 班，这说明动手操作完成任务，以及在完成任务过程中的师生互动、学生互动，对学生核心知识的理解和掌握起到了积极作用。

因此，基于 MT 平台的混合式学习策略为"学生在校自主学习知识微课和互动课件—教师依据数据集中讲解学生有困难的知识—完成实操任务"（见图 4）。

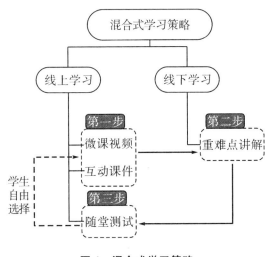

图 4　混合式学习策略

二、游戏化测评系统：趣味测评，个性化数据

（一）游戏化测评系统：功能与目的

该测评系统的最大特点为游戏化测评界面与以及以布鲁姆目标为基础的对学生形成性数据的收集。

在"双减"政策下，教师的教学目标从培养孩子的"应试"能力到培养学生的核心素养，其关键步骤测试的方式也应该迎来变革。游戏化测评系统就是对"新测试"的一种大胆尝试。

相比较于传统的数字测评系统，该游戏化测评系统展示给学生的界面更具有趣味性，学生在地图中以探险的模式找到"钻石"，完成对应题目，收集钻石（见图5）。每做完一道题目，会立即反馈答案的正确与解析。这样的方式，将测试过程中将获得"好分数"的比重通过测试形势降低，而增加了测试本身的目的——检测知识的掌握程度。

学生在完成测试，寻找每一颗钻石的路途，是对学生的读图能力，统筹规划能力的持续培养。

游戏测评系统中每一道题目，都带有以布鲁姆目标的层次标签，在学生进行游戏化测评的同时，收集学生的思维能力图谱，数据越多，对学生的个性化描述就越准确。

图5　游戏化测评系统界面

教学实例：数据收集效能。

游戏化测评系统的"游戏"，在提升学生做题兴趣的同时，究竟会不会影响学生在测试时的效能？以某校二年级的学生为例进行了数据分析。

1. 评测工具及参与班级

线上评测班（游戏化地图评测）：二年级五班。

线下对比班（纸笔评测）：二年级三班。

2. 班级分析

班级分析情况如表2所示。

表 2　班级分析情况

对比项目		班级		
		线上评测班	线下对比班	备注
样本/个		44	44	—
班级正确率/%		83	80	—
答题时长/分钟	最长	60	38	—
	最短	21	16	—
	全班平均	40	—	—
	正确率高	33	约 33	样本数量 3
	正确率低	40	约 35	样本数量 3
正确率低于 80% 的学生/人		15	20	—

与线上评测班对比，线下对比班正确率靠后的学生（答对 31 题的三位学生），耗时均在 35 分钟左右，与线上评测 40 分钟左右相差不大。线下答题正确率最高的学生（答对 48 题），耗时 33 分钟左右，线上评测正确率较高的学生耗时也为 33 分钟。

线上评测中，学生还需要在复杂的地图环境中规划线路，找到"钻石"（题目），由此可以看出，游戏化的评测，对于这部分学生来说，并没有耗费大量时间用于寻找题目。

（三）学生案例分析：客观分析，个性化学习

对学生多维度数据的分析，有助于帮助老师为学生制订个性化学习方案，达成"因材施教"。以图 6 学生 A 为例，其在日常生活中的学习行为差，没有耐性，容易情绪失控，普通考试成绩差，是一个较为典型的"学困生"。在通过数字化测评平台收集该学生的个性化数据时，数据显示，学生 A 的多项数据均高于班级平均分。

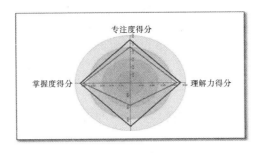

（a）学生基本特征值

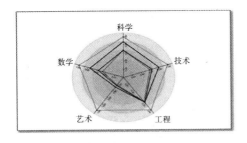

（b）STEAM 能力值

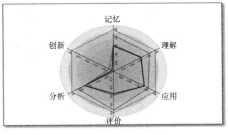

（c）布鲁姆思维模型

图 6　学生 A 的情况

分析以上数据，可以看出，学生 A 在数学、科学、技术领域具有潜能，也展示出其创新思维有待发展。结合学生 A 在课堂的表现，也发现他在科学、数学课程上的表现要好于其他课堂，基于此，教师针对他更感兴趣、注意力更集中的如数学、科学课堂，制订个性化学习方案，在兴趣基础上，逐渐培养学习习惯，以助他在其他学科课堂的发展。

通过 MT 平台对学生的学习行为进行数据收集和分析，从中挖掘学生群体性学习特征，帮助教师做出下阶段的教学决策，弥补传统课堂的一些短板，提升学生的学习核心素养，增强教师与学生之间的互动和交流，使学生能在这种协同式的学习中，获得更好的学习效果。

排球教学与信息技术融合的智慧化教学实践

◇成都市武侯实验中学附属小学

摘　要： 为了提升小学排球教学效果，采用文献资料、教学实验等研究方法，探讨智慧教育理念下排球教学活动设计及实践运用。结果表明，智慧教育理念下，排球教学活动设计，借助信息化技术，提高课前预习效果；数字赋能智慧教学，提高课堂教学效果；依托智慧技术，挖掘课后练习效果。对于促进小学生排球运动技术掌握和兴趣培养高，具有积极的作用。

排球是小学体育教学的重要内容之一，对于女排精神的传承、培养学生团队精神具有重要的作用。目前，由于教学理念更新不及时、教学方式较落后、教学评价缺少数据支撑、教学内容缺少针对性等问题，学生兴趣不高，教学效果不尽如人意。

部分一线教师从分层教学、快乐教学等视角进行教学改革，对于提高小学排球教学质量，起到了积极的促进作用。结合现有研究成果，本研究尝试借助信息化技术手段，以数据驱动为基础，探索智慧教育在体育教学中的应用，这是小学排球教学改革的突破方向。

一、信息技术赋能，排球教学智慧新样态

传统排球课以"填鸭式"教学为主，通过教师讲解示范，学生模仿练习等进行教学，教学过程设计以"教""练"为主，具有一定的局限性。

智慧教育理念赋予排球教学课堂设计更多内容，突破了传统排球教学理念、时空、方法等制约，运用现代化技术手段激发体育课程活力，更好地实现排球教学全过程育人功能（见图1）。智慧教育理念下小学体育课堂教学设计包括以下几个方面的内容，教学活动设计围绕以下内容进行展开。

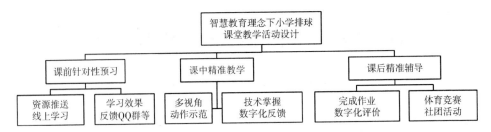

图 1　智慧教育理念下小学排球教学活动设计

（一）借助信息化手段，推动课前预习

课前预习可有效实现课堂教学的前移，促进课堂内外一体化进程，借助智慧化教学进行导入式学习。新授内容可以借助 App 学习、通过网络查阅相关知识、视频学习等方式，加深学习内容的理解，建立完整的动作技术概念，以垫球技术动作学习为例，课前教师把学习资料推送学生，包括相应技术要点和相应视频，学生通过反复观看，通过适度模仿的方式，积累成功或者失败的学习经验，从而对"排球垫球技术"中"1 插 2 夹 3 提 4 蹬"这四个关键动作有更深层次的理解，课堂教学时，在此基础上有针对性地指导，可以增强课堂教学效果。对于复习提高内容，可以根据学生自身动作的数字化分析反馈，调动学生主动改进的积极性，实现以学生为中心的学习理念。同时课前高效化的预习，也为课堂教学实现"少讲多练"提供保障，更有效地发挥课堂教学效果。

（二）数字赋能排球，优化教学方式

传统排球教学以教师示范为主，虽然具有便捷性和易操作性，但是可能存在教师专业能力不足的问题。现代智慧技术的运用，可以将优秀排球运动员动作技术的不同视角、不同速度、不同力量进行全方位展示，有效弥补传统示范教学的不足。视频内容还可以通过奥运冠军的动作示范，进行为国争光的爱国主义教育，实现课堂思政，达成体育育人功能。

同时教师对学生的排球动作练习情况适时抓拍，运用信息手段如手机投屏等方式，可以较为直观地引导学生发现自身技术动作的缺陷，有效弥补教师口头讲述错误技术动作的空洞，实现以学生为主的教学理念，激发内驱力。

同时可以进一步挖掘学生动作技术的数字信息，通过信息化手段的合理使用，发掘学生练习动作的示范图片。这不仅可以引起学生的观察兴趣，而且能让学生快速找到问题关键，顺利地解决问题，轻松突破排球技术重难点。大数据的整合分析，有利于进一步进行知识、技术结构化的教学。

（三）数字化练习评价，实现课内外一体化

实现体育课堂课内外一体化，是实现体育课堂教学全程育人的重点，长期以来受制于技术手段，无法实现体育课堂外的有效评价和监控。随着智慧教育的发展，可以通过线上师生互动交流，及时对课堂学习进行针对性反馈，增强学生课外练习的针对性，巩固课堂教学效果。同时，随着智慧穿戴设备的迅速发展，可以通过信息化平台，对学生课外锻炼情况进行动态监控，结合技术设备对课外锻炼情况进行数字化分析，为进一步改善课外练习提供了依据。通过学生上传锻炼视频、照片及运动轨迹截图打卡等手段，督促教学课堂内容学习反馈，能更有效地确保课外练习效果，从而保障课堂教学和课外练习的有效融合，实现课内外一体化。

二、现代信息技术，提升教学质量

为了检验教学设计的有效性，选取某小学五年级两个自然班作为研究对象，随机分为实验班和对照班，对实验对象的部分指标，进行比较分析（数据来自 2021 年年度学校《国家学生体质测试》部分数据）。实验前，对两个班 2021 年《国家学生体质测试标准》测试结果进行比较分析，两个班不存在统计学差异（P>0.05），如表 1 所示。

表 1　实验前实验对象相关指标比较分析

类别	50 米跑步（百分制）	1 分钟仰卧起坐（百分制）	1 分钟跳绳（百分制）
实验班	72.25±2.31	73.12±3.32	74.82±3.28
对照班	73.16±3.13	73.35±2.25	74.25±4.13
P	>0.05	>0.05	>0.05

为了保证实验效果的可靠性，严格控制实验过程，尽可能控制非实验因素对实验的影响，实验期间，两个班以排球运动技术学习为主要教学内容，

教学进度按照某小学体育与健康教学大纲进行，教学外部条件基本一致，唯一不同的是教学设计存在差异，实验结束后，组织3名体育教师对两个班进行测试，通过数据分析为实验结果提供量化支撑。

（一）实验后两个班排球技术动作和课堂互动指标比较分析

随着过程化考核评价的改革推动，课堂表现成为体育课成绩考核评价的重要指标，为了尽可能对实验效果进行量化评定，本次实验评价指标包括互动、技能测试两部分。课堂互动通过任课老师课堂记录的师生沟通、课外信息反馈等具体指标给予相应的量化评定，从而较为客观地对课堂教学效果进行评定。

表2的统计结果显示：实验后两个班的课堂互动、垫球技术掌握存在统计学差异，课堂表现成绩的提升和班级之间的差异，体现出实验班学生的课堂主动性明显好于对照班，说明实验班的小学排球教学活动智慧化设计，因为创新教学手段、引入智慧手段，从而使师生互动更便捷顺畅，成绩更为优异。排球垫球技术是本次实验的主要教学内容，统计结果显示，实验后，实验组掌握的排球垫球技术优于对照组，两组之间存在统计学差异。仅从本次实验数据来分析，实验班采取的智慧教学设计，可以有效促进实验对象排球技术的掌握和师生互动。

表2　实验结束后两个班评价指标比较分析

类别	课堂表现（百分制）	排球垫球技术考试（百分制）
对照班	81.5±2.3	78.8±3.6
实验班	91.1±3.6	88.9±4.3
P	<0.05	<0.05

（二）实验对象的体育兴趣比较分析

兴趣是激发小学生求知欲的内在驱动力，培养锻炼兴趣也是小学排球教学目标之一。限于研究能力和小学生身心发育特点，实验没有采用更为客观的兴趣调查评价，本次实验对象排球兴趣测评采取主观测评，具体来说，兴趣调查被简单分为五个等级：对排球非常有兴趣（5分），有兴趣（4分），一般（3分），没有兴趣（2分），完全没有兴趣（1分）。实验对象在老师的指导下，对自己的主观兴趣进行评价，也可由学生带回，由家长根据学生的课外作业完成情况进行评价。最终对两组学生兴趣进行量化比较分析。

表3的分析结果显示：实验前两个班所有学生排球运动兴趣基本一致，两个班之间的兴趣量化指标之间，没有统计学差异（P>0.05），符合教学实验要求。实验后，两个班的实验对象对于排球的兴趣都有了提高，但是两个班的排球兴趣评价指标之间，出现了差异，实验班学生兴趣高于对照班，而且两班差异具有统计学意义（P<0.05）。这说明实验班小学体育课堂采取智慧教学，对促进小学生排球兴趣的提高，具有积极的作用。兴趣的提升，为体育课堂教学效果和学生体质健康水平的提升，奠定了良好的基础。

表3　实验前后实验对象体育课堂兴趣主观比较分析

类别	实验前	实验后
对照班	2.27±0.26	3.29±0.63
实验班	2.28±0.33	4.43±0.59
P	>0.05	<0.05

智慧教育理念赋予排球教学设计更多内容，包括借助信息化技术，提高课前预习效果；数字科技赋能，智慧教学提高课堂教学效果；依托智慧技术，挖掘课后练习效果三个方面的内容。实践证明，小学排球教学的智慧化设计，对提升排球教学效果，增加小学生对排球运动的兴趣，具有积极的作用。

五大智能技术平台，赋能学校治理现代化

◇ 四川大学附属中学西区学校

摘　要： 智能技术在学校场景中的应用已深入各个方面，通过技术可以有效进行资源的整合、将海量的资源数据化。我校运用人工智能、大数据等技术进行校内资源整合、数据收集、整理等，形成各种数据模块，建设了学校数据中心，实现数据整合、展示、分析、预警等，以期赋能治理现代化建设。本研究总结了学校建设智能治理中心的经验，治理平台建设内容与治理实施策略。

一、智能治理面临的问题背景

运用人工智能、大数据等技术进行教育治理创新，是智能技术助力教育发展的重要一环。

在学校的日常管理中，已经应用了许多数据平台进行日常教学、管理数据的收集，如极课大数据、项目管理、内控易、教师电子档案、钉钉等，这些应用在学校被常态化使用，进行各项数据收集。但运用的过程存在以下问题：一是应用程序相互独立，数据无法关联，很难进行数据整合；二是数据检测未形成闭环，没有发挥出数据的预警、监控、评价、反馈作用；三是教育治理模式成效不够明显。

因此，本研究将从 A 校实践经验入手，分析中等教育学校如何整合这些已有资源，利用智能技术助力学校治理现代化的实施内容和策略。

二、治理目标：新中枢、新平台、新系统

根据研究，智能治理的最终目标是：在人工智能技术的支持下，学校的教育和教学活动数据被沉淀，自动形成丰富、清晰、多维的数据资源，并将

提供及时的分析、诊断、预警、监测、评估和反馈，以支持学校的管理、学生和教师的学习和成长。

A 校期望，依托 AI 技术建立起来的 AI 治理中心，在教育教学实践的运用，可以达成以下三大目标：

第一，形成具有初中学校特点的"减负提质"新学习中枢，形成新的教学指挥系统，以精准诊断助力学生学习，以个性化的服务改进学生学习的路径和策略，提高学生的学习效率；

第二，形成具有初中学校特点的"适性发展"新成长平台，形成新的成长指挥系统，以多元化、实时化、动态化把握学生成长的现状、趋势等，通过大量数据提炼培育核心素养的规律和决策点，为学生个别化学习提供技术支撑，构筑学生个性化成长环境；

第三，形成具有初中学校特点的"教师培养"新培训系统，把握教师的动态，通过技术赋能成长，为教师打造最适合自己的个性化发展路径。

三、治理内容与平台

为了实现以上目标，学校建设了智教研修、智学助手、智理评估、教师修炼、学生成长五大平台，并通过数据大屏融通五大平台来分析庞杂的学校数据，满足学校教育教学监控、风险预警、大数据分析等多种需求（见图1）。

（一）基于 AI 技术的教研创新：智教研修

智教研修是以高效课堂为追求，依托人工智能技术支撑教师研修，除了传统录播教室具有的常态化录播、即问即答、随机挑人等功能，还能实现在线教研、集体备课，随时调取备课资料，现场分析讨论，比如教师在开展智慧教研活动时，专家和教研组成员可以通过本地或远程扫码进行在线实时教研活动，在课程中，专家和教研组的标记和评价都能记录下来，便于课后上课教师进行回看，促进专业发展。

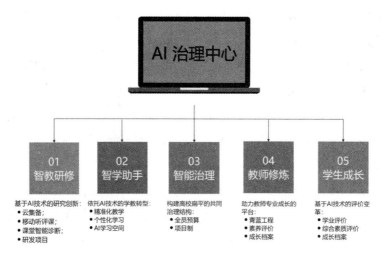

图 1　学校 AI 治理内容结构

例如 A 校整合"醍魔豆"智慧教育平台来实现课例的在线观课议课，能够实现课堂教学影片一键编辑、教学行为数据特征、专家打点标记、AI 人工智能分析，协助教师自我反思、探究、合作、分享，就像是老师们的 AI 智慧教练一样帮助教师快速成长。

（二）智学助手：依托 AI 技术的学教转型

智学助手是以适性教育理念为指导，基于互联网 AI 技术的支持设备，通过全程全息采集所感知的以学生为核心的教学活动数据，做出全局即时分析诊断、即时评价反馈，智能化、个性化地提供学业自主辅助服务和大数据智能处理服务，从而形成一个提升学校教育教学管理、优化学校教学方式及评价方式的教育智能体。

以数学学科精准教学为例，利用"智学网"进行学生课堂练习、家庭作业信息采集，并为采集结果贴上知识标签，实现学生学习情况的精准统计，学生可以随时获取属于自己的个性化作业和高频错题，并利用错题集进行扫码打印。建立 AI 自习室，借助科大讯飞的人工智能算法，通过单元知识"测→学→练→评改"帮助学生扫清学习障碍，及时过关。从而实现自适应学习，是能够提供全方位、无时差、个性化服务的学习虚拟老师。

（三）智理评估：构建高效扁平的内控结构

要实现学校智能治理，人员、资金、资源的配置与协同是重要的因素之一。如何让资金和资源精准配置到师生最需要的地方？如何激发一线教师主动思考计划并参与微观决策？如何实现学校的资金使用和资源配置过程公开透明，且实现分析评估，进而促进学校良性发展？建设规范的学校内部控制体系是关键，而全员预算是有效促进学校内控体系科学规范的创新举措。

比如学校利用"内控易"管理平台，通过教师申报、部门审核、资金申请、项目实施、评价总结等，让学校经费管理公开透明的同时，也让资金的使用更加有效。

（四）教师修炼：助力教师专业成长的平台

通过大数据分析和知识图谱的技术手段，精准地描绘出每位教师在教育、教学、综合素养等多方面的数字图谱，是教师发展性评价系统。它借助智教研修平台，沉淀教师教育教学行为数据，并设置个性化标签，以可视化的方式呈现教师的教育轨迹，使每位教师都能清楚自身的长处与短板，从而促使教师有针对性地提升自我。

根据历年教师培训经验，以及 A 校对未来教师发展定位，A 校提炼总结出教师三大核心素养，即师德素养、知识与能力素养、综合素养，并将核心素养细化为教育教学行为，同时设计相应权重，为教师修炼的呈现提供依据，并通过建立优秀教师模型，为教师进一步发展提供目标。

（五）学生成长：基于 AI 技术的评价变革

学生画像是运用 AI 技术，对学生进行综合、全面的评价，通过大数据分析和知识图谱的技术手段，精准地描绘出每个学生在认知、综合素养、能力等多方面的成长情况，是学生的多元化诊断评价系统。学生成长根据学生个体在学校中生活、学习的点滴情况，有助于教师对学生成长情况的把握（包括饮食健康图谱、日常规范图谱、运动健康图谱、特长图谱、个性图谱等）、心理情况（包括心理咨询室图谱、志愿者服务图谱等），有助于教师有针对性地为学生提供生活帮助和学习辅导，实现适性教育（见图 2）。而学生通过对自己成长情况的认识，有助于发现自己的个性和特长，扬长补短。

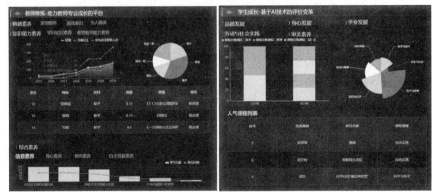

图 2　AI 治理中心数据大屏部分数据

四、实施策略：提素养、重标准

在进行治理实施时，需要注重策略。治理的成功，除了使用智能机器作为数据获取与处理的平台与技术，还需要人参与进来，充分发挥师生个体的主观能动性、创新意识。学校是一个生态圈，这个生态圈里的角色——教师、学生、管理者都需要发挥作用，才能做到真正的治理。

（一）提升学校生态圈的师生信息化素养

学校的各种系统平台产生的数据是"死"的，如果想要让这些数据"活"过来，就需要人来对数据进行分析、整理、挖掘，认清楚数据背后反映的学生学习、教师成长、学校管理问题的本质，才能得出有效的决策和建议。

因此，学校应注重提升学校生态圈里的重要组成角色——教师、学生、学校管理者等的个体信息化素养。个体信息化素养主要体现为个体运用智能技术的基本原理、运行规则、操作程序解决各种现实生活中的问题的意识和能力。因此学校需要重视对个体信息化素养的培养和训练，提升个体对智能技术的了解程度和应用能力。

A校每年会进行大量的教师信息素养培训，并将信息素养作为教师年终考核的一部分，提升教师信息素养。在学生信息素养提升方面，A校梳理了已有课程体系，重塑了信息科技课程结构，将课程内容细化为普及课程、提升课程、拔尖人才培养课程，并推广进行跨学科融合，同学生其他学科的学习深度融合，优化学生的信息素养培养。

（二）注重学校管理制度的标准化

明文规定的制度规范在治理过程中起着重要的作用。制度的程序化规则越明显，治理的效率就越高；制度的精细化程度越高，治理效果和治理效能就越好。这对学校制度的标准化建设和精细化发展提出了更高要求。

而A校是在"简政放权，自主办学"的背景下建立的"两自一包"学校，主张实施管理扁平化、高效化、自主化的管理模式。在学校建设发展过程中，已经初步构建了"五会议事"权力结构、"一部三中心"运行结构和以章程为核心的制度结构等扁平化管理体系，能够给教师放权，更好地从制度层面支持智能技术的建设与管理。

智能技术赋能学校治理结构建设，能够推进学校治理体系和治理能力现代化。A校以智能技术为新的发展支点，建设学校AI治理中心，并利用技术手段采集和监测学生发展数据、教师发展数据、资金使用数据、运转管理数据等，对数据进行深度挖掘与分析，以数据分析优化学校资源配置，以数据提升职能部门服务精准化，以数据辅助学校管理决策科学化。本研究总结了A校在进行智慧校园建设中的经验和策略，通过智教研修、智学助手、智理评估、教师修炼、学生成长五大智慧管理平台的建设，助力学校管理现代化。

深度融合信息技术，开展高中数学建模类学科选修课程

◇四川大学附属中学

摘　要： 新课程改革要求开设高中数学学科选修课程，课程内容突出数学建模活动与数学探究活动等四条主线。学科选修课程的开发实施应符合学科性、情境性、活动性、研究性。本文以数学建模类学科选修课程"'惠'选手机套餐"系列为例，探讨在数学建模的数据收集、图形绘制、模型求解等环节中深度融合信息技术，突破计算难点，突出建模思维主线，培育学生数学抽象、数据分析、数学建模等核心素养。

数学建模活动作为高中数学新课程体系下的主体内容，贯穿于整个课程体系，具有培育学生数学学习方法，培养学生学习习惯，渗透数学建模、数据分析，逻辑推理等核心素养的重要作用。不同于 2005 年的教材体系，本轮新课改尚未有统一的学科选修课程教材，需要教师与学生共同研习开发适合校情、学情的校本课题或教材。

数学学科选修课程的开发与实施，是一个综合的课程体系。

从学科性上，强调教学中的问题须满足数学学科性质基本要求，具有显著的学科特点：高度的抽象性、严密的逻辑性、广泛的应用性；要体现学科课程目标导向，凸显学科核心素养落地，充分发挥学科育人功能。

从情景性上，强调教学中的背景尽可能是教学内容与真实的生活、社会、生产、科研情境整合的结果；情景须促进学生融入生活实践情境和学习探索情境，激发产生问题、解决问题的欲望与行为，能够产生并列性或递进性新问题，充分发挥情境育人功能。

从活动性上，教学中的"活动"方式须丰富多彩且层层递进，能促进学生激活缄默，将思维导向高阶；从课程育人看，层层递进、不断深入的人境

交互活动须促进学生深度体验，发展凸显学科核心素养的学生综合素养，充分发挥活动育人功能。

从研究性上，教学中问题的发现、确定、表达、解决和评价均须包含凸显数学学科研究方法及学科思维方法的深入研究，形成体现学科本质的研究成果；融入情境、思维高阶的研究须能促进学生积淀融入学科核心素养的研究素养，用于指导自己的日常学习与生活，充分发挥研究育人功能。

基于对《课程标准》的理解和我校校本教研的指导，笔者整合《课程标准》中的学科选修课程体系，选择数学建模系列专题，结合学生在生活与学科上的基本活动经验，确定"'惠'选手机套餐"作为研究课题。力图让学生通过课程的学习，掌握数学建模的完整步骤及相关的信息技术，体验问题情境与数学模型之间的关联。

"'惠'选手机套餐"是一门系列课程，分为 5 次课，每次课 2 课时（1 课时 40 分钟）。

在第 1 次课中，学生明确本课程的研究任务，搜集移动和电信两大运营商的现有手机套餐资费标准（运营端信息），搜集我校多位教师近两个月的手机消费明细及套餐选用现状（客户端信息），通过文献法和访谈法确定调查问卷的要素。

在第 2 次课中，学生分小组制作问卷，通过问卷软件问卷星发放问卷，学习数据分析方法和常用统计软件 Excel、GGB 的数据处理功能的操作。

在第 3 次课中，学生分小组借助信息技术展开对客户端、运营端现有套餐分析以及问卷结果进行客观、全面的数据统计分析，由样本的数字特征建立简单的一元函数模型并提出二元函数的最优化问题的设想，最终聚焦第 4 次课数学建模对象（四种套餐：移动 4G 悦享 68 元、98 元套餐和全球通 128 元、188 元套餐），彰显了学生的数据分析能力。

第 4 次课的主题是：优化函数模型，建立算法模型，并求解模型，初步体会层次分析法的作用，总结数学建模的步骤和相应的数学思想。在课堂中，学生分为三个小组（函数模型汇报组、算法模型汇报组、决策优化汇报组）进行了精彩的汇报。

函数模型汇报组的学生谈道：4 种套餐中语音与流量的计费规则中的函数关系，在合理简化的基础上，都是一元分段向上取整函数模型［例如：移动 4G 悦享 68 元语音（x 分钟）资费 $f(x)=\begin{cases}68, & 0<x\leqslant300\\68+0.15\cdot\lceil x-300\rceil, & x>300\end{cases}$］。在求解不等式时，用代数的方法因为分类讨论的情况很多，比较难，所以考虑用几何的方法画图象、比大小。我们对比了几款数学软件：Excel、GGB 网络画板、Matlab、几何画板和卡西欧的图形计算器，发现在画一元函数的图象时，GGB 软件上手最容易，指令清晰，比其他的软件更好操作，而且寻找不同图象交点的坐标时，只需点击交点就能够得到，代数与几何结合得很好，真的很方便！

对于二元分段向上取整函数模型，例如全球通畅享 188 元套餐：国内主叫时长（x 分钟）+国际长途（y 分钟）语音资费

$$z(x,y)=\begin{cases}188, & 0<x\leqslant500,0<y\leqslant200,\\188+0.15\cdot\lceil x-500\rceil, & x>500,0<y\leqslant200,\\188+0.49\cdot\lceil y-200\rceil, & 0<x\leqslant500,y>200,\\188+0.15\cdot\lceil x-500\rceil+0.49\cdot\lceil y-200\rceil, & x>500,y>200。\end{cases}$$

因为它的图象是立体的，用 GGB 尝试过后，发现操作就不是那么方便了，所以老师又教我们用网络画板画 3D 图象进行比较分析。

我们把两个图象对比之后发现，虽然图象挺震撼，但是用我们现有的知识不能得出最优化结果，所以需要建立新的数学模型。

算法模型汇报组的学生谈道："在实际生活中，手机资费往往由套餐费用和拓展包构成，所以需要计算、对比，聚焦最优惠的语音包和流量包，再和套餐进行综合考虑。针对语音、流量、宽带三大要素，要进行简化假设，采用算法思想设计优化选择路径（宽带→语音→流量），绘制程序框图。"以三位老师的具体数据为例，展示决策过程，给出"惠"选手机套餐方案（见图 1）。

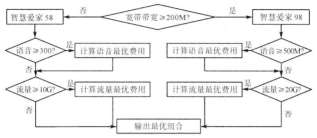

优化实例：

管理人员：A老师。语音：1 000分钟。流量：27 G。宽带：200 M。

1. 智慧爱家 98元（语音500分钟；流量20 G；宽带200 M）

2. 语音最优费用：套餐+30元语音包（500+500=1 000分钟）

3. 流量最优费用：套餐+2个10元流量"暖心包"（20+2*5=30 G）

合计：98+30+20=148元

套餐方案：智慧爱家98元套餐+30元语音包+2个10元流量"暖心包"

图1　套餐方案

决策优化汇报组的学生谈道：从算法模型的结果不难看到，决策方案可能有多种情况，比如流量溢出或者时长溢出，那么哪个方案更好呢？这就需要进行决策优化。在教师指导下，我们研习了一种决策优化的方法——层次分析法。它的步骤是：①建立层次结构（目标层、准则层、方案层）；②构造判断矩阵；③层次单排序和一致性检验；④层次总排序和一致性检验，如图2所示。

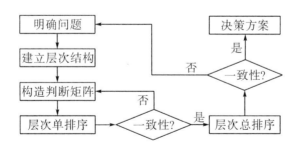

图2　层次分析法的步骤

我们发现第一步很简单。在理解了Satty教授的1~9标度法后，也基本能完成第二步。但是第三、四步有大量抽象数学符号以及矩阵运算和数据分析等高等数学知识，我们理解起来就非常困难，矩阵运算更是举步维艰，所以我们非常想借助信息技术来解决运算环节。

我们和老师一起通过查询资料找到了 Yaahp 软件，它是专门解决层次分析法的软件。这个软件操作容易，只需要输入判断矩阵的元素就能一键解决一致性检验的计算步骤和计算出最优化的决策方案，每一位同学们都利用这个软件很容易地求解出了自己建立的优化模型。我们并且还可以利用这种方法和软件去解决以后遇到的需要将定性分析与定量计算相结合的多准则、多方案的优化问题。

在课程的最后，教师引导学生回顾解决问题的过程，师生共同反思总结、修正完善所涉及的知识、方法、思想。在充分体验的基础上，生成逻辑连贯、前后一致的知识体系，使得研究过程中的知识、方法、思想显性化、具体化和规范化（见图 3）。

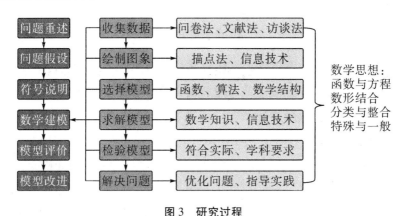

图 3　研究过程

在第 5 次课中，学生回顾研究过程，整理过程性资料，归纳数学建模问题的研究路径，总结研究方法，彰显研究品质，提炼数学学科思想，学习数学建模论文撰写的标准格式与相关要求，最终完成了本门课的研究报告。

从学科选修课程的学科性、情景性、活动性、研究性的要求来看，四性都体现得很充分，其中数学建模的学科性与研究性彰显得尤其突出，信息技术与课程的深度融合更是成为这节数学建模课堂的画龙点睛之笔。

高一学生基于已有的知识和方法基础，很容易运用函数的视角审视手机资费的数据信息并使用函数的方法建立数学模型。事实上，手机资费套餐中的语音和流量资费往往可以简化为一元分段向上取整函数，或二元、多元分段向上取整函数。函数解析式的建立不难，但是当需要运用代数方法比较两个函数值的大小，即建立并求解不等式时，会因为分段函数分类众多而使得代数求解非常复杂。所以学生自然会想到运用几何方法，即借助形象、直观的函数图象求解不等式。学生基于已有的活动经验，可以完全独立的使用交互性较强的 GGB 软件绘制多个一元分段向上取整函数图象，借助图象能很简单直观地感受到分段取整函数在"极限"视角下与连续函数的近似关系，完成一元函数值的大小比较并求解临界点，即求解不等式，巩固学生解读、分析一元函数图象的能力。在教师的帮助下，利用网络画板绘制二元分段向上取整函数，学生不仅能迁移二维图象的分析方式解读三维图象的代数意义，而且更为重要的是，当旋转图形时可以将三维图象降为二维图象，让学生感受到二元函数在控制一个变量时就降阶成为一元函数，从而让学生提前体验升阶与降阶，增元与减元等高阶数学思维，为今后的多元函数与方程等数学知识学习做好准备。通过真实的学习探索情境，学生巩固了已有的函数研究方法，拓宽已有的函数知识体系，体验多元函数的处理路径；在信息技术的辅助下，解决复杂的数学计算问题，突破思维难点，感受学习重点，体验数学建模的完整过程，完善知识结构，强化相关的知识、方法与能力。

在运用层次分析法解决决策优化问题时，学生层次单（总）排序及一致性检验的理解困难，运算艰难，所以这一部分借助信息技术解决运算环节的必要性就显得更为明显。借助专业的 Yaahp 软件，学生只需完成简单的层次结构和判断矩阵的构建，利用软件就可以一键完成一致性检验和方案权重的计算，进而达成不同方案的优化排序，得出最优化决策方案。在此类数学建模问题的解决过程中，信息技术在计算上的优越性体现得特别明显，让高中学生在初次接触高等数学知识、高阶数学思维等数学学科拓展内容时，能将有限的精力集中在数学建模方法与步骤的巩固掌握和深度拓展体验，更多地达成高中数学建模知识、方法体系的学习目标，突出学习重点，突破计算难点。同时，学生也切实体会到了层次分析法在工程计划、资源分配、方案排序等众多领域的广泛应用。当他们以后在生活学习中遇到需要进行多准则多方案决策优化问题时，Yaahp 软件能让他们轻松地完成方案的优化选择，让学生感受到数学源于生活、高于生活、指导生活。让学生更加重视知识的产生、发展和应用，引导学生以知识为基础，解决生活实际问题，进而提升学生学科思维。

数学建模是关联实际生活情境和数学学科知识的重要桥梁，是综合培育学生数学学科核心素养和信息技术的理想载体。模型的建立需要不断积累数学知识和方法，形成知识体系，学会类比、归纳、联想、迁移；模型的求解与检验可以合理借助信息工具，从而能更好地达成知识的理解与运用。而信息技术与课堂的深度融合，能有效地促进核心素养的渗透与落地，培养学生的社会责任感、创新精神和实践能力；为学生适应学习生活、适应社会生活、接受高等教育和未来职业发展打好基础，从而真正达成育人方式的根本变革。

去弊存利，平板电脑+智慧黑板的智慧化教学应用实践

◇成都市武侯高级中学

摘　要： 平板电脑教学实践如雨后春笋般，正在各个地方轮次上演。鉴于平板电脑教学的优缺点，目前尚无法在中学阶段全面铺开。但是基于平板电脑教学的特点，因此衍生出的"平板电脑+智慧黑板"的教学手段，却具有现实的推广意义，作为教学的辅助技术手段，能在教师备课、上课、学生评价等各个环节加以应用，具有非常广阔的应用前景。

一、平板电脑教学：利弊并存

通常所说的平板电脑教学，是指师生通过智能终端，基于网络平台的教与学。其教学过程是，教师先通过电脑、手机、平板电脑等设备，上传学习资料到互联网平台，学生再通过智能终端（主要是平板电脑）从互联网平台上接收学习资料，并在互联网平台的支持下，进行智能化、个性化学习（见图1）。

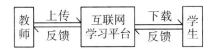

图1　平板电脑教学基本模式

平板电脑教学的优点是，拓宽了学习空间、拓展了学习时间；学习内容可定制，使个性化学习成为现实。

通过互联网平台和平板电脑的结合，使学习不止于课堂、不限于课堂，课堂内外均能学习；以往，同学们要学新知识，必须把握好课堂40分钟，但在平板电脑教学过程中，只要老师将学习资料上传到互联网平台后，学生随时可学，还可反复学，学习时间不再囿于课堂上的40分钟；无论采用哪个互

联网平台，在平板电脑教学过程中，学生一是可基于学习平台针对自己的薄弱环节定制学习内容和检测，二是可以通过平板电脑做笔记、收集并整理错题，实现个性化学习。

当然，平板电脑教学也不尽是优点，它最大的缺点是不好监管。根据以往平板电脑教学班级的教学实践经验，不管是纪律还是系统层面设置的壁垒，都无法阻挡学生利用系统漏洞"翻墙"上网冲浪的激情和冲动，白白浪费了精力和时间，得不偿失。其次，哪怕平板电脑经过管控，确实无法上网，但是它毕竟是一台智能设备，学生依然可以通过 U 盘、拍照、视频等方式做一些与学习无关的事情，监管防不胜防。

二、智慧黑板与平板电脑的教学配合运用

鉴于学生平板电脑管控难度及学生自律性上的问题，平板电脑教学不太适宜在中小学阶段大面积推广。但是借鉴于平板电脑教学的优势，平板电脑可结合智慧黑板，舍弃其网络平台功能及学生端平板电脑，利用投屏技术，依然可以成为非常有用的教学辅助设备。

（一）平板电脑可用于教学相关的课件、视频播放和控制器

平板电脑通过投屏到智慧黑板，课件和视频等教学相关文件只需要传到平板电脑上，而不需要通过 U 盘拷到智慧黑板上。这样通过平板电脑投屏播放课件和视频，比传统的拷贝方式便捷得多，同时也避免了计算机病毒通过 U 盘相互传播的可能。

至于对课件的控制，可在平板电脑上下载 WPS 软件，用 WPS 软件打开课件，然后投屏到智慧黑板，教师不需要走到黑板前，而是直接通过平板电脑就能实现对课件的控制。同时，智慧黑板的手写批注功能，通过 WPS 软件也能在平板电脑上操作，并同步投屏到智慧黑板上。

这样，既实现了智慧黑板的常用功能，又避免了直接在黑板上书写时背对学生，从而短暂断开师生连接的情况，如书写内容较多，这一情况将更为突出。

用平板电脑投屏播放课件的另一个好处是，可以在平板电脑上选择备注

视图而不影响大屏幕上课件的显示，这样，教师在备课时，可将更多素材放进课件备注栏，上课时直接调用，极大地提升了教师备课和上课的效率以及针对性。

（二）平板电脑：应用于教学备课与板书

在教学过程中，如需要大量板书，在智慧黑板上需要先将课件最小化，再通过若干步骤调出白板才能使用，略显耗时，并有可能影响教学连贯性。

平板电脑上自带备忘录，或者第三方 App，如"WPS""印象笔记"等，都可实现白板功能，只需要在平板电脑上做一下 App 切换，很容易就可调出"电子白板"。这里推荐专业的笔记类 App——"GoodNotes"，它除了常规的更换背景、无限加页、更改笔尖粗细、设置笔记颜色等外，结合平板电脑配套的电容笔，还可实现不亚于纸面真实书写手感的手写输入，顺滑不卡顿、完整保留手写笔记，还能将笔记以 jpg 或者 pdf 格式导出。

（三）平板电脑：可移动更有效的多功能教学投影仪

智慧黑板配套的实物投影仪，限于硬件和摄像头素质，清晰度往往参差不齐。平板电脑自带摄像头实现的实物投影效果比较好，基本可以实现所见即所得。操作方式是，在投屏模式下，直接打开平板电脑摄像头，就可以实现基础的实物投影效果。如果需要在投影上随意批注，则需要通过第三方 App 来实现，比如"GoodNotes"，在"GoodNotes"中有一个插入图片功能，选择拍照，就能在"GoodNotes"中插入一张实时拍摄的照片，并可以在其上自由批注。

在实物投影的基础上，平板电脑还能实现多角度、多场景的类似"直播"效果。比如一些理化演示实验，传统的实物投影仪限于设备和角度问题，往往投影效果不佳，而通过调用平板电脑摄像头，在投屏模式下可实现任意角度的演示实验"直播展示"，便于全班同学仔细观看，提高课堂教学效率。

三、基于平板电脑的思维导图教学

（一）幕布等专业 App 备课、制作规范的思维导图样例

平板电脑里面有多种 App 可以实现思维导图的制作。这里推荐"幕布"，在幕布中制作思维导图时，一是可以借用模板库中大量模板，二是在制作过

程中可以自由切换思维导图和大纲模式，提升了制作思维导图的效率和体验。

（二）笔记类 App：制作个性化思维导图

通过"GoodNotes"的强大功能可以制作个性化、模式规整的思维导图。它可用于备课及指导学生制作思维导图。

（三）通过笔记类 App 对学生制作的思维导图进行批阅、订正

通过"GoodNotes"App 批改学生制作的思维导图，还可将批改后的思维导图以图片或 pdf 格式回传给学生，便于学生纠错。

四、反思与启示

任何一门技术的使用，都会存在利与弊，犹如双刃剑，特别是在探索阶段。结合平板电脑和智慧黑板的辅助教学技术应用与实践，便是在教学实践中的一种颇具意义的探索。"平板电脑+智慧黑板"模式的另一个优点是，有利于实现无纸化教学，对环境保护作出贡献。

需要指出的是，不管是平板电脑还是智慧黑板，二者虽然在教学实践中可以通过一定的投屏协作建立联系，但是，很显然二者在匹配和相互融合方面，并不是十全十美。比如在实践中发现，苹果系统投屏相较于安卓系统要稳定一些，这可能与各自系统特性及与智慧黑板间的投屏协议有关。因此，本文中使用的平板电脑均为 iPad。期待安卓、鸿蒙等系统的更新适配，及与智慧黑板的交互融合能更上一层楼，使技术能更好地服务于教学，为提升教育教学效率作出更大的贡献。

智学网辅助下，智慧教学的实践

◇四川大学附属中学西区学校

摘　要：新课标的颁布，体现了未来社会对人才新要求，也对教育教学提出了新的要求。在高要求的教学环境下，如果能将教学课程与现代信息技术整合优化，就可以更好地创设以教师为引领、以学生为中心的融合式学习环境。要达到这些要求，就必须将人工智能、大数据等信息技术与课堂教学相融合，精准获悉学生的学习需求，提高教学的针对性，推进个性化学习，减负增效，使教育教学更精准、更适切、更科学，促进教学效果的显著提升。

新课标的颁布，体现了未来社会对人才新要求，也对教育教学提出了新的要求。要达到这些要求，就必须将人工智能、大数据等信息技术与课堂教学相融合，精准获悉学生的学习需求，提高教学的针对性，推进个性化学习，减负增效。

2018年，我校引进智学网教育平台来辅助教学，使教育教学更精准、更适切、更科学，促进了教学效果的提升。

一、智学网的组件功能

在实际的课堂教学中，教师最想了解的信息，是学生对知识情况的掌握、学生活动中的互动情况、学生对学科是否感兴趣，以及教学和学习方法对学生的适当性。至于作业和试卷的得分方面的数据，主要体现在学生分数的得失、分数的平均值、高分与低分差距以及横向和纵向的学生分数。

传统的数据倾向于学生的横向比较，是学生群体的整体水平和个体之间的比较与体现，实际的数据缺乏对学生个体纵向的相对分析。

智学网很好地解决了大数据的分析问题。智学网收集的数据能够集中反映出学生在学习过程的特点和优点。例如对每一个知识点的识记、记忆和运用的熟练程度。也就是说，老师不仅可以关注学生的整体水平，还可以关注他们个性化的局部学习水平。

在操作性方面，智学网有选题组卷方便、教学操作简单等优点。智学网自带题库，根据实际教学情况，教师可自行选择问题和类型，系统可以判断所选问题的格式（多选、填空、画图、简短答案）自动生成试卷和答题卡。教师可以使用程序浏览器直接制作试卷或答题纸，收集和积累个性化资源，建立学校或地区题库，多种排版形式让答题卡也具有多样性，教师可根据教学需要制作多种形式的答题卡，包括在线阅读和手动阅读答题卡；操作方法方便，简单可行。智学网支持系统自行批改。不管运用何种方式，分析和呈现数据，都可以精准地通过网络来实现，教师将此类数据分析，可靠应用于阶段性教学诊断中。

二、智学网的试卷功能运用

（一）试卷区分度

试卷区分度一目了然，通过大数据分析，系统根据学生作答情况，能科学分析出试卷的难易度，题型的难度比例系数越小，试卷难度越大；同时还能呈现整套试卷的可信度所达到的百分比，百分比越高，可信度越高；试卷的区分度值越大，区分度越好。

（二）试卷分析功能

在实际教学中，智学网能为我们提供完善而精确的数据分析报告。例如作业质量、二次改错情况；班级人均得分、优生率、班级及格率等数据的统计，以及这些数据在总体数据下的位次；总分以及失分率最高的小题，相对应知识点、每道题得分率和正确率；每次考试后的整体情况、每次成绩上下浮动情况、每次对错题的整理；优秀学生名单、及格学生名单、后进生学生名单。智学网的数据框直观而清晰，具有很好的数据分析的理论依据。

（三）学情分析

教学方式的转变也因智学网而逐步发展体现，学校在现阶段，每个学科都要求精准化教学。通过对信息化模式的充分使用，根据学生的特点，学生的学习能力可以最大化。根据长期的数据收集和分析，根据学生的特点，老师可以做到靶向性和针对性教学，也可以不断提高教学效率，还能让学生的学习效率成倍提升。

（四）试卷答题详情分析

通过智学网的智能化阅卷后，数据概述在系统中自动生成，比如在已完成的阅卷数量、成绩在各层次的分布情况、学生单个错题的统计、错误知识点等。这些数据可以被分析并归纳总结。通过数据来了解学情，对教师试卷讲评抓住重点起到很好的辅助作用，还能在后期教学中分明重难点，在一定程度上对教学效果的提高起到很好促进作用。

通过系统化的分析，大数据能分析出我们试卷不同题型的得分占比、班级均分，以及相对应的得分率，为教师系统分析班级学生的能力点做出了直观阐述。这对学生不懂的题型和易错题，有很好的识别作用。

智能化分析得分率，有助于教师快捷查询了解课堂上知识点的掌握情况。教师可以清楚了解学生在课堂上对每个问题的掌握情况，哪些学科知识掌握较好，哪些学科的知识点掌握不到位，对于出现的问题一目了然。横向比较不同学生的分数，可以清楚地看到学生知识掌握的薄弱点，再在课后分层跟进，真正做到有的放矢。

教师批改试卷后，班级学生的试卷得分详情，可以通过所绑定的个人账号去进行查询，直观看到自己的失误，同时也会生成独有的学习方案。比如书面表达的修改，后台系统会对学生答题结果做出相应反馈，学生可以快速了解自己写作中值得称道的地方和需要改进的地方。

同时，系统还将班级内优秀学生的范文推荐给学生，并指导模仿学习，在一定程度上，对学习英语起到了很大帮助。

该平台还设置了一个"评分详情"栏目，通过查看学生试卷的得分，评分详情，每项数据都能直观呈现，同时为教师提供学生个人试卷的分析。这些数据为教师因材施教、促进教学质量提高提供了依据，也提供了个性化学习的内容指导。

三、创设个性化档案

智学网可以高效帮助教师提高课堂的教学效率、创设个性化教学模式。系统还可以分析整理学生的错题，诊断并形成报告，再提供个性化的学习资源，形成学业追踪档案，建立满足学生个体需要的学习体系。

教师可以根据智学网提供的大数据，精准了解每个学生对知识的掌握程度，从而为每位学生有针对性地定制作业，在提升教学效率和教学质量的同时，真正将"因材施教"的教学理念落到实处，建立满足学生个人需求的学习系统。

教师还可以运用整合的数据，精准总结每个学生知识层级的掌握情况，有针对性地布置训练题型，不但提高教学效率，而且提升教学质量，将"因材施教"的教学理念付诸实践。

四、信息技术融合，全方位促进智慧化教学

根据测验之后的报告反馈，班级学科老师可以对比行政教学班与年级其他班级的不足与长处，班课教师或者班主任老师对于学生成绩和学习情况的分析，就可以更加得心应手，从而促进同学之间的观摩学习，以及教师后期教学方法的调整。

纵观年级的学业反馈，有效提升年级的管理，后台会自动生成表格，将各项数据汇总，并将年级各班的学业情况，进行自动直观的对比，对于年级的管理者，能更好把控年级的教学质量。

同时，信息技术还有助于家校之间的沟通交流。家长可以登录智能网络，通过智能网络监控孩子的学习，查看学生的个人问题集、学习报告和成长曲线。

师生教与学互动，可改善师生关系；科学全面的教学评价，提升年级管理能力；通过个性化学习，针对性查漏补缺，减轻学业压力，提升学校教研能力；通过对学生进步的实时反馈和激励，促进亲子关系。

通过基于云服务的 PC 及移动终端综合方案，信息技术充分融合到教学工作和学校管理工作中，为每一名老师和学生提供针对性教和个性化学的信息化环境与服务，实现人人皆学、处处能学、时时可学的智慧化教育。

优化唱游律动课，康教结合的信息化教学实践

◇成都市武侯区特殊教育学校

摘　要： 在培智教育学校，康复训练课程对提升学生生活质量具有不可替代的特殊功能。在教康融合的背景下，武侯区特殊教育学校利用自主开发的一套信息化评估分析系统，帮助学科老师优化教学目标设计选择，从经验教学向循证教学转变。将培智学校的康复训练课程目标，有机地融入唱游律动课程中，形成唱游律动课堂教学新模式。使康复训练真正做到补偿学生身心缺陷，满足其学习与发展需求。

一、主要教学问题

在信息化教育背景下，武侯区特殊教育学校系统分析检视了教师认识、态度、课程设置等诸多方面，发现既往培智学校康复训练在实践层面存在较多问题，如教学目标不准确，教师对学生的教育评估不精细。一般情况下，教师备课虽然结合学生的个别化教育目标来设计，但非常依赖于教师的经验，教师个人原因差异，可能存在大量误差，造成课堂管理的失效；在学校方面，缺乏学校层面实施康复训练的总体目标、方法和措施；在教学实践中，康复训练课程的实施在时间上受到了限制，不能全面地、长时间地进行康复训练；并且，在传统的康复训练中，学生反复重复同一动作，会造成学生厌烦，甚至会出现排斥、逃避等问题行为。

二、信息化优化解决实践

（一）新模式与教学目标：以唱游律动课与康复训练课程结合

唱游律动课程目标四大领域：感受与欣赏、演唱、音乐游戏、律动与康复训练课程分目标中的感知觉训练、情绪与行为训练、沟通与交往训练、动

作训练有着内在的联系，将康复训练课程目标融到唱游律动课程目标中，形成课堂教学新模式的教学目标。

（二）评估系统实践：利用基于"教育评量"的实证性目标设定，运用课程本位相关评估技术进行评估

培智学校课堂教学中，学生个体间差异显著，教学目标设计需重点考虑学生的现有情况，因此课前康复训练课程评估、课程的本位评估，是课堂教学新模式的最根本要求。

以教什么、测什么为出发点，设计教育评量工具，科学了解学生的学习基础。学校依据"培智学校义务教育课程标准"中康复训练课程目标，自主设计开发了基于课程本位评量的在线测试工具以及康复训练课程统计分析系统，以上功能均设置在武侯区特殊教育资源中心管理系统中。

《跳圆舞曲的小猫》是一首专为孩子们写的管弦乐曲，由美国作曲家安德森作曲。曲调诙谐幽默，描绘了一只可爱的小猫在音乐声中跳起了优美的圆舞曲的情景。利用信息化工具设置评估问卷，便于数据的调用。

三、基于信息化的康复训练课程统计分析系统

利用康复训练课程评估系统的统计分析功能，导入评估数据后，进行统计分析。如果有班级老师已经完成了相关学生的评估数据录入，则可以自动调用相关评估数据，在目标的分级中，设置了"学科融合"与"康复训练"目标，只需少许协助的，适合在学科融合；大量辅助的，则需要康复训练。

利用学生的曲线图工具，通过数据查找的方式，即可选取某个学生"学科融合"目标。能够根据学生的不同领域筛选相关的"学科融合"目标。

系统采用倒序排列的方式，某个康复目标需要"学科融合"的人数越多，它越靠前。根据不同康复领域选择目标内容，可以很快地为老师提供大部分学生的康复目标内容。

四、课堂教学新模式目标设计

课堂教学新模式目标设计的原则，是可行性。这一原则的核心在于对教

学目标难易度的把握，当教学目标在学生的"最近发展区"或略高于此区时，学生方能有学习的动力和获得成功的机会。

课堂教学新模式教学目标包括知识与能力、过程与方法、情感态度与价值观、康复训练目标四部分。教学目标设计不宜过多，也不宜太单一；不宜过难，也不宜太简单。目标设计是否恰当，体现了教师对学生的熟知度、对课程内容的探究把握度水平的高低。

学习《跳圆舞曲的小猫》的学生，应该是已经学习了一些音乐基础知识，如强弱、快慢、节拍等，对音乐有了一定的见解，能初步欣赏理解音乐，并且认识小提琴、钢琴、古筝等常见乐器。

在此基础上，教师再带领学生感受乐曲的情绪，理解乐曲所表达的意思，让学生能在音乐中感受美。根据学生个体差异的不同，制订分层目标，让学生在原有基础上有一定的提升。

在《跳圆舞曲的小猫》教学目标设计中，唱游律动课程的目标和康复训练课程的目标都涉及"情绪"这一领域，但不同的是唱游律动课程注重的是学生能表达听到不同乐曲的情绪，康复训练课程则注重的是学生个体自生所要表达的情绪，课堂教学新模式巧妙地将它们融合到一起，形成独有的风格。

利用信息化的康复训练课程统计分析系统，高效便捷选取学生的康复目标，提升了目标整合的效率。利用信息化的课程本位评估设计工具，使相关的评估分析更快更便捷，使老师能够科学选取学生的目标，在学科目标中，能有效添加康复训练课程目标。

武侯区特殊教育学校在新模式教学目标中，唱游律动目标与康复训练目标有机融合，唱游律动课程目标与康复训练课程目标，形成两个独立的共同体。他们相辅相成，相互配合；我中有你，你中有我。新模式教学目标设计以唱游律动课程目标为主，以康复训练课程目标为辅，既不失唱游律动课的特色，又有康复训练课程的色彩，形成课堂教学新模式，提高学生康复训练的积极性，让他们在快乐中学习，在愉悦中进行康复训练。同时，通过结合唱游律动目标与康复训练目标，使学生的康复训练能真正弥补身心缺陷，满足学习与发展需求。

破壁增效，区域教育场景资源融通实践

◇成都市武侯区教育技术装备与信息中心

摘　要： 为支撑国家"双减"政策实施，成都市武侯区结合"全国智慧教育示范区"创建实践，创新开展"双减"政策背景下区域教育场景资源融通实践探索。通过组建"一码通行"项目实践研究共同体，研发"武侯乐学通"场景资源共享服务系统，融通分散在不同学校的微博物馆、实验室等文化体育场馆资源，匹配优化场景课程资源，建立完善"政企校"多方保障机制，为各学段学生提供适宜、畅行、自选、免费的学习场景资源。同时，从选课偏好、学习次数、学习时长以及课程评价等维度采集学习数据，为学生综合素质画像提供有力支撑。

教育部在《教育信息化 2.0 行动计划》中明确提出，推动从教育专用资源向教育大资源转变，从融合应用向创新发展转变，发展基于互联网的教育服务新模式。目前，不少区域将资源建设重点放在公共数字资源建设上，但实际上，各类网络平台上已有海量资源存在，重复建设不仅耗时耗财耗人力，建设成果也很难得到教师的认可，数字资源数量众多但适切性不高的问题一直存在。因此，进一步发挥校园内外已建成的实体场景资源使用效益，很有必要。

每所学校或多或少地建设了教育教学特色空间，如校园微博物馆、特色教室集群、创新实验室、运动场馆、主题教育文化区域等。学校还开发匹配的校本课程，如省市机器人基地学校依托人工智能教育基地或 STEAM 创客空间等，开设人工智能、机器人、创客、航空航天课程；艺术类基地学校依托艺术教室集群，开设萨克斯、油画、服装设计等课程；运动类强校依托运动场馆，开设球类、武术等运动类课程；综合实践教育基地开展陶艺、木工等综合实践活动。

一、教育场景资源融通：效益与智慧化建设的需要

（一）发挥场景资源使用效益

目前，场景资源分属于各单位和学校，管理相对封闭，受益对象仅限于本校师生，未能涉及区域内其他学生。但这些场景资源投入的经费和人力往往较大，建设效益和育人功能远未发挥出来。

（二）满足学生个性化学习的需要

2021 年 7 月 24 日，中共中央办公厅、国务院办公厅印发《关于进一步减轻义务教育阶段学生作业负担和校外培训负担的意见》，提出要有效减轻义务教育阶段学生过重作业负担和校外培训负担。校外场景资源的融通开放，能丰富学生的课余生活，促进学生个性发展。

（三）为学生综合素质画像提供支撑

进一步提升中小学生综合素养，是深化教育综合改革的重要目标。目前，学生参与了多少综合实践活动，参与的情况怎么样，我们无从得知，更无法评价学生的综合素养。采集学生参与课外活动课程的数据，可以为综合素质画像提供有力支撑。

二、场景融通，如何实施

（一）构建实践研究共同体

构建以区教育行政部门为主导、技装部门为指导、学校为实施主体，第三方机构提供服务支持的"政、企、校"协同进行实践研究的共同体。在融通模式、机制制定、课程设置等方面开展实践研究，并通过招募的方式，吸引区内更多学校或教育基地主动加入共同体。

（二）研发综合管理平台

借助信息技术，联合技术公司研发"武侯乐学通"教育场景资源综合管理平台，将场景资源数字化。平台集资源展示、预约选课、考勤评价功能于一体，实现了场景资源发布、学生自主预约、教师查看学情、师生相互评价、家长远程监督、学校全程管理、主管部门监管等功能，并在项目实施过程中

根据共同体实践研究的需要不断完善优化系统功能。

（三）优化场景课程资源

把脉学生的周末学习需求，实地走访场景资源学校，指导学校挖掘校内教育场景，结合中小学生认知规律，研究开发培养学生兴趣爱好，促进学生个性化发展的特色课程。初步形成了"1+1+1"，即一个学校加一个特色场景加一个特色系统的课程场景资源开放模式。开展试点学校上课教师竞赛，专家组进行现场点评，对课程如何吸引学生等问题提出建议，教师反思整改。

（四）创新运维管理机制

研究制定推进跨校教育资源开放的实施办法以及项目考核管理办法，引导项目学校积极做好资源开放，并将开放情况纳入项目考核。项目学校研究制定场景资源开放办法、工作人员职责、安全应急预案等，形成"一校一案"管理运营机制，以落实工作职责，确保项目有序运行。

（五）支撑综合素质画像

学生通过平台进行跨校学习，平台会记录相关数据，并逐渐堆积形成海量的区域教育场景内学生学习行为数据库。研究平台记录的学生学习数据，提取对开展学生综合素质画像有利的数据，如学生的选课偏好、学习次数、学习时长以及课程评价等，为学生的综合素质画像提供长效有力支撑，帮助学生个性化发展。

三、武侯融通实施效果

武侯组建以区教育局为主导、区教育技术装备与信息中心为指导、"10+1"个场景资源为实施主体，第三方机构提供服务支持的"政、企、校"协同进行实践研究的共同体。共同研究制定出《武侯区教育资源融通共享平台建设与服务方案》《成都市武侯区推进跨校教育资源开放的实施办法》《武侯乐学通项目考核管理办法》《乐学通课程管理办法》以及各项目学校的"一校一案"等管理运营机制。

全区试点开放 10 所学校和 1 个校外综合实践基地，包括北二外附中、棕北中学西区、北二外附小、锦里小学、华西小学、川大附中西区学校、武侯实验中学、簇桥小学、川大附中新城分校、川大附小南区学校和武侯区"水韵园"综合实践教育基地。优化匹配 17 门特色课程，包含人工智能、中医文化、电子书法、小语种、油画、无人机、排球等，汇编形成《武侯区场景资源课程集》。

2021 年 9 月以来，累计为 4 300 余名学生提供课程服务，采集学生选课数据 4 551 条、考勤数据 9 082 条，教师对学生课后评价数据 382 条，学生对课程评价数据 7 650 条。运行期间情况良好，学生满意率达 100%，部分课程深受学生喜爱，学生的周末生活得以丰富，综合素养有所提升。

2021 年 5 月 12 日，《校园场景开放 学生选课走班》在中国教育报第四版发表。2021 年 11 月 26 日，"一码通行"项目受邀在"成德眉资同城化发展智慧教育联盟第三届论坛"活动中作为区域实践案例分享交流经验。2022 年 8 月，项目入围 2022 年四川省网络综合治理优秀解决方案。2022 年 10 月，在《时代教育》发表论文《"双减"背景下教育资源开放融通新模式探索——以武侯区为例》。2022 年 11 月，申报 2022 年度教育信息化教学应用实践共同体项目。

第三节　解决方案类成果

信息技术运用五探，促安全家园共育

◇成都市第二十二幼儿园

摘　要： 《幼儿园教育指导纲要》指出："幼儿园必须把保护幼儿的生命和促进幼儿的健康放在工作的首位。"同时也明确要求"提高幼儿的自我保护意识和能力"。推动学前教育综合改革和规范发展，充分利用现代信息技术，促进幼儿园管理科学化，提高保教质量、提升办园水平，进一步优化家园安全共育。

为了更好地深入贯彻落实《3~6岁儿童学习与发展指南》精神，幼儿园的安全教育工作是家园合作的重点。在实操工作中，成都市第二十二幼儿园（以下简称"22幼"）利用互联网搭建"园园通""班班通""家园通"的现代聊天工具，引进智能晨检设备，对幼儿及家长进行安全教育，取得良好效果。

一、完善信息基础设施，建智慧幼园

（一）教育教学

22幼在每间教室和功能室多配备了计算机、电子白板或交互式一体机，为教师装备台式电脑、笔记本智能终端设备，形成信息化教育基础装备。

（二）教师发展

22幼教师参与了教育网站网络课程等网络化学习与利用了教育资源库，同时在参与信息技术方面教育教学过程中提高了自身的信息技术应用以及课件的制作水平，以达到较好整合学科教学与信息技术的目的。

（三）智能设备，数据存储

为充分利用信息工具与家长进行广泛交流与沟通，22幼引进智能晨检设

备，改变传统人工晨检，大大减轻老师工作量，快速完成体温、体重、身高检测和健康筛查手足口病，拍照留存，有效预防流行性疾病；同时云存储晨检数据，实时上传、分析、推送，助力校园信息化建设，记录每一个孩子的成长，实现家园互动，促进家园共育，共同推进学前教育健康发展。

（四）校园智能化管理

22幼建成宽带、有线、无线全覆盖的网络环境，实现多种智能终端设备信息共享，积极推进园内局域网、广播网、安全监控网三网合一，实现了宽带网络"园园通""班班通"。

二、一探：实现"安全三通"，零距离沟通

22幼利用宽带、有线、无线全覆盖的网络环境，"园园通""班班通""家园通"等多种智能终端设备信息共享的便利，通过园内局域网、广播网、安全监控网，实现零距离沟通，减少传统的口头传达和书面告知。

在疫情期间，安全会议关注最多的内容是疫情防控，安全工作最多的是疫情常态化，安全教育最多的是疫情安全提醒，安全工作上报最多的是人员健康信息。在不能面对面进行沟通交流的情况下，22幼采用最常用的"现代沟通工具"，进行疫情防控家园工作，做好疫情安全提醒、疫情每时段上报、疫情期间人员行程上报、疫情期间教职工及幼儿身体状况上报、疫情防疫物资上报等信息，始终坚持日报告工作，不迟报，不漏报、不瞒报，如表1所示。

表1　搭建沟通案例

搭建形式	园园通	班班通	家园通
搭建内容			

三、二探：智能晨检，杜绝隐患

国家卫健委、教育部明确要求幼托机构，需要做好每日晨间或午间入园检查。然而，现在国内95%的幼儿园晨检都是由保健老师进行人工检查。晨检效率低、每日晨检的数据无法留存，人工记录存在误判、漏检等情况，园长管理有难度，家长不知情。

随着幼儿园自身发展，幼儿健康安全日益重视，越来越多的幼儿园引进了沃柯雷克智能晨检机器人，来辅助幼儿园进行晨检工作。相关数据对比见表2。

表2 2020学年上、下学期晨检机器人的幼儿身体相应数据对比

序号	类别	2020学年度上学期	2020年度下学期
1	受检人数/人	20 100	22 600
2	体格发育正常率/%	97.51	99.56
3	<m-sd（标准差）/%	1.33	7.14
4	肥胖儿/%	1.99	0
5	贫血儿/%	1.99	0
6	低体重/%	0.50	1.70
7	生长发育迟缓/%	0.50	0.50

通过晨检机器人的数据分析，22幼查出有贫血儿4名，园方及时与家长沟通、交流与配合，保健室医生给予家长合理建议以及跟进干预，贫血幼儿的体质得以改善，经过跟踪指导与管理，本学期开学医院复查的结果反映，这4名幼儿的贫血状况已基本恢复正常，干预指导起到了良好效果。通过数据分析，"家园"沟通，为幼儿的健康成长提供了预防和保障。

四、三探：赛与晒，促安全

"赛"就是园方对班级安全教育平台利用情况进行比赛。安全教育平台App是一款专注于教育事业的软件，帮助和协助全国各地的中小学（幼儿园）

师生开展有效的安全教育活动。为了发挥安全教育平台作用，对家长和幼儿开展好安全教育，22幼采取了以下措施：

（一）"赛"速度

园方对班主任就本班安全教育设置平台的周安全提醒，每时段及节假日安全提醒；就班主任授课完成情况、本班家长和幼儿学习完成情况进行比赛，对比完成速度。园方就需要完成的任务制定统计表格，由专人进行数据收集并进行排名给分。例如暑期专题学习完成情况的统计（见表3）。

表3　暑期专题学习完成情况

内容	班级	积分
暑期专题学习	杨树大一班	7
	柏树中二班	7
	柏树中三班	7
	松树小三班	5
	杨树大三班	5
	柏树中一班	5
	松树小一班	3
	杨树大二班	3
	松树小二班	3

（二）"晒"照片

安全教育平台内容丰富，包括安全知识学习、安全技能训练、安全专项活动、学习效果测试等功能。但单纯的学习完成情况统计，通常不能具体体现家长状况及幼儿学习情况，为了更好督促每个家庭真实、有效利用好安全教育平台，班级规定，每一次的平台学习，都要在班级群里"晒一晒"学习的照片。根据学习情况和效果，班级还针对配合较好的家庭，评选相应学习标兵。

五、四探：新媒新渠道，安全老话题

22幼根据当前安全工作需要，结合幼儿园实际，利用各种平台对教师、幼儿、家长以及社会人士进行安全教育宣传，增加安全工作的引领辐射。

（一）安全宣传的"互联网+"

迅猛发展的网络新兴媒体，为安全教育工作提供了新渠道、新途径。除了安全教育平台的利用，22幼还充分利用幼儿园微信公众号、班级微信和QQ群，让它们成为安全宣传的有力阵地。

（二）借助幼儿园电子设备

每周一的幼儿园升旗仪式，园方利用这个全园师生集合机会，充分利用幼儿园LED大屏幕，开展安全宣传教育，结合幼儿学习特点，宣传教育的形式主要包括"苗苗安全表演"、教师讲安全绘本故事、"大树安全宣传"、社区民警安全教育进课堂等。

（三）传统宣传渠道保持

22幼追求的安全教育是全面的，在不同时段，面对不同人群，力求安全教育宣传全方位无死角，同样重视幼儿园宣传栏，悬挂横幅，张贴画报等传统形式，重大节假日发放电子版告家长书、签订安全责任书等，筑牢安全屏障。

幼儿园安全教育工作干系重大，充分利用现代信息技术，不断强化幼儿园安全教育，也是促进智慧教育的重要方面。

"醍摩豆"系统加持，打造高效智慧课堂

◇成都市龙江路小学武侯新城分校

一、智慧课堂打造面对的实际问题

（一）教师信息技术融合应用能力进一步强化的问题

教师受传统教学模式的影响，专注于教育教学技能的提升，重视教学实践经验的积累，但信息技术与教学深度融合的理念，还欠缺认识，积极性不高，行动力不强。如何将信息技术更好融入教学，如何基于数据进行差异化和个性化教学，提升教师专业发展内驱力，需要进一步解决。

（二）学校智慧教研体系的进一步完善

在智慧教育背景下，信息技术会带给教育教学根本性改变。学校需要建构一套与信息技术相匹配相适应的新型智慧教研体系，强化智慧教研的制度机制，统整智慧教研各环节各类型的碎片化零散化信息，促进教师专业发展，让教研更高效，课堂更高效。

（三）课堂教学尚欠缺精准的数据支撑

常规课堂更多呈现教师走教案、课件走流程的状态，学生只能被动接受，教师往往缺乏个性化和差异化的课堂意识，没有将学生的学习效果及思维路径可视量化。如何运用好信息技术，通过大数据的深度挖掘和多元分析，将数据背后的教学意义与价值清晰呈现，进而辅助教师更精准地教，指导学生更精益地学，实现"哪里不会就讲哪里"的精准教学高效课堂，需要进一步挖掘。

二、高效课堂探索，精准教学实践

（一）实施路径：精准数据，有效教研，专属档案

我校以"高效课堂"为目标，按照"精准教学"的理念，借助"醍摩

豆"智慧教学系统,以精准化了解学情、精细化组织教学、个性化指导作业、及时性评价反馈、全程性综合评价五大要点,打造高效智慧课堂,逐步实现智慧化"教"、精准化"研"、个性化"学"。

1. 基于数据精准分析,实现有效教学决策

依靠"醍摩豆"IRS 的即时反馈,变教师的经验为数据的精准分析。课堂上学生运用"醍摩豆"IRS 反馈器作答,教师可以通过学生反馈,即时生成数据,了解学情,通过数据帮助教师教学决策。形成有效提问、有效数据、有效反馈、有效决策的数据决策循环,围绕核心关键问题,形成实时反馈学生水平、二次作答反馈教师行为、基于数据进行改进提升的新生态课堂新模式。

2. 更新听评课模式,提高教研的有效性

"醍摩豆"苏格拉底 AI 教研中心,是自动化采集与分析 AI 教育大数据的研究型教室,同步采集教学行为数据特征,自动生成教学实录和同伴议课报表,避免了空对空的形式上听评课模式,协助教研团队更科学、更高效地议课与教研。

通过结合学校展示课、赛课等活动,进行"醍摩豆"AI 智慧课堂的切片研究,开展展示课、赛课的资源全采集,进行人工智能教学研分析,结合学校重大项目开展学科整合(同课异构、轮转课堂、主题赛研)、学科融合(项目学习、大单元)等创新育人模式,变革教与学方式,营造教师专业成长新路径,打造教学新生态。从点到面,由此及彼,探寻智慧课堂的教学新模式,建模课堂环节,提高教学研究的有效性。

3. 建立专属学习档案,助力学生创造改变

"醍摩豆"反馈系统可实时运用数据分析,外显学生的思维:从元认知到知识建构的过程,运用智慧挑人、二次作答等功能,了解学生的思路变化。实现了"采集信息—获取数据—数据分析—智慧决策"的智慧教学循环。借助信息技术,看懂图表、心灵相通;看见思考、创造改变;看法不同、多元思考;看见差异、因材施教。精准的数据分析,为每位学生建立了属于自己的专属学习和成长档案,为学生的过程性学习评价提供数据支撑,助力学生创造改变。

（二）三重保障：体制、组织与智力

1. 体制保障

我校作为"两自一包"改革学校，发挥"教师自聘、管理自主、经费包干"改革试点的体制优势，在发展规划、教育教学管理、课程设置开发、教职员工聘任、中层机构设置、学校经费支配等方面，用好下放给学校的权力，在评价、薪酬、分配等方面予以倾斜支持。

2. 组织保障

我校成立以校长为组长，教学、德育、信息技术分管校长为副组长，多部门参与的智慧学校创建领导小组，确保以教育教学为主线，以信息技术为支持。

3. 智力保障

我校充分发挥"醍摩豆"技术顾问作用，不定期组织老师们开展技术学习及指导，此外，聘请权威专家、集团内优质师资等，成立智慧学校智库，进行智力支持。

（三）具体措施：培教师、建环境、创课程、智慧教学

1. 培育智慧教育所需老师：积极引导、梯度团队、专家委培

构建智慧课堂，智慧型教师至关重要。学校通过多渠道、多平台锤炼智慧型教师。一是积极引导培训教师，扬弃传统教育理念，主动适应教与学的新变革，强化理论学习，深刻理解智慧课堂，思考如何构建智慧课堂，打造具有"新思想"的教师队伍。二是学校依托现有教师队伍资源，组建了由首席教师、种子教师、基层教师组成的智慧教育梯度教师团队。三是邀请专家团队，开展信息技术培训，特别是"醍摩豆"专项培训，并借助"信息技术与教学融合创新""项目式学习""AR 技术在小学科学课堂的应用""AI 人工智能苏格拉底教学分析"等项目，提升教师信息化素养。

2. 构建智慧环境：升级硬件、构建一体平台

构建有效的智慧课堂，必然少不了智慧环境的有效支持。为此学校大力开展智慧环境打造工程。一是不断推进硬件升级，打造两间校园智慧课堂和一间 AI 人工智能教学分析中心，完成 35 间智慧课堂"醍摩豆"软件安装，加速推进智慧课堂和 AI 人工智能教学分析中心的常态化运用。二是构建智慧教育学习平台体系，为了弥补"醍摩豆"系统数据不足、功能较单一，学校

构建起集武侯"三顾云"平台、希沃教学助手、锐捷云资源、AI人工智能苏格拉底教学分析系统、极课大数据等一体整合的学习平台，促进数据互联互通，构建智能化、开放性的智慧教育场景，为智慧课堂提供有力支撑。

3. 打造智慧课程

课程是教师从事教育活动的基本依据。学校以培养学生学习能力和创新能力为目的，打造智慧课程。一是大力推进学科融合的智慧课程建设，学校组织了融合课程研发行动，研发信息技术与学科教学融合的创新课程，成功完成了多个PBL项目式课程。二是推进校本拓展智慧课程建设，整合部分信息技术课程，开设普及与提高相结合的人工智能课程，推进专项课程，如"人工智能教育"SCRATCH编程项目；"人工智能教育"PYTHON编程语言、"编程猫"项目等。

4. 开展智慧教学：以数据决策、个性化学习、任务化场景、项目式空间

教学内容是智慧课堂的核心。为此，我们坚持以学生为中心，开展智慧教学。一是借助数据进行教学决策，依托"醍摩豆"即时生成数据、了解学情的功能，形成有效提问、有效数据、有效反馈、有效决策的数据运用闭环，助力教师有效把控教学全局。二是推进学生个性化学习，通过"醍摩豆"系统对学生学习过程、学习结果等信息的记录反馈，教师可以科学引导学生开展课前个性化学习、课中互动学习以及课后延展深度学习。三是创设任务化、生活化学习场景，按照智慧课堂强调合理创设情境的原则，教师先提炼出知识蕴含的思维取向，分析知识的应用价值，依托智慧教育技术，根据真实生活情况呈现学习任务，引导学生主动经历知识建构，培养探索解决问题的能力。四是打造"项目式学习网络空间"，开展基于"项目式学习网络空间"的研究性学习、小组学习和合作式学习，重构学习环境，实现新技术和教与学的深度融合。

三、"醍摩豆"智慧教学系统：功效与成果

(一)助推教学观念转变

通过运用"醍摩豆"智慧教学系统，学校老师的教学观念有了改观，从

原来的依靠经验教学，转化为现在借助大数据分析的精准教学，教学系统为教师及时了解学情、调整教学计划，提供了数据支持。教师通过传感器和智能终端同步记录学生的学习路径，追踪其学习过程，全面掌握学习者的学习现状。通过为教学"把脉"，实现"对症下药"，学生的学习效果明显提升，近几年语数学科质量监测数据显示，学校已稳定在区域第一阵营。

（二）打造教学模式："135"智慧课堂教学新模式

在教育部《关于实施全国中小学教师信息技术应用能力提升工程 2.0 的意见》基础上，学校利用"醍摩豆"课堂系统及苏格拉底平台，搭建了课前、课中、课后三环一体的智慧教育生态。在数据分析的依托下，精准研判学生学业水平和学习能力，实施"以学定教"，构建了个性化、精准化的"135"智慧课堂教学新模式。

"1"指一中心，即以学生为中心。"3"即三环节，"课前""课中"及"课后"。"5"即五要点：第一要点，是课前收集学生自主学习情况；第二要点，是通过分析数据，找出教学中存在的共性问题和个性问题，精准设计教学重难点；第三要点，是课中通过数据反馈，精准分析学情，有效设计课堂活动及相关练习；第四要点，是课后作业的个性化布置，突出分层设计；第五要点，是资源推送，反思提升（见图 1）。

这种教学模式，通过数据分析，让教与学的行为都更加精准，更强调教师主观能动性，依托信息技术手段进行课堂观察，提高课堂评议的客观性，充分发挥精准化教学效能，让智慧课堂的效果得到更充分的彰显（见图 2）。

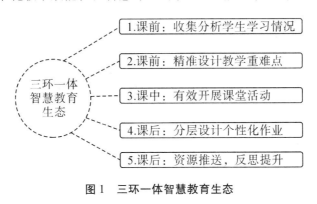

图 1　三环一体智慧教育生态

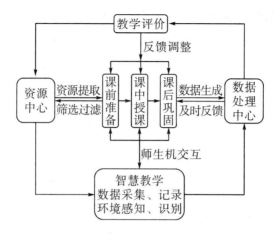

图2 基于"醒摩豆"课堂系统的智慧课堂教学模式

（三）教学评价：建多元评价体系

传统教学模式中，教学评价方面通常会采用终结性评价方式，如一考定音的考试成绩。这种评价方式，往往忽略了学生在学习过程中能力的发展，致使学生核心素养得不到有效形成。此外，教学评价会反过来影响教师的教学，导致学生在传统课堂的学习兴趣受限，参与知识建构过程的积极性不强。为此，我们聚焦培养学生数学核心素养，建立全过程、多维度、立体化智慧课堂多元评价体系。

一是评价全程化，教师根据"醒摩豆"课堂系统、武侯"三顾云"平台、极课大数据等平台提供的学生课前、课中、课后学习动态数据分析结果，利用交互平台对学生进行合理的评价，如学生学习过程参与度、完成度等。二是评价主体多元化，即构建教师常规性评价、学生互动性评价和专家建议性评价的多主体评价体系，利用及时反馈系统开展自评互评，形成"师—生—机"立体式交互活动过程，从而提高学生的学习积极性；同时借助专家建议，更好帮助教师及时改进教学策略。三是评价方式多元化，先将学生发言、讨论、抢答等过程性评价与考试成绩等终结性评价相结合，后借助智慧教学平台数据分析结果，将线上评价与线下评价有效结合。四是评价标准多样化，智慧课堂评价标准不仅局限于学生的考试成绩，还要综合考虑学习态度、学习能力等定性指标。

（四）形成课堂教学主张："三慧五G"

借助"醍摩豆"智慧教学系统，在逐步实现智慧化"教"、精准化"研"、个性化"学"的"高效课堂"中也逐步形成符合我校特色的课堂教学主张（见图3）。

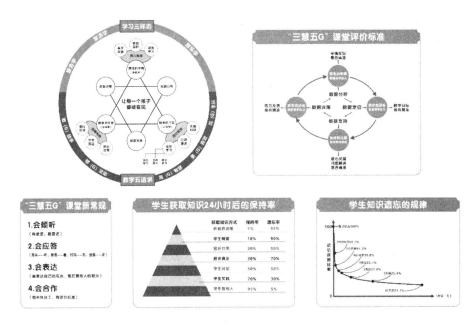

图3 "三慧五G"课堂教学主张

1. "三慧五G"课堂教学主张

"三慧"即学习三样态：慧活学、慧合学、慧乐学。"五G"即教学五追求：敢（G）放手、够（G）灵动、高（G）智慧、更（G）高效、共（G）生长。

课前，老师通过"醍摩豆"进行精准的学情分析，借助分析数据设定精确的教学目标，因材施教，激发学生学习热情；课中，"醍摩豆"即时反馈，实时掌握学生学情，充分体现学生主体地位，及时了解学生所思、所想、所做，因材施教，及时调控课堂，精准讲解、精准教学；因势利导，根据即时练习反馈，教师适时点拨并借助"醍摩豆"进行差异推送，让不同层次的学生，都能有所收获，同时，让学生能举一反三、学以致用，促进学生思维生长。

2. “三慧五 G”课堂评价标准

学情反馈是否精准？借助“醍摩豆”数据分析，精准分析学情，准确把握教学起点；教学目标是否精准？通过数据定位，精准设定教学目标，把握教学重点；核心关键问题是否精准？实时数据支持，精准调整教学过程，把握教学策略；练习反馈是否精准？依据数据决策，精准完成教学反馈，促进思维提升。

3. “三慧五 G”课堂新常规

学生会倾听：坐姿端正、眼神专注、耳朵倾听、能复述他人观点。

学生会应答：有规范的应答语言。

学生会表达：善于大方、简洁、清晰表达自己的观点，敢质疑他人的观点。

学生会合作：小组合作有明确分工，建立自评、互评的评价量规。

四、“醍摩豆”智慧教学系统应用效益：教师提升、学生成长、内涵优质发展

（一）“醍摩豆”智慧教学系统：加速教师专业能力提升

“醍摩豆”智慧教学系统的使用，促进教师教研思维逐渐转变，教研方式逐渐改变，教研能力逐渐提升。目前，全校大多数教师都能熟练使用“醍摩豆”智慧教学系统，形成了 30 多位“种子教师”团队。无论是校内同伴互助赛课、还是区级研究展示课，老师们都能积极使用本系统的相关功能开展智慧教学，例如：一次作答、二次作答、随机抽人等，课后也能利用切片智慧教研进行精准听评课，累积教学教研资源数据，让不同教龄的教师实现精准性个性发展，让不同学科老师的课堂向高效课堂迈进，让学校教学教研向系统性和实效性的教研体系蔓溯。

（二）“醍摩豆”智慧教学系统：协助促进学生全面成长

在智慧教研体系下，学校提出了“会倾听、会应答、会表达、会合作”四会学生能力素养指标，学生的课堂学习数据自动汇流，初步形成了学生素养数据画像。

同时，利用"醍摩豆"交互式的教学设备和教学活动设计，能让学生体验个性化、多元化、差异化的课堂，激发学生学习兴趣，变被动学习为主动探索，培养了学生学科思维，提升了学科素养。在成都市和武侯区的教学质量评估中，本校学生全面发展指标稳步上升，在自主学习、合作探究、混合学习等方面，能力突出。我校学生的信息化素养，明显高于区域其他学校，在科学创新能力大赛、机器人比赛等信息化活动中，本校学生均表现优异。

（三）"醍摩豆"智慧教学系统：助推学校内涵优质发展

借助"醍摩豆"智慧教学系统，促进了我校教师达成专业共识，形成共同体文化，推动学校育人文化、教学质量、"家、校、社"三位一体协同育人等整体提升。在智慧教育背景下，基于数据驱动的个性化差异化精准课堂，赋予教育质量以新内涵，推动学校向优质、一流持续迈进。

"云星学堂"，智慧研学
——祥云分校智慧教室建设方案

◇成都市龙江路小学中粮祥云分校

摘　要： 学校智慧教室的建设，对于实现教学现代化作用重大。祥云分校在"云星课堂"建设理念指引下，提出了个性化的智慧教室建设方案，利用软硬件采集分析数据，使教师课堂教学行为更科学、更专业，学生课堂课下学习更轻松快捷，完成师生"数字画像"，为探索教学新方式、网络研修新形式、教师发展新路径、智慧学习新模式，提供了有力保障，助力教师专业发展和区域教育优质均衡。

一、应用场景及面对的问题

祥云分校过往教室使用的局限：老师难以获取最新同步教学辅助资源，双向的教与学互动不足，课堂教学缺乏及时反馈，资源和设备之间互相分离，行为点分析不聚焦，课堂教学上也难以形成个人特色风格，教学质量提升缓慢；一师一优课等各类比赛的录制效果不佳，个人录课机位安排不合理，录制效果较差，可能引起精彩镜头的流失；日常教学设备功能单一，投影、电脑各部分功能孤立，且显示效果易受光线环境影响；大多软件并非专为教育教学设计，未充分考虑教学的实际需求，使用效果不佳，不能满足及时更新需求。

智慧教室实现教学评一体、教室设备的集成化、复用度更具智能化，硬件完善、多屏联动、实时广播、资源共享等多样化功能。兼容其他平台，能充分发挥教育信息化的智慧、便捷、高效的价值。

二、"云星课堂"设计理念目标

"云星课堂"智慧录播教室通过多个 AI 系统的整合优化、实现课堂行为数据的实时采集及人工智能分析,建立科学的教师管理、评价、培训以及资源体系。以"云星课堂""12345教学主张"的理念为基础,构建智慧化的探究式小组学习环境,提高课堂教学的质量,推动学生学科素养的快速。主要达成应用目标如下:

第一,实现常态化教学场景录制,伴随式采集教学数据。

第二,智慧录制形成学校优质资源库,建立教师教研空间。

第三,建立学生自主学习、差异化学习、互动交流平台。

三、"云星课堂"场景设计

(一)智慧录播教室架构

智慧录播教室架构如图1所示。

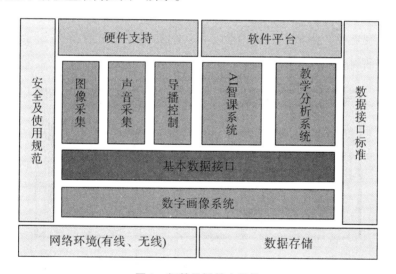

图1　智慧录播教室架构

(二)设备连接拓扑

设备连接拓扑如图2所示。

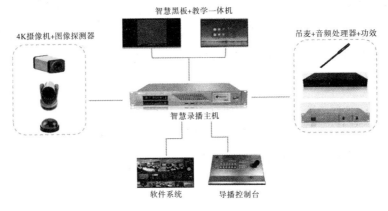

图 2　设备连接拓扑

（三）"云星课堂"教室

1. 双空间

智慧录播教室总面积约为 135 平方米，整间智慧录播大教室被一层薄薄的单向透视玻璃分隔成前、后两个空间：前端为学生智慧学习空间，后端为教师观摩研讨空间（见图 3）。

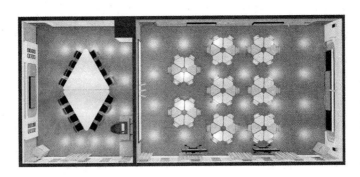

图 3　智慧录播教室布局

2. 祥云风科技感

在智慧教室的装修风格中，充分融入学校的"祥云"文化，打造独具学校特色的"云星学堂"。观摩窗采用"星空"背景，呼应"云星学堂"，让师生在这样的空间中舒心学习。

3. 合作探究学习模式

学生智慧学习空间是智慧录播教室的主体核心区，师生将在这里进行课堂教学互动交流（见图4）。座位布局上，学校打破传统教室的横排数列的桌椅摆放方式，采用小组合作式布局，六桌六椅合围一圈，方便课上进行小组合作学习、讨论与分享。教室墙面布置一个98寸智慧黑板和四个65寸互动一体机，实现一体机多屏联动，满足各个小组间的合作交流。

图4　学生智慧学习空间

4. 幕后舞台

学校采用单向透视玻璃将观摩室与授课室分开，教师将在这里进行观摩教研与录播控制。观摩教师能清晰看到实时教学动态，并及时对课堂情况进行多模式记录与研讨。观摩教室中还包含了智慧录播教室的中心操控台，可由专门教师进行手动操作，也可以无人值守智能化控制，真正实现对录播课堂的全程监控和采集保障。

四、"云星学堂"：六大系统

（一）图像采集系统

图像采集系统包含录播工作站、4K高清云台摄像机、教师图像探测器2台、学生图像探测器4台。

（二）声音采集系统

建设方案中设计的声音采集系统，采用全场景智能调音台，教室上方装有8支强指向性话筒吊装设计。项目中采用双通道扩音技术，主扩音通道负责授课区扩音，保证授课效果；副扩音通道负责听课区扩音，保证教研效果，有效解决两个区域不同需求造成的矛盾。

（三）导播控制系统

导播控制是整个录播教室的"大脑"，利用自动跟踪主机和图像探测器，实现图像的自动跟踪控制和采集。使用者也可以根据需要进行手动导播，方便多种课件录制需求。

（四）AI智课系统

AI智课系统，应用智课终端设备，贯穿课前、课中和课后三大教学场景，能实现课堂教学基础大数据的常态化、伴随式采集和即时化分析评测，自主生成覆盖所有学段、所有学科的教学评测大数据资源体系，形成教学行为数据分析报告。

（五）教学分析系统

通过教师端分析系统，进行教学任务同步推送，学生利用学生端实现师生、学生之间更有效的沟通；根据及时反馈的教学数据，教师可以及时调整教学内容与教学进度。通过全自动高清交互式录播，在线观摩教师可以进行实时在线点评，帮助教师挖掘隐性知识点，还可以进行同课异构数据分析，对公开优质课例进行分享与管理，分类整合，资源库共备共享；建立云端班级，形成基于数据的学生全面评价。

五、"云星学堂"应用效果

智慧教室的建立，使祥云分校信息化硬件发展得到提升，促进了教师对课堂的深入研究，提高了课堂教学效益，提升了教学质量，为学校建设、精准教研、教师成长提供了科学指导，为学校师资培养与优化提供了更全面的数据支撑，建立了科学的教师管理体系、评价体系、培训体系以及资源体系，精准引领教师成长、学生学习、学校发展。

重构课程，沉浸式教学：初中 VR 教学实践研究

◇成都市棕北中学西区实验学校

摘　要： 本成果利用 VR 技术重构了课程内容，建构了 VR 安全教育、VR 学科教学和 VR-STEAM 三大类课程，分别在六至九年级开设。梳理、制作出与教学相匹配的 55 个 VR 资源；形成了 6 个 VR 资源选择与使用的策略，3 个 VR 软硬件应用策略；确定了灵活的小组合作学习方式，形成了课堂设备使用常规管理方式；形成了学科教学、安全教育、VR-STEAM 教学三种沉浸式教学模式和集体个别化教学策略；构建了课堂量化评价和课后多元评价两种沉浸式教学评价。

一、课题设计：亟须解决的难题

（一）教学体验不足，成教学质量提升痛点

信息技术对学校传统教学方式变革提出了新要求，教育者需要考虑如何将信息技术与学校各类课程深度融合。

无论是传统教学，还是现有信息化教学中，教师大多只能借助口头语言表达、二维的图片、视频或三维的教具进行讲解，往往导致学生学习兴趣欠缺，课堂生动性弱，技能掌握较慢。

而虚拟现实（VR）是一种可以创建和体验虚拟世界的计算机仿真系统，它从真实世界中采集数据，利用计算机生成模拟环境，使学生产生一种出现或沉浸在仿真环境中的感觉，并通过感官反馈进行人机互动。

VR 技术独特的真实性、体验性和互动性特点，能打破时间与空间的限制，营造"自主沉浸式学习"的环境，使学生产生强烈的沉浸感，通过高度逼真的环境和互动，弥补学生真实体验不足的问题，增强学生学习兴趣，提升学生专注度和学习效果，同时，规避某些体验或技能训练所带来的高成本和危险性。

（二）虚拟现实技术辅助教学，亟须解决多个难题

通过多次问卷调查，我们发现，在基础教育阶段，VR 技术的运用存在着一些亟待解决的问题。包括 VR 资源存在体验感差、契合度低、零散分散等质量难题，难以满足教学需求；同时，VR 软硬件不够普及，设施设备不充足，运用操作不熟练，导致组织教学有难度。

在 VR 教学缺乏范式方面，存在运用随意且有效性低的问题：

1. 不清楚如何利用 VR 技术的优势点

调查显示，老师们对 VR 技术的优势、特点把握不准，不清楚 VR 适合用来教学哪些类型的知识点、能力点，不明晰在哪些教学环节可以使用 VR 资源，以致教学重难点的突破与资源的运用没有有机融合，课堂效率无法得到有效提升。

2. 不了解如何应对 VR 技术的特殊性

由于 VR 特殊的高仿真、沉浸性，以及佩戴头显设备等特点，VR 资源在视觉、空间感知方面对学生有较显著的影响。因此了解学生对此的适应性、接受度非常必要，但老师们对教学中使用 VR 资源的数量、时长等，缺乏科学系统的认知。

二、课题的实践展开：重构课题，沉浸式教学与评价

（一）利用 VR 技术，重构课程内容

1. 构建了三大板块的 VR 课程内容

我校建构了 VR 安全教育、VR 学科教学和 VR-STEAM 三大类课程，总计 105 课时，分别在六至九年级开设。

（1）VR 安全教育。

VR 安全教育包含灾害自救、交通安全、用电安全、消防安全、电梯安全、预防溺水、急救能手、模拟法庭八大主题，共 22 课时。VR 安全教育课被排入课表，每周每班 1 课时，一学年内完成。

为更好地满足教学需要，项目组于 2020 年组织 17 名教师编写了与 VR 安全课配套的《VR 安全教育读本》。该读本共六章 21 节，近 5 万字。

（2）VR 学科教学。

项目组确定了涉及 14 个学科的 47 个契合点。VR 学科课程内容由学科教师利用常规课开展教学，也可通过菜单式约课，开展主题学习。

（3）VR-STEAM。

利用社团课开设 VR-STEAM 课程，主要学习全景作品制作，在项目式学习中掌握活动方案设计与实施，素材采集处理，全景设计与制作。该课每周五下午一小时的教学时间，每个项目完成需要 2~3 小时，一学年内完成 14 个项目。

18 位老师将 VR 技术与 STEAM 教育理念相融合，在 2020 年 12 月完成了《VR-STEAM 课程手册》的编写。课程将技术与学科结合，增强学习体验，提升学科核心素养，培养科技理工素养。内容拓展为漫画篇（初）、全景篇（中）、AI 篇（高）三册。漫画篇以自然环境为主题，学习数字漫画创作。全景篇以社会生活为主题，学习全景作品制作。AI 篇学习在虚拟场景中完成机器人设计、搭建、运行。其中全景篇在 2020 年成都市中小学创客教育校本课程（中学组）征集评选活动中获二等奖。

2. 梳理出与教学相匹配的 VR 资源

项目组将知识和能力点与企业提供的 264 个 VR 资源相匹配，匹配到 35 个契合的资源，再由学校主导设计 18 个，教师自主制作 2 个，共计 55 个 VR 资源。

（二）提出 VR 沉浸式教学模式，形成相应教学策略方法

1. 形成 VR 资源选择与使用的策略

（1）遵循现有资源优先原则。

（2）保证资源内容与知识点相契合。

（3）保证资源的交互性与沉浸性。

（4）根据学情做好引导和铺垫。

（5）根据资源内容和类型，选择使用教学环节。

（6）合理选择资源数量和使用时长。

40 分钟的课堂中，单次使用资源时长一般在 3~6 分钟，单个资源可在不同教学环节重复使用 2 次，最多可使用 3 个不同内容的资源，使用资源总次

数不超过 3 次，使用资源总时长一般在 5~15 分钟。

2. 形成 VR 软硬件应用策略

（1）课型和软硬件相适宜。

体验类课程如飞行体验、地震逃生、火灾逃生等，对体验感要求较高，以 VR 头显设备为主，还可使用 VR 体感一体机。编程类 VR-STEAM 课程以电脑和编程软件为主，可将制作的作品导入 VR 头显设备，进行体验和评价。

（2）软硬件使用种类数量要适量。

一节课中，建议选择 2 种或 3 种不同的软硬件配合使用。软硬件种类过多，会加大老师操作难度，学生可能认知超负荷，降低课堂效率。

（3）设备数量与教学活动相协调。

若 VR 眼镜可以保证人手一台，一般选择所有学生同时观看学习。若无法保证人手一台，则根据上课内容进行调整。如课程内容对体验感要求较高，则可以任务分层，分批次轮流使用设备；反之，课程内容对体验感要求较低，则可开展小组合作学习，配合投屏等功能使用。

3. 形成灵活的小组合作学习方式

采取按照学号进行分组，学号与座位号和设备号相一致的方法。按上课次数或者星期，学生轮流担任组长，组长负责设备的收发、使用和课堂的记录（包括学习和纪律）。教学中以组为单位开展教学，布置学习任务，小组评价和个人评价相结合。

4. 形成课堂设备使用常规管理方式

教师检查软硬件，准备好教学资源。学生需准备好学习用品排队候课，提前候课时由老师将设备从充电消毒柜中取出交给组长，摆放到桌上，待课堂需要时才可以取用。课程结束后由组长检查、归还设备，教师对设备集中充电和消毒。设备取用与使用规范的小组，予以加分鼓励，可以优先取还设备。不遵守课堂纪律的同学可能会被留下为班级服务，损坏设备要赔偿。

5. 形成三种沉浸式教学模式

经过教学实践，研讨总结，我们形成了学科沉浸式教学模式、安全教育沉浸式教学模式、VR-STEAM 沉浸式教学模式三种沉浸式教学模式。沉浸式教学模式的基本程序有：确定问题—情境体验—交互学习—总结强化—效果评价。

6. 形成沉浸式教学的集体—个别化教学策略

总结出了在集体教学情景下，教师引导学生依据自身学情况利用 VR 资源及设备进行"集体教学—个别化学习"的教学策略。其主要包括以下环节：①教师诊断学生初始学业水平或学习不足之处；②教师引导学生分析明确问题；③教师提供资源、创设情境，学生进行个别化学习；④集体反馈、总结及强化。

（三）构建沉浸式教学评价：课堂与课后

1. 课堂量化评价

（1）课堂量表评价。

项目组遵循 VR 技术与课堂深度融合的一般要求，制订了 VR 课堂评价量表用于评课（见表 1）。

表 1　VR 课堂教学评价

一级指标	权重	二级指标	权重	评价要点	评分
学习环境	5 分	网络化	1 分	网络环境搭建到位，联网顺利	
		完备性	1 分	头显等设施设备完好，电量充足，使用无碍	
		人文性	1 分	具有规范、友好、支持个性化学习的界面	
		操作性	1 分	学生充分掌握设施设备的操作方法	
		安全性	1 分	无锐器等不安全因素，空间宽敞，便于学生身体转动、移动	
学习资源	15 分	科学性	2 分	学习资源内容正确、科学，无知识性错误	
		相关性	2 分	学习资源与学习内容保持一致，没有冗杂信息	
		真实性	3 分	模拟真实环境、场景、事物，具有真实感	
		丰富性	3 分	融合多种呈现、互动形态，为学生学习提供丰富的资源	
		工具性	3 分	具有动态生成性，为学生技能练习、实践操作提供途径	
		扩展性	2 分	具有扩展创新性，有利于学生创造和展示作品	

表1(续)

一级指标	权重	二级指标	权重	评价要点	评分
学习目标	20分	适切性	4分	学习内容和目标符合课标,适合学生发展阶段、现有知识框架	
		实践性	4分	能体现培养学生实践能力和创新精神的要求	
		价值观	4分	能体现培养学生健全人格和正确价值观的基本要求	
		融合性	4分	能体现信息技术和教学目标的有机融合	
		清晰性	4分	各教学环节、活动需要达成的目标清晰明确	
学习过程	35分	情境性	5分	能够创设情境,组织学生基于真实情景、问题进行学习	
		沉浸性	5分	能为学生提供自主、沉浸学习的时间和空间	
		探究性	5分	能组织基于"问题"和"任务"的探究性学习活动	
		有效性	5分	各环节、活动设计、实施有效,能顺利完成各项学习、探究任务	
		个性化	4分	尊重个体差异,对学生不同学习情况进行有效的管理和调控	
		交互性	4分	设计和组织学生进行有效的人机互动和师生、学生互动	
		兴趣感	4分	帮助学生获得真实体验,提升学生学习兴趣	
		适宜性	3分	科学规划资源的使用时长和频次,保证学生感官的舒适度	
学习效果	25分	目标达成	5分	学生达成三维学习目标,建构起相应的知识框架,掌握相关技能	
		学习能力	5分	注重了学习方法的指导,促进了学生学习能力的发展	
		创新意识	5分	增强了学生自主探究意识、创新意识和创新能力	
		信息素养	5分	增强了学生的信息素养和信息能力	
		情感参与	5分	激发了学生的学习动机,体验探究和成功的乐趣	

总分:
总体评价:

（2）通过课堂练习，进行学习效果对比。

在学科 VR 教学中，老师通过控制系统推送练习、学生利用 VR 头显交互功能作答，通过后台的统计反馈数据了解学习内容掌握情况。使用 VR 设备进行教学的班级，学习效果优于没有使用的班级。如生物学科中"心脏的结构与功能"一课的教学统计数据显示，使用 VR 设备进行教学的班级，比采用普通实验课方式进行教学的班级，效果明显更好。在探究过程中，同学们印象更加深刻，更易掌握知识点，学习效率更高。

2. 课后：多元评价

（1）师生评价。

对不同内容的 VR 课程，项目组都开展了教学效果的问卷调查。例如，关于 VR 应用于语文说明文教学的问卷调查结果显示，大多数师生总体上认为对学习有帮助（见表 2）。

表 2　VR 技术对学生学习的帮助调查结果　　　单位：%

选项内容	教师占比	学生占比
1. VR 技术的想象性拉近生活与知识的距离，更容易理解说明对象及其特征	72.73	83.00
2. VR 技术的交互性帮助学生理解作者的写作思路、说明顺序	77.27	84.00
3. 通过 VR 资源与文本的结合，更好地把握说文语言的特点	81.82	49.00
4. VR 技术的沉浸性增强学习体验，激发学生求知欲，培养科学探索精神	90.91	77.00

（2）使用者与家长评价。

VR-STEAM 课程中，作品被上传至云平台让更多人体验，并根据体验者的点评，对作品进行完善，发挥了使用者的作用；家长的评价体现在 VR 安全教育课中，学生回家后与家人分享所学，通过共同设计家庭应急逃生路线图等形式，增强安全意识与能力。

三、课题绩效与效果

（一）提升了教学质效

通过随机抽查 85 名至少参与 12 次 VR 安全课程学习的学生发现，超过 70% 的学生认为，相比于普通视频、图片等学习资源，VR 资源有呈现更直观，有助于知识理解、沉浸感更强，能减少课堂干扰、交互感更强，体验效果更好等优势；超过 80% 的学生认为，VR 沉浸式学习能够培养自身学习兴趣（见表 3）。

表 3　VR 课堂学习效果调查

选项	人数	比例/%
呈现更直观，有助于知识理解	69	81.18
沉浸感更强，能减少课堂干扰	60	70.59
交互感更强，体验效果更好	64	75.29
能提高学习兴趣	70	82.35
没有什么不一样	5	5.88

从学科应用点应用效果来看，VR 技术与说明文教学的融合，能够提升学生学业水平。2017 级第 3 期校平均与区平均差值为负值，说明其学业水平低于区平均水平；使用 VR 教学的 2019 级在第 3 期说明文阅读总分、第 1 题（内容概括）和第 3 题（内容与说明对象关系）校平均与区平均差值为正值，说明其学业水平高于区平均水平。

从总体学业成绩来看，我校 2018 级作为第一届在教学中系统应用了 VR 技术的学生，其 2021 年中考总体成绩相较上届提高了近 20 个百分点。进入四川省级示范校就读的学生有 185 人（不含艺体特长生），省级示范校上线率达到 60.8%。学校一举进入区域一流公办初中行列。2018 级 6 班一名 VR 体验官，通过 VR 技术了解到航空航天相关知识，萌发飞天梦想，通过严格选拔进入青少年航空基地班。

（二）激发教师的研究动力，提升专业教研能力

我校老师们边实践边展示，边总结边交流，研究成果获区级及以上奖励

20 次，其中国家级特等奖 1 次，一等奖 3 次，二等奖 1 次；获省一等奖 2 次，省三等奖 1 次；获市一等奖 3 次，二等奖 3 次，三等奖 3 次；区一等奖 2 次，区三等奖 1 次。4 篇论文被省级期刊公开发表、收录。学校 2020 年通过区骨干教师评选的 9 位教师中，有 4 位是 VR 项目组的主要成员。

（三）产生了区域辐射效应

三年多来，我校在区级及以上活动中共进行了 56 次交流，其中国家级交流 1 次，省级 9 次，市级 10 次，区级 36 次。媒体公开报道国家级 1 次，市级 6 次，区级 4 次。在 2021 年跨校选课公益活动中开课 22 次，为 500 余名中小学生提供 VR 课程学习。学校"VR 安全体验中心"在 2021 年度武侯区智慧教育"一码通行"项目运营中，获"最受欢迎基地"奖。两位老师执教的课程"VR 安全教育"，获"最佳课程质量"奖。

（四）提高了 VR 资源及软硬件适用水平

在校企合作过程中，企业与学校的合作方向主要为硬件、网络、资源等。学校提出教学资源、硬件、软件相关意见和建议，企业根据学校需求，提供相应的服务。同时学校作为企业的研究实践基地，为企业提供 VR 资源研发、实践、测评分析。其中某公司根据学校建议，对管理系统、展示界面、产品结构等做整体优化，升级到 MeeX 系列，包括用于全生态产品的云端管理平台（MeeX 云）、用于 VR 创客的创意创作平台（MeeMake）、用于 VR 教学的播放控制平台（MeeSee）、用于 VR 自助体验的触控交互平台（MeeTouch）以及 VR-STEAM 课程配套的标准教材。2020 年年初，该公司 VR-STEAM 课程（含软件）新增服务学校 20 余所，覆盖北上广深、江浙、成渝地区，以及福建、内蒙古、西藏等省区，配套软件 MeeMake 可免费下载安装使用。

四、课题思考与讨论

（一）VR 技术仅是辅助工具，要与学科和其他技术融合发展

首先，VR 教学研究与建设应该紧扣学校教育发展的脉搏，为实现学校整体教育教学目标而进行，不能对技术盲从。推进 VR 教学研究，不能忽略对教学内容、方式、评价等的研究，不能让渡学校在建设中的主体地位而被技术

和企业左右。

其次，应该认识到 VR 技术终究是学校教学的辅助工具，旨在通过营造虚拟现实环境提升学生学习兴趣，帮助学生提升学习专注度和效率，不能过分夸大其作用，不能以虚拟现实环境完全替代学生在现实中的体验，更不能以直观的虚拟现实技术挤压学生想象、思考的空间。

最后，有效推进 VR 沉浸式教学，需要实现技术与学科、技术与技术的融合。

一是技术与学科的融合。VR 技术的沉浸性、交互性和真实性，使其与创设情景，展示事物，阐释概念，组织实践，尝试探究等教学需求相得益彰，VR 教学应充分发挥其特点，实现与学科的有机、深度融合。

二是技术与技术的融合。VR 技术并不孤立于其他信息技术，而是各有所长，应根据教学需求，与其他通用技术相融合，整合运用。如根据多媒体环境、混合学习环境和智慧学习环境的不同，以及教学的需求，将 VR 技术与希沃白板、云空间、大数据、增强现实（AR）等技术与平台相结合，共同促进教学效益的提升，实现 1+1>2 的效果。

（二）需要不断完善师、生、校业多方协同研究保障机制

教师与教师相互协同，发挥学科专业和学科融合优势，在研究、交流与推广活动中各司其职，共同推动项目持续深入地进行。充分发挥学生主体作用，通过"VR 体验官"协助班级开展 VR 课程，通过"VR 志愿者"服务、跨校选课公益活动，协助外校同学体验 VR 课程。通过区内 VR 试点校每月开展研讨，主动承担公益课的方式加强区内外校际合作交流，共享研究成果。学校还需要与企业建立良好的伙伴关系，明确学校在 VR 课程建设中的主导地位，以保障实践研究前沿性，提高 VR 教学资源的适用性，降低研发成本。

第五章

典型篇：
学校智慧教育建设试点典型案例

第一节 教学新生态案例

信息技术与博物馆活动的融合实践

◇成都市第十一幼儿园

一、活动缘起

在幼儿园基于数字画像开展幼儿评价的过程中，基于平台的幼儿发展记录，发现幼儿在博物馆的参观中走马观花，未有持续的探究，博物意识有待提升。因此，成都市第十一幼儿园（以下简称"十一幼"）利用信息化的技术，展开了线上线下的博物馆探索活动。

二、活动开展

（一）亲子访馆，直观体验博物馆

幼儿园以亲子活动的形式，带幼儿周末探馆，通过实地观察与体验，引发幼儿关于博物馆的兴趣和问题。

（二）云端游馆，线上参观探索博物馆

带着关于博物馆的体验，回到幼儿园后，班级教师组织幼儿展开讨论：是怎么去博物馆的？在博物馆里看到了什么？对什么最有兴趣？还有什么问题？针对幼儿的问题，教师打开博物馆的线上场馆，还原幼儿提到的场馆或展品，再次进行讨论与分享，深化幼儿的体验。

（三）线上对话，在专业解答中认识博物馆

针对幼儿的问题，班级教师在查阅资料基础上能够回答一部分，但还有一些部分找不到答案。因此，班级和博物馆的工作人员共同合作，请专业人士和幼儿进行线上对话，解答幼儿关于博物馆的专业问题，帮助幼儿进一步认识博物馆、探究博物馆。

（四）探秘展品，在深度学习中理解展览品

在多次的对话与交流中，幼儿对博物馆的兴趣更加浓厚。班级组织"我最想了解的展品"活动，请幼儿和家长一起收集展品资料，在全班进行播报分享；同时，组织幼儿利用各种材料绘画、制作展品，用多种表征方式表达自己的理解。

（五）沉浸分享，在游戏活动中感受博物乐趣

在作品展示环节，班级打破了原有的展览方式，创造性地利用 AR 教室，让幼儿的作品能够在不同的场景中展示。特别的场景营造，进一步激发了幼儿兴趣，在游戏体验中创编出了博物展品故事。

三、教学活动效果

本次活动是基于数字画像研究，利用信息化软硬件设备开展教学的一次成功实践，为信息化技术与幼儿教学活动深度融合提供了一种路径。

在活动中，幼儿作为活动的主体，不仅实际走进博物馆参观，而且通过线上访馆、线上对话等多种形式深入了解博物馆，开展了持续的探究。多元的路径和多样的方式，让幼儿在感知、体验、操作中丰富了博物馆相关体验，促进了幼儿的探究能力。

在教学活动中，班级教师和幼儿共同探究，既促进了幼儿的深度学习，又拓展了教师的博物认知，促进了教师的专业提升。教师原创完成的《博物馆参观手册·幼儿版》，进一步支持了幼儿的后续学习与探究。

这一教学活动的创新点在于：在学前阶段，利用 AR、远程互动技术，拓展了幼儿学习的空间，能够通过线上观看、对话、体验的形式，持续深化关于博物馆的认识，解决了信息化技术与学前教育活动的融合问题。案例视频在成都市教师教育教学信息化大赛区级评审活动中荣获一等奖。

整书阅读教学：技术赋能、四环进阶模式

◇成都市武侯实验小学

　　课前，教师依托信息技术支持，使用问卷星调查学情，基于精准的数据分析，结合单元语文要素等制订课时教学目标。教师根据课时教学目标，进一步运用信息技术赋能，设计以下四个环节的学习活动。环节一：抓关键内容，巧创游戏（主要运用希沃白板游戏设计功能）。环节二：抓整书核心，设计问题（主要运用演示文稿功能和希沃授课助手优化课堂交流互动效果）。环节三：抓关键情节，组织辩论（主要运用班级优化大师激励学生，优化组织课堂管理效率）。环节四：抓读写结合，分类作业（后期主要运用武侯"三顾云"平台班级圈子根据作业任务进行话题讨论、成果展示等）。通过这四个环节的学习，实现学生"辨识与提取—整合与分析—比较与评价—运用与创造"思维层级的进阶，让学生的语文核心素养得以发展。依据该课例提炼出的整本书阅读分享交流课模型，推广运用，取得实效。

　　整本书阅读，已经成为阅读教学的主线。积极进行整本书阅读教学模型的研究，成为非常有价值的教学行动。成都市武侯实验小学郑璐老师立足学校《信息技术背景下的小学高段整本书阅读教学的实践研究》的项目研究，以六年级整本书《鲁滨逊漂流记》阅读教学为载体，积极对教学模式进行探索。

　　课前，郑老师利用问卷星开展调查，了解到80%以上的学生通过前期导读课、推进课的开展，已经知晓故事内容，并对主人翁鲁滨逊有一定了解，但是对故事部分情节和细节记忆不准确，对主人翁的精神内核理解浮于表面，缺乏深度的思考，对书籍与自身的联系缺乏基于生活、超越生活的有意义的建构。

　　基于数据对学情的精准分析，郑老师和语文做课团队在解读教材和课标的基础上，聚焦学情和单元语文要素等制订了课时教学目标：①通过闯关游戏，检查学生对小说中场景、情节、细节的关注与记忆，了解整本书阅读情

况；②通过核心问题"鲁滨逊为什么能一个人在荒岛生活 28 年？"的思考交流，进一步感受人物形象；③通过"鲁滨逊该不该再次去冒险？"的辩论，引发学生对人生价值的思考，促进思维发展。

郑老师依据教学目标，进一步运用信息技术赋能，设计了四个环节的学习活动：

一、抓关键内容，巧创游戏

充分运用希沃白板软件"教学活动"功能中的"选词填空""分组竞争"等选项功能，设置了个人挑战赛、小组合作赛、男女生对抗赛，三类难度层层递进的闯关游戏活动，检测学生对这本小说的人物、故事情节、细节的记忆准确性、牢固性等，以促进学生辨识与提取信息能力的提升。

二、抓整书核心，设计问题

在环节一激阅读之趣、查阅读之效的基础上，本环节的学习活动主要引领学生统整全书内容，品人物魅力。郑老师精心设计了统整全书内容的核心问题："鲁滨逊为何可以一个人在荒岛生活 28 年？"组织学生进行小组合作探究和全班交流汇报。学生通过对鲁滨逊荒岛生活的场景、细节的回忆、描述、统整，完成对核心人物鲁滨逊人格特点的整体认知和评价，实现整合与分析能力的提升。

在此环节，除灵活运用演示文稿随机提供资料，补充或辅助学生的汇报外，还充分运用希沃授课助手，展示学生的任务探究单，实现对学生小组合作环节探究学习成果的完整呈现。

三、抓关键情节，组织辩论

在上一环节，学生通过基于核心问题的合作探究与交流分享，已经形成对鲁滨逊这一人物形象较为全面的认识，但是对人物与自身的关系挖掘不够。

基于书中鲁滨逊的侄儿又将他拖进新的冒险事业这一情节，郑老师设计了第三个学习活动——现场辩论："你认为鲁滨逊回到英国后该不该再开启新的冒险事业?"这一活动设计承上启下，让学生在"辩他人"实则"诉自己"中，思考人生的价值与理想、责任与使命。辩论中，我们欣喜地看到学生自由选择立场后，即展开针锋相对、唇枪舌剑的辩论，智慧的火花随频出的金句不断绽放，学生的比较与评价能力得到进一步提升。最后，教师在肯定正反方观点的同时，及时小结，希望孩子们在珍爱生命的同时，能像鲁滨逊一样，凭借意志品质，知识技能去经历自己人生的"冒险"，引导学生形成正确的世界观、人生观、价值观，起到画龙点睛的作用。

这一环节，教师主要运用班级优化大师来组织辩论活动，及时为正反双方加分评价，确保了辩论活动的高效组织，为学生观点碰撞、思维进阶、智慧生成起到了保驾护航的作用。

四、抓读写结合，分类作业

在课程的最后，教师设计并制作了好书推荐卡、阅读其他冒险名著、创编或叙写该故事这三项分层作业。这三项作业有读有写，读写结合，学生按需选择其中一项。这一环节体现对学生差异的尊重，延伸了课堂的广度，帮助学生沉淀前三个学习活动的成果，实现课堂学习的知识与能力的迁移运用。

整堂课的四个学习活动，环环相扣、层层递进，信息技术适切融入，力避过多采用酷炫和繁复的信息技术、而遮蔽语文学科特质导致的喧宾夺主弊端，在简约而不简单的学习活动中，水到渠成地实现了学生思维的进阶，促进了学生语文核心素养的发展。

课后，郑老师还组织学生继续在武侯"三顾云"平台开展关于这本书的话题讨论，如"鲁滨逊来到岛上给这座岛取名叫'绝望岛'，那离开时你认为他会给这座岛取什么名字?"等，40多名学生及家长积极参与讨论，让课堂向广阔的天地延伸，形成了师生及家长线上阅读大联盟。

基于此课例，武侯实验小学提炼形成"技术赋能·四环进阶"整本书阅读分享交流课模型（见图1），并推广运用，取得实效。

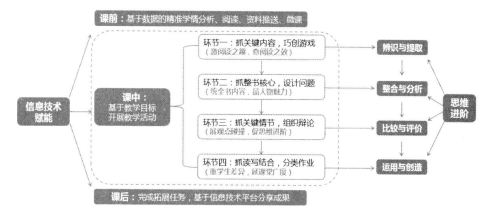

图1 整本书阅读分享交流课"技术赋能·四环进阶"模型

武侯实验小学"技术赋能·四环进阶"的整本书阅读交流分享课模型，利用武侯"三顾云"平台推送关于课程的阅读资源、系列教学微课，进行学生成果分享和系列话题讨论，建立了基于武侯"三顾云"平台班级圈子的线上阅读师生及家长的阅读大联盟。学校在"以学为中心"的基础上，成功运用信息技术赋能教学。

智慧教育背景下小学自导式教学改革实践

◇成都市机投小学校

　　针对传统教学不重视预学，课堂教学重心后移；不重视备课，课堂教学缺乏精准性；不重视留白，学生学习自主性不足，成都市机投小学通过优化教学流程，探索智慧教育背景下的自导式教学改革实践。学校从构想提出到教学实践，自导式教学改革历经三年，形成了系统的课堂教学形态，实现教学评一致，助推双线教学新生态。学校以课堂教学形态深刻变革，促进学生自信、教师成长，以及学校发展。

一、优化教与学流程：四单支架，三段九环

　　在自导式教学探索实践中，依托现代信息手段和互联网便利性，机投小学形成了"预学指导单""预学检测单""课堂训练单""课后训练单"这四单支架，以及"三段九环"学习流程：课前准备阶段——教师研判教材、研制教案和四单、学生在预学指导单的引导下研读新课；课堂教学阶段——教师借助"预学检测单"精准检测、课堂精准释难、学生借助"课堂训练单"精准检练；课后巩固阶段——学生认真作业、教师认真批改、学生认真订正作业，强化巩固。

　　教师围绕教学目标，依托四单支架，借助"三段九环"流程，打通课前、课中、课后，真正实现教师精准教，学生自主学。

二、助推智慧教育线上实践，形成双线教学新形态

（一）精研教材、整合内容，精讲与略讲科学把控

　　在精研教材的基础上，整体把握单元教学内容，并进行内容整合。根据教学内容，课型被设定为精讲课和略讲课。根据学情各有侧重：线上精讲课

重在教师精准指导，解决学生的真实问题；线上略讲课重在学习成果的展示交流，培养学生自主学习能力（见图1）。

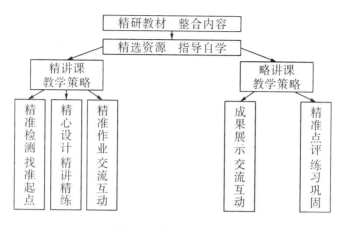

图1 双线教学新形态

线上教学精讲策略与常规教学保持一致，而略讲策略则主要注重两点：①特别注重成果展示、交流互动。老师在精选资源，指导自学之后，把学生作为课堂教学资源，组织学生多形式的线上分享。利用网络学习的交互性，指导学生开展线上小组合作学习和即时反馈。学生分组，展开线上语音通话讨论，组员轮流担任主持人、记录员、计时员、发言人。最后在班级群内汇报讨论结果，教师适时引导；或者各组将讨论结果文字汇总，拍照发至群内对话框，让每一个思维火花都得以公平呈现。这既利用了线上教学的交互性优势，又兼顾了小组合作学习的组织形式。②注重于精准点评、练习巩固。教师在学生线上交互活动中适时点拨，引导学生做好笔记，完成练习，解决学生预学遗留的问题。

（二）精选资源，预学指导

不论精讲课还是略讲课，为预判学生的学习过程中可能出现的问题，教师须精选微课资源，制作"预学指导单"，在网络学习空间进行推送。"预学指导单"既可以是思维导图式、问题清单式、表格归纳式，也可以是线上协同文件、网络学习平台交流式。

（三）精检精设，精准教授

这一环节根据精讲或略讲的分类，确定不同策略。线上教学精讲策略大体和线下相同，主要通过教师的精准讲授，解决学生实际学习中遇到的问题，突破教学重难点。

首先，教师精准讲授强调精准检测、找准起点。其次，教师精心设计。教师在直播课上精讲，学生借助"课堂训练单"精练。最后，学生交流互动、精准作业。

三、自导式教学改革：创新与效益

机投小学自导式教学改革的创新在于，把有效教学的核心技术，融入自导式课堂结构改革下的"混合教学"模式之中，利用网络学习平台，将与目标匹配的评价任务嵌入学习过程，实现"学—教—评"的一致性。

"学—教"一致性：教师利用网络便利，线上推送教学资源和"预习指导单"，组织和指导学生课前自学。线下课堂组织学生分享交流自学方法和成果；利用智能设备推送的"预习检测单"检测预习效果，分析、整理检测结果，精准定位学情，明晰学生不懂的地方，清楚学生对问题的观点或看法；立足学生的真实问题精准备课，确定教师教什么、学生学什么，实现混合教学模式中的"学—教"一致性。

"教—评"一致性：教师组织学生线下学习前，让学生清楚将学什么。课堂上对学生不断追问和精准指导，学生完成"课堂训练单"，以达到课堂巩固目的。最后教师提供正确答案，展示评价的要求，把评价当作教学，实现"教—评"的一致性。

"评—学"一致性：课后，教师利用网络学习空间，布置与上课内容一致的作业，在学生完成网络学习空间作业后，利用学习平台的交互性、开放性优势，引导学生以教学目标为评价标准的自评、互评。实现"评—学"一致，促进学生后续更好地学习。

自导式课堂结构改革下的在线教学实践，通过新一轮课堂组织形式变革，触发了学生真实的学习为最终目的，构建出教育信息技术与课堂教学融合创新的智慧课堂；构建出学生主体，教师主导的新型教学关系的新型优质课堂。

（一）丰盈专业生命："四单"为梯，让精准备课彻底落地

自导式教学，借助"预学指导单""预学检测单""课堂训练单"和"课后练习单"这"四单"推进教学过程。教师通过基于学科育人价值开发的教材分析和以关注学生真实学情为目的学情分析，实现精准备课。教师的思考方式和研究重点发生改变，变关注教师的"教"为关注学生的"学"，学生的主体地位得以确定。教学方式获得升级，教研共同体得到巩固。

（二）精酿课堂流程："三段"构建，让精准指导真正落实

教师借助自导式"三段九环"的学习流程，围绕教学目标，打通课前、课中、课后三个阶段，真正实现了教师精准教，学生自主学。

（三）壮大生长力量：真实学习，让课堂变革卓有成效

自导式教学结构改革在机投小学历时三年有余，壮大了教育生长的力量。

对于自导式教学，专家学者给予了肯定及推崇，认为自导式教学改革破解了制约课堂教学质量提升的关键问题，思路清晰、效果明显，在课堂教学改革方面可资借鉴。其抓住了教学改革的核心，适应了培养学生核心素养的教育发展趋势，在教学实践落地的过程中抓住了课堂教学的基础工作，促使学生在自信中成长，教师专业成果丰硕。

智慧教育视野下的沙堰育人模式

◇成都市武侯区教科院附属小学

本案例基于学校"建构多元测评体系，助力学生全面发展的实践研究"而延展开，以全面育人为根本目标，设计"采集数据—课程重构—学习方式变革/教学方式变革—学习空间重构/管理组织转型"基本模式，从多方面育人、整体性育人、个性化育人三个方面来揭示全面育人的完整内涵；以此为基础探索出学生全面发展评价的主要维度和基本框架。学校基于学校智慧教学系统、智慧评价系统等智能平台，围绕学生的多方面、整体性、个性化发展，对学生全面发展数据进行获取、分析和研究。

根据获取的多方面、整体性、个性化数据，学校着重从跨域融合与适性发展两个角度，对学校课程进行整体优化并开发出若干微型特色课程。学校基于学生发展的大数据，着重从分类引导与个别引导两个层面，探讨个性化学习的精准引导策略，同时探讨开发出学生多方面发展、整体性发展与个性化发展的评价工具。

一、精准描绘数字画像

借助学校现有的智慧教学系统、智慧评价系统等智能平台，围绕学生多方面发展、整体性发展、个性化发展三个方面，采集和挖掘相互联系且富有意义的学生发展数据群。

二、精准建设全面育人课程

学校同时建设促进学生多方面发展、整体性发展与个性化发展的课程体系。基于数据分析所揭示的学生发展基础和需求及其动态变化，更为精准地对学校课程进行设计、开发、实施与评价，其实质是学校课程与学生发展的内在一致性。

（一）重构学生成长课程

尊重学生学习能力和程度的差异，对学习能力不同程度的学生区别对待；尊重兴趣和潜质差异，对学生的优势智能因材施教；对有特殊需要的学生量身设计课程和选择教师等。力求发掘每个生命的潜质，为学生的生命"底彩""丰彩""放彩"赋能。

1. 基础类课程

基础类课程侧重于实现育人目标"坚实的底子"，下设两个板块——"学科学习"夯实学习基础、健康的基础；"品质养成"夯实做人基础，传承人文底蕴。

2. 适应类课程

适应类课程侧重于实现育人目标"灵动的思维"，适应学生的兴趣和优势，在每个学科的选修课程内满足兴趣，提升优势，下设两个板块——"兴趣满足""优势提升"，从而提升问题意识、思考能力。

3. 挑战类课程

挑战类课程侧重于实现育人目标"淳正的品质"，倡导跨学科、超学科学习，采取课题化、项目化的策略，体现社会性、公德性。其下设的两个板块"域内学习"将在自然探究（数学、科学）和人文探寻（语言、艺术）两个领域课程内给予学生挑战自我的机会，帮助学生建立内心秩序，维护心灵纯净，浸润个人修养；"跨域学习"将在社会参与（社会服务、社会实践、社会关爱）和广域实践两个领域课程内提供给学生为社区、社会做事的机会，培养社会公德，增强责任意识。

（二）搭建教师发展课程

学校实施"大分层、小分类"的团队学习模式，在"让每个儿童成为最好的自己"的同时，让教师也能做最好的自己，真正实现"发现每个生命的精彩"。

1. 规范

规范主要针对新入职教师和部分年轻教师，开设两个板块——"道德规范"和"专业规范"。

2. 提升

提升主要针对成熟型教师和成长型思维较强的年轻教师，开设两个板块——"课程开发"和"教学设计"。

3. 创生

创生主要针对名师工作室的领衔、骨干教师，开设两个板块——"研究设计"和"研究实施"。

三、信息技术支持下的学习方式变革

学校利用现代信息技术的优势，实现"教与学"环境、方式的变革和创新，最终促使教学结构从实质上发生改变。学校通过教研共同体同时推进多个学科教与学方式变革的项目研究，包括乐课平板教学项目组、美术 PBL 项目组、科学 PBL 项目组，教师教学工作形态从以知识传授为中心转变为在信息技术融合下的个性化精准教学。

四、重构学习空间，为课程赋能

一是通过重构正式学习空间，打造专用课程空间、科创中心、艺术中心；搭建线上学习空间，乐课教学平台（已试点，其余年级逐步推广中）。二是建设非正式学习空间，为师生提供多用途的场馆。

五、小结

学校的全面育人课程，是对"五育并举"育人模式的大胆探索，回答了"培养什么人、怎样培养人、为谁培养人"这个教育根本问题。它聚焦全面育人课程的精准建设，是基于具体数据，整合一线教育实践进行理论建构与实践创新。学校致力解决既有课程设计和布局普遍存在的问题：课程建设不够精准，难以形成德智体美劳全面培养的合力等。学校形成了自成一体、相对完整的全面育人课程体系，通过信息技术与学校课程教学的深度融合，更加精准地促进学生的多方面发展、整体性发展和个性化发展。

"互联网+"单元教学设计与实践

◇成都石室双楠实验学校

针对教师统一研讨时间要求高、效率低的问题，石室双楠实验学校努力探索专家远程指导的线上、线下混合式研修模式，建立"互联网+"课堂教学研修新模式。

项目组建由学科专家、教育技术专家组成专家团队，结合学校教学现状，学校确定学科，建立由专家团队和学科骨干教师构成的学科研修共同体，建立特色研修机制，制订研修计划，通过集中研修、网络研修、校本研修线上线下相结合的混合式研修活动和参与式的研修活动。

一、研修课程与资源的研发

为引导教师进行课堂教学新模式设计，研究团队针对学校教学实际，开发选定学科的《教师活动手册》及配套课程资源，具体内容包括学科核心素养、单元教学目标设计、学习活动与学生能力发展关系、"互联网+教育"技术环境、构建新型课堂教学模式、新型课堂教学模式的实践六个单元的内容。同时，在网络研修平台开发相应的网络课程，为教师混合式研修提供强力支持。

二、混合式研修

在专家指导下，学科研修共同体以"互联网+"条件下的单元教学模式为载体，组织学校选定学科的青年骨干教师，通过线上和线下混合研修、参与式研修、专家远程指导集中研修、管理与教师分类研修、分学科研修、学科研修共同体校本研修等途径，学习"互联网+"条件下的单元教学模式设计。

第一，自主研修：教师使用《教师活动手册》和对应开发的网络课程，进行自主研修。

第二，集中研修与线上线下混合式研修：在网络研修过程中，在新模块内容学习之前和自主学习过程中，穿插进行集中研修、在线研修。

第三，校本研修与参与式研修：专家服务团队指导学校的学科研修共同体围绕《教师活动手册》中设计的学习任务，针对某个单元运用新模式设计思路，完成单元教学设计方案，开展学科小组讨论活动、学科研修组研讨和成果展示交流活动。项目团队将定期参与学科研修组的研讨活动，针对新模式设计中教师遇到的问题进行解答，与学科教师共同研讨学习活动的选择与设计，学科教师在体验式的研修活动中，学习课堂教学新模式的设计。

通过混合式研修和参与式研修活动，教师按照研修计划，完成选定学科相应单元的"互联网+"课堂教学新模式单元教学设计方案，并整合已有资源，形成配套资源（单元学习任务单、教学课件、微课、习题等），建成"互联网+"课堂教学新模式特色校本课程资源库，支持课堂教学新模式的实践应用。

在项目的混合式研修中，教师们依托互联网创建讨论空间，跨越时空，将专家和研修团队的思想汇聚在项目平台中，再通过对专题问题的反复研讨和追问，记录思考成果，让更多老师可以随时、随地、随处地开展学习研讨活动，并从中获益。

通过完成选定学科"互联网+"课堂教学新模式单元教学设计方案，学校实现了骨干教师教学理念的更新、课堂教学模式的变革以及协同研修能力的提升，助力学校骨干教师有效应用信息技术，全面提升教师信息素养和信息化教学水平。

"智慧学本课堂"精准备课实践

◇成都市第四十三中学校

智慧教育以培育学生核心素养为根本，随着信息化教育的推进，四十三中针对课前教师如何精准备课、学生如何个性化预习的问题，深入开展"智慧学本课堂"改革，探索信息技术深度融合的"智慧学本"课堂教学模式，实现教师在有限的备课时间中更加精准有效地备课，提升教师备课效率和质量；初步实现课前学生预习个性化资源推送，帮助学生个性化预习。

智慧学本课堂为学本课堂 3.0 版本，借助信息化手段，在"学本课堂"课改基础上实现对学生的精准指导，快速、有效、个性定制，减轻学习负担，提高教学效果。四十三中在 2021 年度侧重探索"智慧学本课堂"课前环节，即教师精准备课。探索的精准备课实施流程为：备前调查明确学情→集体分析明确任务→教师集备形成共案→精准推送个性预习→课前调整精确授课（见图 1）。

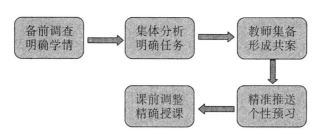

图 1 精准备课实施流程

一、精准备课的实施举措

下面以四十三中初二数学组精准备课为例加以说明。

（一）备课前调查，明确学情

教师根据畅言智慧课堂平台反馈的数据，进行学情分析，结合教材与课标研读，进行单元精准备课。

以数学八年级下册第一章"勾股定理"为例，教师先布置单元预习，学生单元预习以课本为主，辅以学生平板上的 AI 学习的学习资料（包括微课和习题），学生进行单元内容的预习。通过阅读教材，在 AI 学习中完成针对本章节每一个知识点的练习检测。

若完成较好，则完成通关，知识点由灰点变绿点；若完成不好，未能达标，则变黄点或红点。此时，学生可以选择观看平台匹配的微课，再次进行本知识点学习，完成后重新进行练习检测，最终变为绿点，意味着达标。

教师通过查看反馈数据，可准确了解学生预习的效果，结合日常教学中对学生的了解，进一步进行学情分析，进而进行精准化备课。AI 学习平台上，每个章节的知识点都是以知识结构图的形式呈现，学生在进行预习的过程中对本章节的知识结构也有了进一步的了解，有利于学生数学知识的系统建构。

（二）教师集体分析，明确任务

备课组教师集中研读课标和教材，分析学生预习反馈数据，结合中考考点，明确分配组内任务。

通过平台数据反馈，了解到学生通过预习，基本掌握程度在 85%～95%，优生答题数少于中等生少于潜能生，因为优生大多达标较容易，而中等生和潜能生需要反复多次练习、学习才能达标。从知识点的掌握情况来看，勾股定理的应用难点较集中，折叠问题和最短距离问题是掌握最困难的地方；用勾股定理的逆定理判断直角三角形，掌握难度次之，这几个方面是本章教学的难点，可考虑设置为专题课，先展开基础学习，掌握基本题型进行建模，再加以拓展。其余学生掌握较好的知识点基本内容，课堂上可以进行一定的拓展练习。

（三）教师集备，形成共案

教师根据学情和集体分析，进行组内共备，形成共案。针对本章内容，三位教师备新授课，一位教师备专题课，一位教师备单元复习课。

（四）精准推送，个性预习

教师通过畅言智慧教育平台，发布小节课前学内容，学生完成后，平台收集数据反馈该班授课教师。教师再针对每位学生的每道错题，推送讲解和再学习视频，学生完成个性预习。

（五）课前调整，精确授课

教师根据学生个性预习反馈数据和共案中的情景预设内容，调整和选择适合本班学情的教学实际操作，最终确定本班、本节授课方案。

二、四十三中课前精准备课探索实施的成效

四十三中课前精准备课的创新点在于：借用极课大数据平台，形成具有学校特色的、信息技术支持下的智慧学本课堂课前精准备课模式和学生个性化预习方式。

通过课前精准备课的实施，四十三中初二实验班基本养成良好的自主预习习惯。每天及时主动查看教师推送相关课前预习资源，在 AI 上反复学习直到达标；实验班数学学业测评，对比其他班级，优秀率高于其他班级近 5%，合格率高 8%，均分高于其他班级 10 分以上。

混合式分层式课堂教学模式构建与实践研究

◇北京第二外国语学院成都附属中学

本研究认为，混合式分层教学模式是一种以培养学科核心素养为基础、提升学生能力为核心的教学模式，强调以学生主体，利用线下课堂的优势增强生生与师生的交互性，同时利用线上教学的优势实时监督以及持续跟踪学生的过程性评价和结果性评价，并用大数据进行反馈反思、改进课堂环节，实现精准化教学。其课堂模式通过自学共学、小组分享、标准示范、分层检测和精准教学五环节，提高课堂教学效率。

具体举措如下：

一、构建体系，制定课堂模式

从自学共学、小组分享、标准示范、分层检测和精准教学等方面进行探讨，确定总体实施思路、教授内容以及方式的选择，为提升课堂效率确定具体途径。形成以下教学模式：

第一阶段为自学共学。0~5分钟以内，学生将课前预学成果在小组内进行讨论研究并形成组内共案。

第二阶段为小组分享。5~10分钟以内，学生将讨论结果进行班级展示，完成知识生成。

第三阶段为标准示范。10~20分钟以内，教师对典型例题进行思维示范和过程示范。

第四阶段为分层检测。20~30分钟以内，当堂分层检测。完成当堂检测并上传，同时自己批改订正。

第五阶段为精准教学。30~40分钟，当堂检测过关。对本堂课的知识点没有疑问的同学进入自学区，学习微课，并完成拓展练习。其余学生进行针对性集中讲解。

二、确定具体研究的三个阶段

第一阶段，培养学生的自学能力，根据学习目标和教材设计导学单，确定学生的自学步骤和方法，在自学时间上循序渐进。

第二阶段，培养学生的小组合作能力和学生展讲能力。在小组内确定不同分工，尽量保证全员参与。全校推动实施小组建设，并逐步形成小组评价方案，在奖励机制给予支持，比如用积分给学生发赏识卡，在后期制定美食节等奖励方案。培养学生的展讲能力，并提出展讲要求。

第三阶段，研究课堂分层模式，通过检测对学生进行分层，用移动设备和数据反馈，并提供不同的资源包进行分层。

三、数学组推进混合式分层课堂教学模式

具体操作步骤如下。

第一步：调研学情，了解现状，通过测试、访谈等形式对本校七年级学生进行调研，获取第一手较为详细、全面的资料，并进行分析整理。

第二步：研发课例，制定导学单以新课标为出发点，研发、拟定教学课例，按照"教自学共学—小组分享—标准示范—分层检测—精准教学"框架进行组织设计，并开发导学单模板。

第三步：构建体系，制定课堂模式，从自学共学、小组分享、标准示范、分层检测和精准教学等方面进行探讨，确定总体实施思路、教授内容以及方式的选择，为提升课堂效率确定具体途径。形成固定的教学模式。

本研究在方法层面，定性研究与定量研究相结合，促使课题研究的科学性和逻辑性。在内容层面，本研究契合了当前教育研究的热点，基于疫情和混合式教学模式的探索。本研究通过混合式分层课堂的探索，以学科课堂为例既有实践性方面，也兼顾理论模式的构建。在研究实效层面，课题组已在一线教学中开展了研究，通过在全校进行学科推进与尝试，研究已经初步取得良好的阶段成效。

数据为基，及时补差：物理周反馈教学实践

◇成都西川中学

在传统教学中，了解学生的学习情况，老师需要根据作业状况进行教学把握。同时在一定阶段的时候，对学习情况进行反馈、复习和弥补。但这一过程往往时间较长，需要到半期或者期末，即使短的时候也需要完成一章的内容才能进行。而完成一章的内容，周期少则两三周，多则一个多月，这样较长时间的教学反馈，会导致部分学生在产生问题后没有及时解决，带来后期学习的困难，影响后期的教学效果和效率。部分学校采用周考的方式加以摸底，但单次的考试数据有较大随机性，又增加了学生的学业负担和学习压力。

成都西川中学物理组，在常态作业数据采集的基础上，探索以不增加学生负担为前提，如何更好地利用数据，通过数据采集的学情分析、作业反馈，进行周总结的教学模式。

通过采集数据的深度分析，超越教师凭经验和感觉来进行判断，能够准确发现学生的共性问题。数据的呈现，更客观真实，很多时候会与教师的经验大相径庭。教师应该如何突破经验感觉局限，利用好数据分析问题改进教学，成为教师的重要问题。

为了更好地用好数据，解决学生的共性问题，西川中学物理组进行了大胆探索，每周利用一节课，来进行学生的潜在共性问题过关。最终形成了以数据引导，教师提炼，小组互助，过关练习的完整解决方案（见图1）。

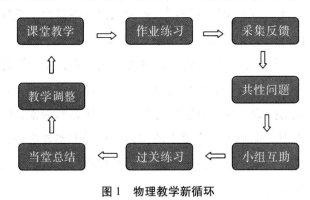

图1　物理教学新循环

针对数据呈现的问题，结合教师的教学经验和备课组探讨结果，确定好每周的过关题型和数量。利用学生做过的熟悉题型来展开小组讨论，通过学生之间的互讲互助，真正地让学生理解知识点及疑难所在。在这一过程中，教师需要帮助学习较为困难的同学、针对学生难以解决的问题，进行必要的补充讲解。每周的作业商讨和过关题的命制，更好促进了备课组之间的教学讨论研究，促成班级之间更均衡地发展，达到共同进步和成长的效果。

相互学习以后，进行8~10个的配套过关练习，让学生再次独立将知识运用到问题解决当中，作为基础是否过关的再次考察依据。在了解新学情的基础上，调整后期的教学与作业设计。

通过对学生共性错题的分析把握，教师可以更准确掌握学生的学情，在后阶段的教学过程中，更合理地进行作业设计，在尽量减少学生作业量的同时，提升学习效果，维持好学生的学科兴趣度。

西川中学基于数据分析的周反馈总结模式，及时消除了学生学习过程中的共性错误，学生知识掌握更牢靠，分析能力得到提升。改变了以往由习题课教师主导、学生被动低效学习的方式，为物理教学与数据结合探索了新方式。

"五卡联动"的融合式课堂创生

◇成都市棕北中学

在智慧校园建设过程中，成都市棕北中学数学和英语组老师积极摸索信息化工具，初步探索出基于平板电脑的"五卡联动"课堂教学模式。通过课前"导学卡"预习、课中"课堂反馈卡"总结预习中的问题，以及拓展训练阶段的"挑战卡"鼓励一题多解、"错题卡"摘录错题和制定策略以及"减压卡"奖励和"减负"举措，激励学生自主学习，提升学生学习动力的新流程创生，最终实现教师的差异化教学和学生的个性化学习。

基于平板电脑的"五卡联动"课堂教学模式的实施，包括以下四个阶段：

一、课前自学阶段

学生以"导学卡"为指南，预习新课。教师在授课的前一天，通过服务软件向每个学生发送"导学卡"，包括导学案、测试题、微课等，学生事先进行预习自学。通过"导学卡"，学生一般能理解课本内容70%左右，学习程度达到"最近发展区"。

二、课堂导学阶段

学生以"课堂反馈卡"为指南，开展新课学习。教师上课的重点，就是解决学生预学后余下30%左右的问题，因此具有较强的针对性，并有足够的时间和空间，拓宽"最近发展区"，促进课堂效率大大提高。

三、巩固练习阶段

学生以"挑战卡、错题卡、减压卡"为指南，巩固练习评价。"挑战卡"，就是鼓励学生一题多解，多种形式寻求答案。

通过"错题卡"，教师利用错题，引导学生分析错误的原因，制定策略并积极开展有效的训练，从而改善学生的学习方式、改进教师的教学方式，最终达到"减负增效"和"人本回归"的目的。

"减压卡"，是把学生参加某项活动，作为他当天或近期的作业，既是一种作业的减负，也是一种对学生参加竞赛、参与活动的支持。"减压卡"作业受到学生普遍欢迎，逐渐演变成了学生的自主、自觉作业，激发了学生的学习动力。

四、拓展训练阶段

"五卡联动"教学模式从新课程改革的基本理念出发，依据以人为本的教育思想，针对学生差异和个性化需求，在关注学生知识技能发展的同时，关注学生在作业完成过程中分析能力、创造能力和实践能力的提升，关注学生综合学习策略方法的掌握。

拓展训练中作业形式包括选择型、自编型、合作型和整合型多措并举。学生自己设计、自己完成，将自编型、合作型和整合型作业提到网上，不断丰富"作业超市"。

"五卡联动"课堂教学模式，不仅仅把平板电脑作为教学的辅助性工具，更是比较全面地运用校园网云资源服务等"互联网+"时代的教育信息技术，在现代信息技术与课程教学整合的视野中，在信息网络的多维情景中，多层次、多角度地探索、开发、审视和构建一种以师生交互方式呈现信息的有效教学范式，它带给教与学方式的改观包括：①凸显教师引领作用。敦促教师不再只是讲授，而是提出探索目标，创设逼真的教学环境、动静结合的教学图像、生动活泼的教学气氛，激励学生学，师生心理同步，创建了新的流程。②真正实现把课堂还给学生，把兴趣还给学生，把灵魂还给学生，学生真正成为学习的主人，让学生学习程度达到"最近发展区"，能够让学生在不同学习环节获得最适合的学习资源，最终实现分层教学。③师生以交互方式呈现信息，是师生互动、学生互动的课堂。同时，教师还可以通过网络与家长沟通交流学生的学习生活情况。这种交互式的教学，加强了师生之间、学生之间和教师与家长之间的交流，对提高教学质量和学习效果起到了积极促进的作用。

智慧教育背景下初中自导式教学实践

◇四川大学附属中学悦湖学校

四川大学附属中学悦湖学校的自导式教学，是一种智慧教学生态的实践创新体系，它是以学生学习为中心，以培养学生自学能力为目的，以分段式智能环境下的自主学习为核心，以大数据支撑的精准导学为关键，以线上、线下融合的"四单"（预学指导单、预学效果检测单、课堂巩固训练单、课后作业单）为支架，以课堂教学结构再造为根本的一种新范式。学校以智慧学习环境为技术支持，以智慧教学法为催化促导，以智慧学习为根本基石，实现了学生学会学习，教师自觉关注学生，学校教学质量提升。

一、营造智慧学习环境：为自导式教学提供技术支持

学生通过智能电子屏、AI 智学平板、教室多媒体设备、校园网络等硬软件，拥有随时、随地、随需的学习机会；学校开发与采用校本化的预学、课堂练习和复习电子资料，提供丰富优质的数字化学习资源供学生选择；通过智学网，基于学生的个体差异和大数据分析，为其提供个性化的学习诊断、学习建议和学习服务；通过电子档案，记录学生的学习历史数据，便于数据挖掘和深入分析，提供具有说服力的过程性评价和总结性评价；

教师全员通过任务驱动，智慧教育的知识和技能得以不断提升；建设标准化录播教室，将课堂实录，上传至四川教育资源公共服务平台和武侯"三顾云"平台，分别满足师生的学习需求。语文学科配以"超星阅读"、数学学科有"讯飞智能学习"系统，英语学科使用 AI 听说技术。

二、设计智慧教学法：为自导式教学催化促导

课前，教师利用网络集体备课完成研判教材、研制教案和研制"一案四

单"：教学重难点教案、预学指导单、预学效果检测单、课堂巩固训练单和课后作业单。学生按照预学指导单的要求熟读新课内容，完成教师指导的课前学习任务；教师使用微课视频或图片资料，整合学科知识和技术，有机融入预学指导单；学生通过武侯"三顾云"平台上传完成的预学指导单，教师在线批阅，精准掌握学情，适当调整教学设计；利用 AI 智学平板资源库建构适宜的智慧学习空间。

课中，使用 AI 智学或电子白板进行精准检测，收集学生反馈信息。学生利用 Xmind 等思维导图 App，凭借图文并重的优势，把各级主题的关系用相互隶属与相关的层级图表现出来，把主题关键词与图像、颜色等建立记忆链接；学生在小组合作探究之后，通过智能设备推送出最难的问题至教师端，教师筛选出高频问题，进行精准释难。"生生讲坛"环节中，小老师通过希沃白板，进行小组展示，建构学习共同体。当堂进行精准检测，理科学科则使用智学网系统，学生当堂练习，教师当堂扫描，进行及时订正。

课后，通过智学网或武侯"三顾云"平台推送个性化作业，学生完成量少质优的课后作业单，上传至云端，教师进行认真批阅，学生及时查看作业订正情况，并进行学习反思。

相关思维导图如图 1 所示。

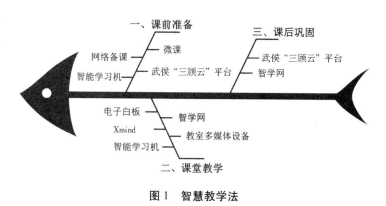

图 1　智慧教学法

三、促动智慧学习：自导式教学的根本基石

首先，在自导式教学中，学生以思维导图、提问策略、学友互助、生生

讲坛等策略实践合作学习，最大限度发挥学习共同体的作用。其次，在智能环境下，不同层次的学习任务，使个性化学习成为可能。最后，自导式教学的"三段九环"流程（见图2）让慧教育与学科教学深度融合，打破了线上、线下教学的壁垒。

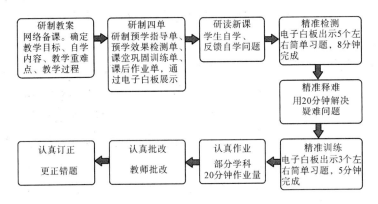

图2 自导式教学的"三段九环"流程

针对传统教学难题：学生主体不足；课外学习不足；能力训练不足；备课质量不高，教材研究不足；课后作业过多，课前预习不足；技术应用能力较差，信息素养不足等，学校充分运用智慧教育背景下的技术手段，再造教学结构。学校运用智能设备进行课前、课中和课后的师生双向互动，主要涉及"三研""三精"和"三认真"。学校通过"四单"作为教与学的物质载体，在"双减"政策实施背景下，实现课业负担减负，教学质量提升。

异常预警，全程把控：教学智慧监测应用课例

◇成都市礼仪职业中学

中职学校长期缺乏课堂有效监测的途径与方法针对这一实际问题，成都市礼仪职业中学运用信息技术手段，通过智慧教学平台，实现教学过程和结果监测，对教师、学生课堂教学行为异常进行预警，及时改变和调整教与学的方式，对课前、课中、课后教与学的全过程进行有效、实时的监测和评价，不断促进教学质量提升。

一、智慧课堂教学监测实践的信息基础

（一）智慧教学云平台

学校融合创新构建了智慧教育云平台，通过该平台实现课堂教学监测，形成课程画像、教师画像、学生画像等，能够发现问题，同时对于异常的教与学行为进行预警，便于教师和学生采取措施进行整改，提升教学质量（见图1）。

图1　智慧教育云平台

（二）智慧教学环境下，课堂教学新架构

智慧教学环境下的课堂教学新架构如图2所示。

图 2　智慧教学环境下的课堂教学新架构

二、智慧课堂教学监测实施过程

下文以"信息技术"课程的"初遇演示文稿"教学为例。

（一）课前预习，监测预习结果

教师在平台上创建课程、建设课程章节和题库，将书本、试卷转化成数字教学资源，增加微课、视频等课程资源，为学生的学习和监测做准备（见图3和图4）。

图 3　创建课程

图 4　课程资源

学生课前通过观看操作视频，完成课前 5 个学习任务，解决基础操作问题，形成基础操作技能。在预习过程中，教师监控学生学习行为，及时发现其中的异常状况，督促学生纠正（见图 5）。

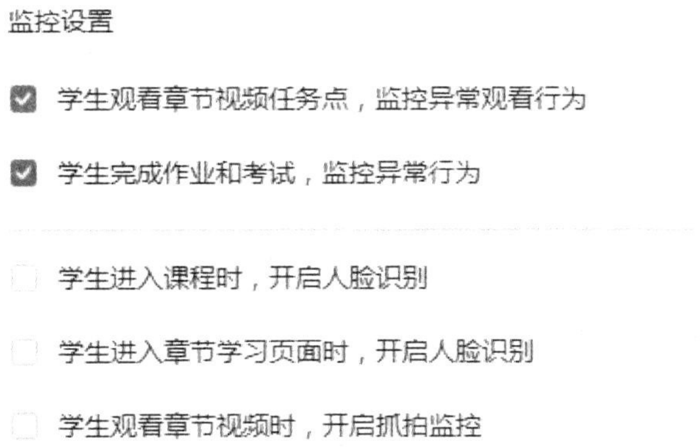

监控设置

☑ 学生观看章节视频任务点，监控异常观看行为

☑ 学生完成作业和考试，监控异常行为

☐ 学生进入课程时，开启人脸识别

☐ 学生进入章节学习页面时，开启人脸识别

☐ 学生观看章节视频时，开启抓拍监控

图 5　监控设置

通过课前监测结果（见图 6），教师及时调整课堂教学策略，顺利完成教学计划。

图 6　课前监测

(二) 课中学习，监测学习情况

课堂上，教师通过两个任务唤醒学生预习的知识，侧重讲解之前监测中发现的问题（见图7）。同时通过案例展示"演示文稿谋篇布局"的重要性，再由学生完成 Word 文本的提炼，突破重难点。

图 7　课堂任务

在此过程中，教师通过学习通平台监测学生上传内容，开展小组活动，对每组任务进行实时点评（包括教师评价和小组评价），为下一步将文字输入到课件页面做准备（见图8）。组间互评实现评价主体的多元化，充分发挥多元化评价的效能。

学生根据教师反馈建议修改后，将文字放入课件，形成本节课最终作业，上传到平台。老师通过对学生最终作业的监测，了解每个学生的操作情况，及时发现问题，在平台上给出反馈意见，以便在下一节课进行重点讲解。

教师通过课后练习，监测学生的学情，对没有掌握操作的学生，进行个别辅导，利用平台精准推送相关学习资源，实现精准化教学和辅导。

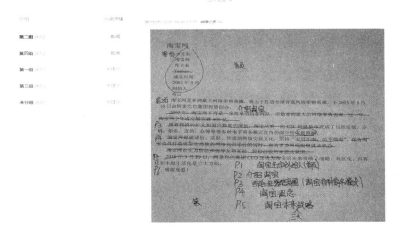

图 8　小组上传作品

（三）课后巩固，监测知识掌握

在完成课堂教学后，课后通过相应练习达到巩固技能的目的（见图 9）。

图 9　课后巩固

（四）成绩监测，实现多元评价

本节课的教学评价体现在教学各个环节，从课前任务完成，课中课堂测验，课后任务巩固。其间，教师和小组的打分会形成这节课最终的学习成绩，而这节课的成绩又将成为课程成绩的一部分。教师能够根据需要添加成绩组成部分，设定各部分权重，实现评价内容多元化。

（五）教学预警，及时查漏补缺

在教学中老师设置预警项目和预警值，及时将学情传递给学生，对于预警值以下的学生进行消息推送，让学生了解是否完成各环节任务，及时查漏补缺。

三、智慧课堂教学监测应用：价值与成效

礼仪职中的智慧课堂教学监测实践，解决了中职学校长期缺乏课堂有效监测途径与方法的困难，通过智慧教学平台，实现教学全方位监测，在教学过程中，突显了学生学习主体地位，促成学生能够进行个性化学习，教师能够根据监测结果和预警及时调整教学内容、实现多元教学评价，最终促进教学质量的提升。

第二节　服务新样态案例

以新"声"态重构新生态
——基于人工智能的"清听"系统开发及应用实践

◇成都市龙江路小学武侯新城分校

在传统课堂，教师重复的高负荷用嗓是常态问题。据问卷数据统计，学校患慢性咽炎、声带小结、喉部问题的教师数占比高达82.8%；传统解决方案如借助扩声器、无线射频传声等，又带来种种不便与麻烦，形成课堂上教师的"声健康"之痛、学生的"听健康"之痛。需要从技术的角度为师生提供一个好的声环境。

作为四川省智慧教育示范校的成都市龙江路小学武侯新城分校，智慧教育的理念是"数字环绕、人在中央"。学校围绕"六乐"育人目标，以数据化、智能化、资源化、智慧化和场景化等"五化"建设为抓手，以人工智能、"互联网+"和虚拟仿真等信息技术为支架，开展基于人工智能的"清听"系统开发及应用实践，以新"声"态构建"人网融合"的智慧教育新生态，以达到重构智慧教育课堂教学模式。

一、设定系统开发的目标和方向

因为目前国家尚未建立关于中小学教室的声控标准，学校围绕提高教师发声舒适度，学生听讲清晰度，设定了如下目标方向。

（一）人性化与无感化

该系统可实现教师的"无感知"管理。系统接入云平台后台集中管控、运维，教师无须手持、夹带拾音器，无须接触任何设备，无须进行任何开关控制，即可实现上课自动开、下课自动停；避免学生吵闹声被扩出、下班自动关的无感功能。学生、老师对声音的扩大也无感，没有电声，清晰自然，可高度还原人声。

该系统可实现教师的"可选择"权益。教师可智能选择音量的大小、可自由选择是否需要常态课堂的录音功能，不会增加教师额外负担和心理压力。同时，系统可提升教师的"对标性"效率。系统可实现录音文件的检索、回放、下载、点播功能，大大缩短教师进行信息检索时间，提高教师的专业反思的效率，为教师专业发展营造基于"云"的新路径。

（二）智能化与网络化

该系统可实现声音的"智能净化"功能。利用人工智能技术，实现对采集到的声音进行多音源智能识别、滤音、降噪、去啸叫、抑回声等净音处理功能，通过吊装音箱实现声音的无损输出，满足教室高保真、高智能的扩声需求，只扩人声，不扩噪声，建立噪声模型，无损去除噪声，留下干净人声，打造自然、舒适的教室声场。

该系统可实现声音的"网络管理"功能。实现云平台的智能模式选择、集中控制、自动扩声、有效降噪、回声消除、自动增益等功能，为建立专业的教室声控国家标准提供借鉴。

（三）系统性与扩展性

该系统将零碎的智能系统架构向整体解决方案去进行转变。为实现后期智慧校园整体架构，智慧教室物联系统中智能光控系统、智能温控系统、智能温湿度控制系统、智能消毒系统等预留集成可能，形成智慧教育的新环境。

二、系统建设的技术应用

（一）人工智能

使用 AI 算法进行"净"音处理。集音频采集、净化处理、功放输出于一体的 AIoT 扩声主机，能确保声音干净、清晰、自然、均匀。达成"零噪声、低混响、自然声传递"的教室健康声环境建设理想目标。

（二）物联网

使用对教室实际空间，采用计算机软件辅助分析（声场建模 EASE 软件）+现场实际调研相结合的方法，获得教室的最佳声场模型，以模型参数指导教室声场的建设和优化。扩声主机、高保真音箱、拾音麦克风支持接入 AIoT 扩声云平台，可实现规模化部署的集中运维。学校和上级部门可远程管控，可分区域管控，远程制定扩声的应用。

（三）云平台

基于扩声系统应用场景，对物理分散、规模部署的扩声主机和业务进行统一云管理云运维。汇聚扩声业务应用数据进行统计分析。可外接武侯"三顾云"平台和在线评课分析，助力教师网络学习空间的建设。

三、系统建设的成效

学校目前共建 33 间智慧"声"态教室，实现了班班通。基于人工智能的"清听"系统运用 AI 算法、运用物联网、搭载云平台的相关技术，通过一系列的试验，调试改进，实现了减轻了教师发声部位疲倦感，降低学生听力疲劳度，达到了"保护嗓子""拯救耳朵"的效果。

学校探索建立了区域的教室声控标准，为教室（会场）声控国家标准提供借鉴依据。目前，国家层面仅在声音混响时间上有数据标准，但尚未建立教室（会场）的声音数值标准。学校开展了基于人工智能的"清听"系统改造试点前后声音数据的收集对比。经过数据测试，试点前：绝大部分中小学教室混响时间都大于 0.8 毫秒。试点后：学校试点教室混响时间可改善到 0.4~0.6 毫秒。学校现已形成了区域教室（会场）的声控标准。

（二）建立了教室（会场）声场智能系统

1. 开展了对普通教室与智能教室、录播教室与智能教室核心关键信息的数据对比

学校通过与"最佳声环境模型"对比，找出室内物理声环境存在的问题，通过合理的环境改造优化改善室内物理声环境。

2. 开展了硬件资源建设

学校通过安装空间吸声体，降低教室（会场）混响时间；安装智能扩音设备，提高信噪比和语言传输指数 STI 的数值；外接语音识别技术，快速实现语音转文字功能；搭建集成中控功能，实现设备物联管控的功能。

3. 实现了声音智能处理

基于人工智能的"清听"系统改造以 AIoT 扩声主机为中心，将吊麦拾来的声音，通过全球首创的 AI 净音技术进行处理，老师能在距离麦克风 10 米范围内任意走动；去电器声音特性听不出电声，防止在扩声启动、使用、关闭过程中不出现突发啸叫、爆音、拖尾等电器声音，独创的防啸叫技术，自动检测声音通道并自动抑制，让话筒离音箱多近都不会啸叫。授课接入云平台进行集中管理、控制、运维。成本相对低，运维要求低，推广性强。

（三）开展基于智慧声控系统和云端的教师专业发展新路径探索

通过外接在线评课分析和区域云平台——武侯"三顾云"，系统对课堂全程的实时数据以录音、文本的方式进行云端储存，同时借助学校市级课题《两自一包背景下同伴互助教师专业发展路径的实践研究》，实现多维多人精准评课的功能。

老师可以选择以文本的方式进行云端储存，有利于抓取关键信息进行点状或块状或整体结构的精准分析，同时通过云平台里的学习圈子等，为集体教研的高质高效提供依据，为核心素养知识能力的落实找到依据。

（四）搭建了整体智能环境的框架

声态环境建设是学校智慧教育整体智能环境框架的其中一项，学校后续将进行光照、温湿度、新风系统、卫生等指向师生智能健康的框架搭建。

龙江路小学武侯新城分校基于人工智能的"清听"系统建设，从师生的实际需求出发，直面教学中的痛难点，低成本高效率地解决了长久以来的痛点，也改变了学校的传统管理模式。它是学校智慧教育的一个缩影。

"清听"系统建设后，师生都能在轻松、自然、无感的状态下开展教学活动，专注于教学内容和过程，提高教学效率。同时，改造了声环境的教室，又具备了开展线上直播、远程交互、教学数据采集等活动的条件，打开了"技术"与"教育"的互动环节点，是教学环境现代化、智能化的创新尝试。

场景资源整合、区域融通创新：武侯一卡通行实施方案

◇成都市武侯区教育技术装备与信息中心

武侯积极响应教育部《教育信息化 2.0 行动计划》，推动从教育专用资源向教育大资源转变，从融合应用向创新发展转变，并在教学变革、供给服务、智能治理三个维度开展研究实践，探索信息时代教育治理新模式。

武侯通过联通分散在不同学校、隶属于不同管理部门的校园博物馆、社会实践基地、爱国主义教育基地、文化体育场馆等公共服务场所，推进区域教育场景资源融通，形成可复制的学生通行机制，为学生提供适应的、畅行的、自选的学习场景，服务学生处处可学。

一、一卡通行的课题研究

该项目将总目标进行分解，通过研究校内外各教育场景资源的数据采集模型、资源融通方法与策略、校内外各教育场景育人创新协同管理机制、校内外场景资源应用效益提升策略四个方面，力求逐渐形成一套基于"环境搭建—资源融通—机制保障—运行策略"的教育资源场景融通及协同创新的整体解决方案（见图 1）。

二、项目的制度组织及经费保障

利用武侯创建智慧教育示范区契机，"一卡通行"项目已写入《武侯区智慧教育五年规划（2019—2023）》《武侯区智慧教育推进实施方案》等具有建设指导性的文件当中，为研究实施提供了政策支持。

成立的课题研究小组，与试点学校建立联席会议机制，基于该项目建设中的目标、发展任务、实施路径及进度安排，定期召开课题研讨会，梳理汇报课题进展情况。

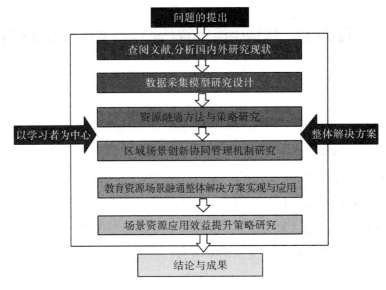

图1 整体解决方案

核心参与人员中有5人都是阳涌名师工作室成员，工作室将定期组织学习研讨活动，帮助个人提高研究水平和理论认识；其中3人在试点学校一线工作，能准确把握推进过程中的师生需求和运维重难点。通过购买咨询服务，聘请成都大学专家团队为课题研究和技术支持全程提供专业指导。研修小组方式每月集中研讨一次，确保每一位主研人员主动思考、主动作为。

项目建设资金纳入智慧教育示范区建设预算，保障各项推进经费落实，具体包括研究经费、运维经费、平台管理建设和硬件投入。

三、一卡通行建设试点

在完成基础性研究框架的基础上，实施校际应用试点，以实践修正设计、验证研究实效。重点实践包括两个方面：一是资源融通的技术解决方案，通过终端设配联通、"一人一码"身份识别和数据采集，形成融通模式；二是人员畅行的运维管理机制，联动试点学校共同制定管理办法，鼓励学校将志愿服务等学生活动纳入基地运行保障。通过实践一套可复制的应用管理策略能最终形成，提升场景资源的使用效益，满足学生自主学习需求（见图2）。

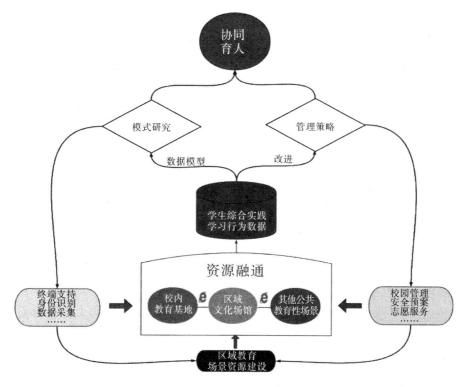

图 2　应用整体策略

四、"一卡通行"项目实施步骤

（一）准备阶段（2020 年 5 月—10 月）

以武侯教育技装信息中心为主体，联合部分试点学校负责教师和阳涌名师工作室成员，共同组建研究小组，进行项目的顶层设计，将研究和实践同步规划、同步推进，完成《推进区域教育场景资源融通及协同创新策略的实践研究》方案撰写，并申报本年度四川省教育信息技术研究 2020 年度课题。确定两所首批试点学校，完善试点学校的基础环境建设，完成通行闸机安装和联通，设计"一人一码"电子门票的预约流程和数据采集内容。通行方案的整体设计初步完成。

（二）试点阶段（2020 年 11 月—2021 年 8 月）

武侯分两批组织不超过五所学校开展试点，试点内容包括三个方面：一是试点预约管理平台对场景资源通行的支撑运转情况；二是资源数据的汇聚与分析以及学生场景资源交互信息的汇聚与分析，并将数据接入武侯教育数据中心；三是探索由教育行政部门统辖、资源属地单位主管，尝试第三方服务机构驻校运营的模式，进行协同管理运行情况。

阶段重点：①编制发布《鼓励学生跨校预约参与学习实践活动的通知》，公布开放的学校场景资源名单，组织部分学校部分学段学生有序预约参观武侯区人工智能教育活动基地；②验证预约平台流畅性和后台管理便捷性；③试点学校的门禁管理、安全管理、公物维护、教师值守、学生志愿者等配套管理服务以及相配套的经费支持保障制度执行情况。

（三）扩大试点阶段（2021 年 9 月—2022 年 5 月）

扩大教育场馆覆盖面，新增不少于 5 个中小学校内场景资源开放基地，新增不少于两处校外学生活动实践基地；利用武侯"三顾云"平台，实时公布校内外场景资源融通基地名单，完成学生预约、记录、数据上传等全流程在线管理；配合相关部门，完善学生评价机制，将学生自主参与的基地学习参观活动纳入社会实践评价记录。

阶段重点：①发布《武侯区场景资源共享实施管理办法》，制订场景资源融通准入标准，鼓励满足条件的学校开放学生活动基地，与区文体旅局对接，首批接入少量基地开展试点；②在武侯"三顾云"平台建立预约专区，将学生参与流程和活动记录与网络学习空间联通；③建立一批开放场景的 VR 数字化实景图，通过可视化地图展示区域内场景资源分布情况及简要信息，方便学生选择适合自己的教育场景。

（四）总结提升阶段（2022 年 6 月—10 月）

全面总结研究和试点运行情况，提炼技术方案、管理运营、服务等方面的典型案例和经验，形成可示范辐射的经验和做法，分析存在的问题、提出改进的建议，形成评估报告。

阶段重点：①研制一套利用个人学习空间记录实践活动记录的便利、开放、准确的数据采集和存贮模式；②总结提炼一套可复制的校内外教育场景资源开放的管理保障机制，形成系统内、外资源开放、学生活动数据融通的基本策略。

作为武侯全面推进智慧教育实践、构建教育服务新样态的主要支撑项目，"一卡通行"项目通过对学生校内外综合实践活动的数据采集、融通模式以及协同管理机制深入研究，以信息技术为载体，整合各类教育场景。武侯通过打通校内外数据壁垒，建立协同管理机制，逐步提高资源应用效益，最终形成具有武侯智慧教育特色的校内外场景资源融通及协同创新管理模式。

大处着眼、小处着手：武侯智慧课堂的"声光改造"

◇成都市武侯区教育技术装备与信息中心

在智慧教育建设的热潮中，武侯经过广泛调研和访谈，收集了师生对教育环境和教学条件的真实反馈，总结出存在"视""听"两大日常当中的现实问题，针对性启动了"校园雪亮工程"和"教室清听工程"，对教育教学的声光环境进行系统改造。

人工智能与声光技术相结合，形成了红外感应自适应调光、蓝牙光控、恒照度控制、智能噪声消除算法、神经网络模型智能算法、智能防啸叫算法、高保真扩声系统等技术和方案，这些技术、方案，为教室声光环境的智能化改造提供了条件。

2019年7月，全国信息技术标准化技术委员会教育技术分技术委员会《信息化教学环境视听健康设计要求》标准开始提到教室声环境的建设规范，表明国家层面开始重视教室声光环境的改善问题。武侯根据国家指引，立足区域实情，结合技术现状，于2020年年初开展技术论证，形成成熟方案，以"先试点再铺开"的方式推进。

武侯声光环境智能化改造的主要内容概括为"两工程、三防范、四消除"。"两工程"指的是"校园雪亮工程"和"教室清听工程"，"三防范"指的是光环境防眩光、防蓝光、防频闪；"四消除"指的是声环境消除噪声、消除失真、消除混响、消除失衡。

一、声环境改造——教室清听工程

（一）声场改造

武侯教室声场改造的目标，是通过物理环境建设和技术辅助，打造自然、舒适的教室声场。其主要包括三个方面，首先是尽可能地去除掉噪声，其次是最大限度降低混响，最后是扩大并保真声音传递，即零噪声、低混响、自然声传递。

去除噪声方面，主要通利用内置的常见噪声模型，智能识别去除教室内外的噪声，保持正常人声不被减损，并在实践操作中不断训练扩大模型中的噪声内容，采集并建立突发噪声模型，提高噪声识别能力。

目前，改造后的教室（见图 1）已经初步实现外部噪声的彻底阻断隔离，不被系统拾取；同时，利用教室内吸音设备，吸收教室内部的噪声，实现内部噪声不被放大，满堂噪声控制在 45 分贝以下。

降低混响方面，运用智能音频参考技术，将回声、漫反射声等混响在形成拖音前动态识别并减除，同时，自动检测声音通道，智能阻止通道内声音循环，避免啸叫。目前，改造后教室内混响时长限制在 0.4~0.8 秒。

自然声传递方面，利用智能识别技术和高保真扩声技术，滤除干扰音和电器声音，使人声保持原汁原味，更加清晰自然。

图 1　改造后的教室

（二）智能优化

针对师生对声音传播的要求，武侯区选用 AIoT（人工智能+物联网）扩声主机、高保真音箱，利用智能技术对声环境开展三个方面的优化：一是无感体验；二是智能拾音和扩音；三是均衡传输。

无感体验方面，运用吊麦拾音，取代传统的手持、耳挂式的扩音设备，同时采取自动化技术，对扩声系统进行统一云端管理，教师无须进行开、关机操作，无须进行软硬件维护，不产生额外工作量；学生方面，清晰获取纯净人声，无干扰，无电器声，不会产生听觉上的负担。

智能拾音和扩音方面，对智能识别教室内外的噪音和干扰音，进行针对性拾取和扩声传输，比如教室内进行小组讨论或全班齐读，学生群体发声，声音嘈杂，声量较大，智能识别之后，不进行扩声，又比如教师抽学生回答问题，学生回答问题的声音，也可以同步拾取，扩声传递，实现"只扩人声，不扩噪声""只扩个体，不扩群体"。

均衡传输方面，武侯区进行了大量的实践尝试，以常规教室为固定模型，采用"计算机软件进行辅助分析（EASE 软件）+现场实际调测"相结合的方法，多次试验后，获得常规教室的最佳声环境模型，以模型参数和经验对照，得出教室声环境的建设和优化的最佳方案，据此开展拾音、放声单元的布局安装；同时，根据教师和学生的使用反馈，进行扩声系统灵敏度的调节，实现声音的"无死角、原生态"传输，满足师生教学需要。

（三）智能管控

武侯采取"分散建设、统一管理"的模式，构建区校两级扩声云平台，基于扩声系统应用场景，对物理分散、规模部署的扩声主机和业务进行统一云管理、云运维，具有故障报警、分级分区管理功能。在应用过程中，学校负责软、硬件集中管理，区域进行数据采集和分析，汇聚扩声业务应用数据进行统计分析，沉淀优化应用策略。

目前，武侯扩声系统运行主要设置有三个方面的策略，分别是时间策略、预计划策略和条件策略。时间策略是指设定扩声系统在指定时间段工作，时间段外自动关闭；预计划策略是指事先导入较长时间的既定计划安排，如学校作息时间表，扩声系统据此启用和休眠；条件策略是指设定一些事件或触发机制，比如考试、课间操、广播等情况下，智能取消扩声。

二、光环境改造——校园雪亮工程

武侯区光环境改造着眼两大目标，一是在自然光线变化的条件下，保证教室内各个方位学生桌面的灯光照度恒定，且达到国家标准，二是适应学生视力保护的需要，建设防蓝光、防频闪、防目眩的"三防护眼"光环境。

（一）恒定照度

经过空间策略和照度计算，在教室内安装 9 盏直下式面板灯和 3 盏黑板灯，改善光源条件，利用红外感应、蓝牙控制、自适应调光等智能技术，对教室内的灯光照度进行智能感知和自动调节，确保教室内学生桌面上的灯光照度保持恒定状态，不受自然光线变化、教室空间布局变化的影响。目前，在武侯区改造后的教室内，学生桌面的平均照度恒定在 333 L，达到国家标准的 300 Lx，高标准满足日常教学需求。

同时，通过人体感应器和灯组联控技术，将教室划分为若干区域，自动检测教室人员活动情况和活动区域，无人时智能调光驱动电源自动进入设定的 10% 功率，无人活动区域的光照度自动调低到 70%，教室无人或无人活动区域超过 20 分钟后，系统进入待机状态，随着学生进入教室，功率自动调升，灯组逐渐扩大，实现"按需照明"，节约能源。根据使用环境参数，实时控制 LED 灯具的亮度，达到了极限节能的效果，即比传统光环境节能 60%~85%。

（二）"三防"护眼

"三防"指的是防眩光、防频闪、防蓝光。眩光（UGR）现象使学生眼球肌肉不停调节来适应灯光的变化，造成注意力分散，降低工作效率，视觉疲劳，诱发近视。国家各类规范对 LED 教育照明中 UGR 的规定为 19 以下，武侯区采用第二代微晶防眩面板，将 UGR 限制在 16 以下，低于国家教育照明限制值 15.7%。

普遍应用的 LED 灯，由于响应速度快，深受电流波动的影响，从而导致光源闪烁。长期处在频闪光环境中，容易导致头疼、疲劳、视力下降、抑郁等不良生理反应。武侯区建立"引入—实测—改进"的路线图，与行业密切合作，持续引入最新技术，系统消除了频闪问题，实现健康稳定的光环境。

武侯区光环境改造应用全光谱技术，其光谱结构与自然光光谱接近，显色指数达到 95 及以上，具备高标准的色彩还原力，天然消减有害蓝光。在保持各项照度、均匀度指标的前提下，为师生提供安全，豁免级的无蓝光照明体验。

　　武侯区声光环境改造，运用了大量的新技术和新装备，尤其是人工智能和物联网技术，是教学环境现代化、智能化的创新尝试。同时，经过声光环境改造的教室，又具备了开展线上直播、远程交互、教学数据采集等活动的条件。声光环境改造打开了"技术"与"教育"的互动节点，形成了"技术服务教育、教育融合技术"的良性循环，为打造教学新生态提供了无限可能。

　　武侯区推进声光环境改造的"校园雪亮工程""教室清听工程"，对比大投资、大项目的智慧教育建设，只是行动上的一小步，但却是理念上的一大步。从教师、学生的实际需要出发，直面教育教学中的痛点和难点，在"小处"创新，从"大处"突破，用最小的投入，带给师生最大的获得感。

第三节　治理新形态典型案例

数据驱动，前置治理：武侯智能学位预测系统

学位预测这样传统的教育管理决策工作，决策质量大多依赖于管理者的能力与经验，属于"经验驱动"，主观因素影响较大；针对这样的局限，武侯在智慧教育背景下，以数据为原料，大数据技术为工具，开发建立智能学位预测系统，以"数据智慧"为教育决策者助力加成，实现"数据驱动"的智慧治理。

武侯的智能学位预测系统（见图 1），基于区域公安人口、妇幼保健出生、教育事业统计、经济发展等数据，通过大数据和机器学习技术＋业务经验，超前精准预测区域教育发展规模，提前掌握学位压力，智能预警可能的资源需求和资源缺口，为未来学年全区域教育规模以及各校的具体增减，提供科学可靠的预测数据。

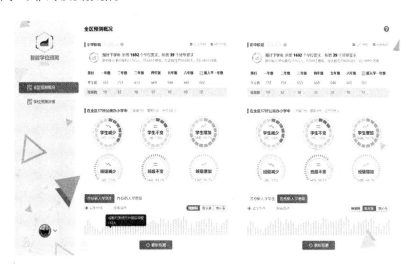

图 1　武侯区智能学位预测系统

系统结合教育资源现状，以区域教育发展要求为指引，提供区域和学校发展的解决建议方案，预演区域和学校建设成效，使区域教育管理决策者可以提前规划教育资源投入和建设，实现区域和学校学位需求与相关配套的超前部署，避免资源浪费与不足；辅助调整划片和资源配置，尽可能满足未来教育的需求，确保潜在学生平稳入学，持续确保教育优质均衡提升。

智能学位预测系统的功能，按业务逻辑设置，采用最流行的面向对象化编程技术，将设计器与系统运行平台联系起来，当出现运行故障或用户错误操作时，系统能保持正常运行，不会影响其他模块的操作和其他正在使用的操作。

系统模块结构清晰，易于上手操作，运行速度快、稳定性好、扩展性强、安全性高、成本低、兼容性强。

武侯的智能学位预测系统，实现了教育资源建设的前置治理，让县域义务教育均衡发展可见、可控、可规划，让武侯区教育主管部门和学校对教育均衡发展问题有的放矢，对教育资源能准确提前规划布局，调整划片和资源配置，确保未来生源平稳入学，减轻教育规模变化对义务教育均衡质量的负面影响。

大数据驱动教改 科技助力优质均衡

——武侯"义务教育优质均衡动态监测与智能决策体系"的打造

在致力推动区域教育优质均衡的过程中，武侯聚焦四大问题：教育发展现状掌握困难；教育发展态势了解困难；教育规划决策支持不足；教育服务体系响应滞后。在智慧教育过程中，武侯应用信息科技支撑手段，建设应用义务教育均衡监测与智能决策系统，探索智慧督导，开展动态监测，均衡配置教育资源，实现由起点均衡向过程与结果均衡深化，借由智能科技与大数据，推进区域教育优质均衡发展。

"义务教育优质均衡动态监测与智能决策体系"历经了多年的研究建设与完善，已形成"发展驾驶舱—决策预演—学位预测—移动应用"四大应用，并将建设成果运用于实际教育管理中。

第一，发展驾驶舱：对攸关区域义务教育基本均衡和优质均衡的相关数据，如达标情况、指标变化、待提升指标、待提升学校、资源缺口等各方面的情况，实现直观展现。

第二，决策预演：该体系能够自动发现校级未达标指标，并分析相应的资源缺口，自定义管理校级资源建设投入标准，预演建设效果、帮助进行科学精准的区域教育决策，实现区域义务教育发展规划与均衡发展要求的关联决策，明确展现"哪里需要""需要多少""带来什么"，帮助区域教育管理决策者对投入和产出状况有更清晰的认知，提升决策的科学性和可行性。

第三，移动应用：结合"移动互联"理念，打造移动应用辅助 Web 端，基于移动网络，掌握区域教育发展数据全貌，快速查询各学校教育资源详细情况，打破数据传递和查询限制，满足数据使用不同场景需求，为教育管理决策者提供便利。

"义务教育优质均衡动态监测与智能决策体系"的整个系统，通过"一中台、四模型"，为各级教育主管部门提供县域义务教育优质均衡动态监测和智能决策服务。

"一中台"，数据赋能。数据中台实现了实时、动态、标准、统一的数据共享流通。其解决数据孤岛问题，实现多级数据融通，以可视化手段构建教育数据服务体系，实现了数据的快速赋能。

"四模型"，算法赋能。武侯建设四类模型：一是资源缺口预警模型，实现对当前教育资源配置的需求感知；二是教育投入预演模型，实现对教育建设计划的效果推演；三是学位需求预测模型，实现对教育发展规模的精准预测；四是发展路径规划模型，实现教育发展建设的科学规划。

武侯构建的义务教育均衡动态监测与智能决策系统，通过数据与科技加成，极大地提升了教育管理决策效率、降低了决策风险、促进了区域义务教育优质均衡的发展。

附录
媒体发表及获奖成果

一、理论成果

1. 《四川省优秀教育信息化论文汇编（武侯篇）》。

2. 《我与三顾云——武侯三顾云优秀案例集》。

3. 《实施在线教学确保"停课不停学"的武侯实践》发表于《人民教育》。

4. 《后疫情时代的课堂教学变革：双线融合式教学》发表于《四川教育》。

5. 《混合式学习形态下教与学的变革初探》发表于《教育家》。

6. 《武侯区中小学教室声光环境改造升级初探》《武侯区"声光改造"解决视听难题的实践研究》《以新"声"态重构新生态》《声光改造工程育人价值初探》《学校教室智慧扩声系统建设与思考》五篇论文发表于2021年第1期《教育技术与装备》的"武侯声光"专栏。

二、实践成果

1. 《关于武侯区"智慧校园"建设的决策建议报告》。

2. 《成都市龙江路小学智慧校园一期建设实施方案》。

3. 《推进区域教育场景资源融通（一卡通行）实施方案》。

4. 区域案例：《摘掉"小眼镜"保护"金嗓子"——武侯区开展教室声光环境智能化改造破解"视""听"难题》（入选成都市2020年"教育影响城市"教育管理创新案例）。

5. 学校案例：《以新"声"态重构新生态——龙江路小学武侯新城分校基于人工智能的"清听"系统开发及应用实践》；《智慧声光打造新型学习环境——龙江路小学分校声光环境改造应用实践案例》《始于混沌、终于光明——机投小学网络学习空间创新应用案例》（入选中央电教馆疫情防控期间"网络学习空间主题应用案例"）；龙江路小学入选中央电化教育馆2020年"网络学习空间人人通"专项培训基地学校；成都市武侯实验学校、成都市棕北小学获选四川省教育厅"2020年度网络学习空间应用优秀学校"。

三、物化成果

1. 棕北中学等 10 所学校 5G "云网融合"。
2. 龙江路小学分校等 4 所学校 95 间教室声光环境改造。
3. "乐学通" 跨校选课走班平台。
4. "三顾云" 2.0 平台。